Texte . Medien

Johann Wolfgang von Goethe

Die Leiden des jungen Werthers

Erarbeitet von

Peter Bekes
Volker Frederking

Schroedel

Texte ■ **Medien**

Herausgegeben von Peter Bekes und Volker Frederking

Druck A 1 / Jahr 2009
Alle Drucke der Serie A sind im Unterricht parallel verwendbar.

Redaktion: Franziska Voigt, Hamburg
Herstellung: Ira Petersohn, Ellerbek
Reihentypografie: Iris Farnschläder, Hamburg
Satz: UMP Utesch Media Processing GmbH, Hamburg
Druck: CPI – Clausen & Bosse, Leck
Titelbild: Jim Dine: Herz in Glückseligkeit, 1992. © Christie's – ARTOTHEK, Weilheim / © VG Bild-Kunst, Bonn 2008

Der Romantext bietet die erste Fassung von 1774 nach der Ausgabe:
Der junge Goethe. Neu bearbeitete Ausgabe in fünf Bänden. Hrsg. von Hanna Fischer-Lamberg. Bd. IV. Januar–Dezember 1774. Unveränderte Neuausgabe der Ausgabe von 1968. Berlin / New York: de Gruyter 1999. S. 105–187.
Orthografie und Interpunktion wurden den geltenden amtlichen Regeln angepasst. Originaler Lautstand und grammatische Eigenheiten wurden beibehalten.

Das Texte ■ **Medien** -Programm zu »Die Leiden des jungen Werthers«:

978-3-507-47030-9 Textausgabe mit Materialien
978-3-507-47130-6 Arbeitsheft
978-3-507-47230-3 Informationen für Lehrerinnen und Lehrer

Informationen und Materialien im Internet:
www.schroedel.de/textemedien

ISBN 978-3-507-47030-9

Inhalt

Literarische Rezeption

Mediale Gestaltung

Johann Wolfgang von Goethe

Die Leiden des jungen Werthers ———— 1774

Erster Teil

Was ich von der Geschichte des armen Werthers nur habe auffinden können, habe ich mit Fleiß gesammlet und leg es euch hier vor, und weiß, dass ihr mir's danken werdet. Ihr könnt seinem Geist und seinem Charakter eure Bewunderung und Liebe und seinem Schicksale eure Tränen nicht versagen.

Und du, gute Seele, die du eben den Drang fühlst wie er, schöpfe Trost aus seinem Leiden und lass das Büchlein deinen Freund sein, wenn du aus Geschick oder eigner Schuld keinen nähern finden kannst.

am 4. Mai 1771.

Wie froh bin ich, dass ich weg bin! Bester Freund, was ist das Herz des Menschen! Dich zu verlassen, den ich so liebe, von dem ich unzertrennlich war, und froh zu sein! Ich weiß, du verzeihst mir's. Waren nicht meine übrigen Verbindungen recht ausgesucht vom Schicksal, um ein Herz wie das meine zu ängstigen? Die arme Leonore! Und doch war ich unschuldig! Konnt ich dafür, dass, während die eigensinnigen Reize ihrer Schwester mir einen angenehmen Unterhalt verschafften, dass eine Leidenschaft in dem armen Herzen sich bildete! Und doch – bin ich ganz unschuldig? Hab ich nicht ihre Empfindungen genährt? Hab ich mich nicht an denen ganz

Bester Freund Wilhelm, Werthers Freund

Unterhalt Unterhaltung

wahren Ausdrücken der Natur, die uns so oft zu lachen machten, so wenig lächerlich sie waren, selbst ergötzt! Hab ich nicht – O was ist der Mensch, dass er über sich klagen darf! – Ich will, lieber Freund, ich verspreche dir's, ich will mich bessern, will nicht mehr das bisschen Übel, das das Schicksal uns vorlegt, wiederkäuen, wie ich's immer getan habe. Ich will das Gegenwärtige genießen, und das Vergangene soll mir vergangen sein. Gewiss, du hast recht, Bester: Der Schmerzen wären minder unter den Menschen, wenn sie nicht – Gott weiß, warum sie so gemacht sind – mit so viel Emsigkeit der Einbildungskraft sich beschäftigten, die Erinnerungen des vergangenen Übels zurückzurufen, ehe denn eine gleichgültige Gegenwart zu tragen.

minder weniger

Du bist so gut, meiner Mutter zu sagen, dass ich ihr Geschäfte bestens betreiben und ihr ehstens Nachricht davon geben werde. Ich habe meine Tante gesprochen und habe bei Weiten das böse Weib nicht gefunden, das man bei uns aus ihr macht, sie ist eine muntere heftige Frau von dem besten Herzen. Ich erklärte ihr meiner Mutter Beschwerden über den zurückgehaltenen Erbschaftsanteil. Sie sagte mir ihre Gründe, Ursachen und die Bedingungen, unter welchen sie bereit wäre, alles herauszugeben, und mehr als wir verlangten – Kurz, ich mag jetzo nichts davon schreiben, sag meiner Mutter, es werde alles gut gehen. Und ich habe, mein Lieber! wieder bei diesem kleinen Geschäfte gefunden: dass Missverständnisse und Trägheit vielleicht mehr Irrungen in der Welt machen, als List und Bosheit nicht tun. Wenigstens sind die beiden Letztern gewiss seltner.

Geschäfte Anliegen
ehstens in Kürze

Übrigens find ich mich hier gar wohl. Die Einsamkeit ist meinem Herzen köstlicher Balsam in dieser paradiesischen Gegend, und diese Jahreszeit der Jugend wärmt mit aller Fülle mein oft schauderndes Herz. Jeder Baum, jede Hecke ist ein Strauß von Blüten, und man möchte zur Maienkäfer werden,

Balsam Heilmittel, Linderung

um in dem Meer von Wohlgerüchen herumschweben und alle seine Nahrung darinne finden zu können.

Die Stadt selbst ist unangenehm, dagegen ringsumher eine unaussprechliche Schönheit der Natur. Das bewog den verstorbenen Grafen von M.. einen Garten auf einem der Hügel anzulegen, die mit der schönsten Mannigfaltigkeit der Natur sich kreuzen und die lieblichsten Täler bilden. Der Garten ist einfach und man fühlt gleich bei dem Eintritte, dass nicht ein wissenschaftlicher Gärtner, sondern ein fühlendes Herz den Plan bezeichnet, das sein Selbst hier genießen wollte. Schon manche Träne hab ich dem Abgeschiedenen in dem verfallnen Kabinettchen geweint, das sein Lieblingsplätzchen war und auch meins ist. Bald werd ich Herr vom Garten sein, der Gärtner ist mir zugetan, nur seit den paar Tagen, und er wird sich nicht übel dabei befinden.

wissenschaftlicher Gärtner
→ Seite 236

Kabinettchen kleines Gartenhaus

am 10. Mai.

Eine wunderbare Heiterkeit hat meine ganze Seele eingenommen, gleich denen süßen Frühlingsmorgen, die ich mit ganzem Herzen genieße. Ich bin so allein und freue mich so meines Lebens, in dieser Gegend, die für solche Seelen geschaffen ist wie die meine. Ich bin so glücklich, mein Bester, so ganz in dem Gefühl von ruhigem Dasein versunken, dass meine Kunst darunter leidet. Ich könnte jetzo nicht zeichnen, nicht einen Strich, und bin niemalen ein größerer Maler gewesen als in diesen Augenblicken. Wenn das liebe Tal um mich dampft und die hohe Sonne an der Oberfläche der undurchdringlichen Finsternis meines Waldes ruht und nur einzelne Strahlen sich in das innere Heiligtum stehlen, und ich dann im hohen Grase am fallenden Bache liege und näher an der Erde tausend mannigfaltige Gräschen mir merkwürdig werden. Wenn ich das Wimmeln der kleinen Welt zwischen Halmen, die unzähligen, unergründlichen Gestalten all der

merkwürdig hier: der Aufmerksamkeit wert

Würmchen, der Mückchen näher an meinem Herzen fühle, und fühle die Gegenwart des Allmächtigen, der uns all nach seinem Bilde schuf, das Wehen des Allliebenden, der uns in ewiger Wonne schwebend trägt und erhält. Mein Freund, wenn's denn um meine Augen dämmert und die Welt um mich her und Himmel ganz in meiner Seele ruht, wie die Gestalt einer Geliebten; dann sehn ich mich oft und denke: Ach könntest du das wieder ausdrücken, könntest du dem Papier das einhauchen, was so voll, so warm in dir lebt, dass es würde der Spiegel deiner Seele, wie deine Seele ist der Spiegel des unendlichen Gottes. Mein Freund – Aber ich gehe darüber zugrunde, ich erliege unter der Gewalt der Herrlichkeit dieser Erscheinungen.

am 12. Mai.

Ich weiß nicht, ob so täuschende Geister um diese Gegend schweben oder ob die warme himmlische Fantasie in meinem Herzen ist, die mir alles ringsumher so paradiesisch macht. Da ist gleich vor dem Orte ein Brunn', ein Brunn', an den ich gebannt bin wie Melusine mit ihren Schwestern. Du gehst einen kleinen Hügel hinunter und findest dich vor einem Gewölbe, da wohl zwanzig Stufen hinabgehen, wo unten das klarste Wasser aus Marmorfelsen quillt. Das Mäuerchen, das oben umher die Einfassung macht, die hohen Bäume, die den Platz ringsumher bedecken, die Kühle des Orts, das hat alles so was Anzügliches, was Schauerliches. Es vergeht kein Tag, dass ich nicht eine Stunde da sitze. Da kommen denn die Mädchen aus der Stadt und holen Wasser, das harmloseste Geschäft und das nötigste, das ehemals die Töchter der Könige selbst verrichteten. Wenn ich da sitze, so lebt die patriarchalische Idee so lebhaft um mich, wie sie alle die Altväter am Brunnen Bekanntschaft machen und freien, und wie um die Brunnen und Quellen wohltätige Geister schweben. O der

Melusine → Seite 236

Anzügliches **Anziehendes**

die patriarchalische Idee → Seite 236

Altväter **die Patriarchen Abraham, Isaak und Jakob aus der Bibel** muss nie nach einer schweren Sommertagswanderung sich an des Brunnens Kühle gelabt haben, der das nicht mitempfinden kann.

Du fragst, ob du mir meine Bücher schicken sollst? Lieber, ich bitte dich um Gottes willen, lass mir sie vom Hals. Ich will nicht mehr geleitet, ermuntert, angefeuret sein, braust dieses Herz doch genug aus sich selbst, ich brauche Wiegengesang, und den hab ich in seiner Fülle gefunden in meinem Homer. Wie oft lull ich mein empörendes Blut zur Ruhe, denn so ungleich, so unstet hast du nichts gesehn als dieses Herz. Lieber! Brauch ich dir das zu sagen, der du so oft die Last getragen hast, mich vom Kummer zur Ausschweifung und von süßer Melancholie zur verderblichen Leidenschaft übergehn zu sehn. Auch halt ich mein Herzchen wie ein krankes Kind, all sein Wille wird ihm gestattet. Sag das nicht weiter, es gibt Leute, die mir's verübeln würden.

Homer → Seite 236

unstet rastlos

Melancholie Schwermut

am 15. Mai.

Die geringen Leute des Orts kennen mich schon und lieben mich, besonders die Kinder. Eine traurige Bemerkung hab ich gemacht. Wie ich im Anfange mich zu ihnen gesellte, sie freundschaftlich fragte über dies und das, glaubten einige, ich wollte ihrer spotten, und fertigten mich wohl gar grob ab. Ich ließ mich das nicht verdrießen, nur fühlt ich, was ich schon oft bemerkt habe, auf das Lebhafteste. Leute von einigem Stande werden sich immer in kalter Entfernung vom gemeinen Volke halten, als glaubten sie durch Annäherung zu verlieren, und dann gibt's Flüchtlinge und üble Spaßvögel, die sich herabzulassen scheinen, um ihren Übermut dem armen Volke desto empfindlicher zu machen.

Ich weiß wohl, dass wir nicht gleich sind noch sein können. Aber ich halte dafür, dass der, der glaubt nötig zu haben, vom sogenannten Pöbel sich zu entfernen, um den Respekt zu

Die geringen Leute Menschen von niederem gesellschaftlichem Stand

Bemerkung Beobachtung

gemeinen einfachen

Flüchtlinge fahrlässige, leichtsinnige Menschen

empfindlicher spürbarer

Pöbel einfaches Volk

für vor

erhalten, ebenso tadelhaft ist als ein Feiger, der sich für seinem Feinde verbirgt, weil er zu unterliegen fürchtet.

Jungfer Anrede für unverheiratete bürgerliche Frauen und ranghöhere Dienerinnen

Kringen ringförmiges Kopfpolster

Letzthin kam ich zum Brunnen und fand ein junges Dienstmädchen, das ihr Gefäß auf die unterste Treppe gesetzt hatte und sich umsah, ob keine Kamerädin kommen wollte, ihr's auf den Kopf zu helfen. Ich stieg hinunter und sah sie an. Soll ich Ihr helfen, Jungfer?, sagt ich. Sie ward rot über und über. O nein Herr!, sagte sie. – Ohne Umstände – Sie legte ihren Kringen zurechte, und ich half ihr. Sie dankte und stieg hinauf.

den 17. Mai.

Ich hab allerlei Bekanntschaft gemacht, Gesellschaft hab ich noch keine gefunden. Ich weiß nicht, ob ich Anzügliches für die Menschen haben muss, es mögen mich ihrer so viele und hängen sich an mich, und da tut mir's immer weh, wenn unser Weg nur so eine kleine Strecke miteinander geht. Wenn du fragst, wie die Leute hier sind?, muss ich dir sagen: Wie überall! Es ist ein einförmiges Ding ums Menschengeschlecht. Die meisten verarbeiten den größten Teil der Zeit, um zu leben, und das bisschen, das ihnen von Freiheit übrig bleibt, ängstigt sie so, dass sie alle Mittel aufsuchen, um's loszuwerden. O Bestimmung des Menschen!

Wann Wenn

artig angenehm

muss darf

Aber eine rechte gute Art Volks! Wann ich mich manchmal vergesse, manchmal mit ihnen die Freuden genieße, die so den Menschen noch gewährt sind, an einem artig besetzten Tisch, mit aller Offen- und Treuherzigkeit sich herumzuspaßen, eine Spazierfahrt, einen Tanz zur rechten Zeit anzuordnen und dergleichen, das tut eine ganz gute Würkung auf mich, nur muss mir nicht einfallen, dass noch so viele andere Kräfte in mir ruhen, die alle ungenutzt vermodern und die ich sorgfältig verbergen muss. Ach, das engt all das Herz so ein – Und doch! Missverstanden zu werden, ist das Schicksal von unsereinem.

Ach, dass die Freundin meiner Jugend dahin ist, ach, dass ich sie je gekannt habe! Ich würde zu mir sagen: Du bist ein Tor! Du suchst, was hienieden nicht zu finden ist. Aber ich hab sie gehabt, ich habe das Herz gefühlt, die große Seele, in deren Gegenwart ich mir schien mehr zu sein, als ich war, weil ich alles war, was ich sein konnte. Guter Gott, blieb da eine einzige Kraft meiner Seele ungenutzt, konnt ich nicht vor ihr all das wunderbare Gefühl entwickeln, mit dem mein Herz die Natur umfasst, war unser Umgang nicht ein ewiges Weben von feinster Empfindung, schärfstem Witze, dessen Modifikationen bis zur Unart alle mit dem Stempel des Genies bezeichnet waren? Und nun – Ach, ihre Jahre, die sie voraus hatte, führten sie früher ans Grab als mich. Nie werd ich ihrer vergessen, nie ihren festen Sinn und ihre göttliche Duldung.

Witze
Verstand
des Genies
hier: der Originalität

Duldung
Erdulden der Leiden

Vor wenigen Tagen traf ich einen jungen V.. an, ein offner Junge, mit einer gar glücklichen Gesichtsbildung. Er kommt erst von Akademien, dünkt sich nicht eben weise, aber glaubt doch, er wüsste mehr als andere. Auch war er fleißig, wie ich an allerlei spüre, kurz, er hatt' hübsche Kenntnisse. Da er hörte, dass ich viel zeichnete und Griechisch konnte, zwei Meteore hierzuland, wandt er sich an mich und kramte viel Wissens aus, von Batteux bis zu Wood, von de Piles zu Winckelmann, und versicherte mich, er habe Sulzers Theorie den ersten Teil ganz durchgelesen und besitze ein Manuskript von Heynen über das Studium der Antike. Ich ließ das gut sein.

von Akademien
von der Universität

Meteore
hier: Seltenheiten
Batteux, Wood, de Piles, Winckelmann, Sulzer, Heyne
→ Seite 236

Noch gar einen braven Kerl habe ich kennenlernen, den fürstlichen Amtmann. Einen offenen, treuherzigen Menschen. Man sagt, es soll eine Seelenfreude sein, ihn unter seinen Kindern zu sehen, deren er neune hat. Besonders macht man viel Wesens von seiner ältsten Tochter. Er hat mich zu sich gebeten, und ich will ihn ehster Tage besuchen, er wohnt auf einem fürstlichen Jagdhofe, anderthalb Stunden von hier, wohin er, nach dem Tode seiner Frau, zu ziehen die Erlaubnis

Amtmann
Verwaltungsbeamter eines Grundherrn

erhielt, da ihm der Aufenthalt hier in der Stadt und dem Amthause zu weh tat.

verzerrte unechte, vermeintliche

Sonst sind einige verzerrte Originale mir in Weg gelaufen, an denen alles unausstehlich ist, am unerträglichsten ihre Freundschaftsbezeugungen.

historisch Tatsachen berichtend

Leb wohl! Der Brief wird dir recht sein, er ist ganz historisch.

am 22. Mai.

Dass das Leben des Menschen nur ein Traum sei, ist manchem schon so vorgekommen, und auch mit mir zieht dieses Gefühl immer herum. Wenn ich die Einschränkung so ansehe, in welche die tätigen und forschenden Kräfte des Menschen eingesperrt sind; wenn ich sehe, wie alle Würksamkeit dahinaus läuft, sich die Befriedigung von Bedürfnissen zu verschaffen, die wieder keinen Zweck haben, als unsere arme Existenz zu verlängern, und dann, dass alle Beruhigung über gewisse Punkte des Nachforschens nur eine träumende Resignation ist, da man sich die Wände, zwischen denen man gefangen sitzt, mit bunten Gestalten und lichten Aussichten bemalt. Das alles, Wilhelm, macht mich stumm. Ich kehre in mich selbst zurück und finde eine Welt! Wieder mehr in Ahndung und dunkler Begier als in Darstellung und lebendiger Kraft. Und da schwimmt alles vor meinen Sinnen, und ich lächle dann so träumend weiter in die Welt.

Resignation hier: Täuschung

lichten hellen, glänzenden

Ahndung Ahnung

Dass die Kinder nicht wissen, warum sie wollen, darin sind alle hochgelahrte Schul- und Hofmeister einig. Dass aber auch Erwachsene, gleich Kindern, auf diesem Erdboden herumtaumeln, gleichwie jene nicht wissen, woher sie kommen und wohin sie gehen, ebenso wenig nach wahren Zwecken handeln, ebenso durch Biskuit und Kuchen und Birkenreiser regiert werden, das will niemand gern glauben, und mich dünkt, man kann's mit Händen greifen.

hochgelahrte hochgelehrte

Hofmeister Hauslehrer

Birkenreiser Zuchtruten

Ich gestehe dir gern, denn ich weiß, was du mir hierauf sagen möchtest, dass diejenige die glücklichsten sind, die gleich den Kindern in den Tag hinein leben, ihre Puppe herumschleppen, aus- und anziehen und mit großem Respekte um die Schublade herumschleichen, wo Mama das Zuckerbrot hineinverschlossen hat, und wenn sie das Gewünschte endlich erhaschen, es mit vollen Backen verzehren und rufen: Mehr! Das sind glückliche Geschöpfe! Auch denen ist's wohl, die ihren Lumpenbeschäftigungen oder wohl gar ihren Leidenschaften prächtige Titel geben und sie dem Menschengeschlechte als Riesenoperationen zu dessen Heil und Wohlfahrt anschreiben. Wohl dem, der so sein kann! Wer aber in seiner Demut erkennt, wo das alles hinausläuft, der so sieht, wie artig jeder Bürger, dem's wohl ist, sein Gärtchen zum Paradiese zuzustutzen weiß, und wie unverdrossen dann doch auch der Unglückliche unter der Bürde seinen Weg fortkeicht und alle gleich interessiert sind, das Licht dieser Sonne noch eine Minute länger zu sehn, ja! der ist still und bildet auch seine Welt aus sich selbst und ist auch glücklich, weil er ein Mensch ist. Und dann, so eingeschränkt er ist, hält er doch immer im Herzen das süße Gefühl von Freiheit, und dass er diesen Kerker verlassen kann, wann er will.

fortkeicht
weiterkeucht

am 26. Mai.

Du kennst von Alters her meine Art, mich anzubauen, irgend mir an einem vertraulichen Orte ein Hüttchen aufzuschlagen und da mit aller Einschränkung zu herbergen. Ich hab auch hier wieder ein Plätzchen angetroffen, das mich angezogen hat.

anzubauen
niederzulassen

Ohngefähr eine Stunde von der Stadt liegt ein Ort, den sie Wahlheim* nennen. Die Lage an einem Hügel ist sehr inter-

Ohngefähr
Ungefähr

* Der Leser wird sich keine Mühe geben, die hier genannten Orte zu suchen, man hat sich benötigt gesehen, die im Originale befindlichen wahren Namen zu verändern.

essant, und wenn man oben auf dem Fußpfade zum Dorfe herausgeht, übersieht man mit einem das ganze Tal. Eine gute Wirtin, die gefällig und munter in ihrem Alter ist, schenkt Wein, Bier, Kaffee, und was über alles geht, sind zwei Linden, die mit ihren ausgebreiteten Ästen den kleinen Platz vor der Kirche bedecken, der ringsum mit Bauerhäusern, Scheuern und Höfen eingeschlossen ist. So vertraulich, so heimlich hab ich nicht leicht ein Plätzchen gefunden, und dahin lass ich mein Tischchen aus dem Wirtshause bringen und meinen Stuhl und trinke meinen Kaffee da und lese meinen Homer. Das erste Mal, als ich durch einen Zufall an einem schönen Nachmittage unter die Linden kam, fand ich das Plätzchen so einsam. Es war alles im Felde. Nur ein Knabe von ohngefähr vier Jahren saß an der Erde und hielt ein andres etwa halbjähriges vor ihm zwischen seinen Füßen sitzendes Kind mit beiden Armen wider seine Brust, sodass er ihm zu einer Art von Sessel diente und ohngeachtet der Munterkeit, womit er aus seinen schwarzen Augen herumschaute, ganz ruhig saß. Mich vergnügte der Anblick und ich setzte mich auf einen Pflug, der gegenüber stund, und zeichnete die brüderliche Stellung mit vielem Ergötzen, ich fügte den nächsten Zaun, ein Tennentor und einige gebrochne Wagenräder bei, wie es all hintereinander stund, und fand nach Verlauf einer Stunde, dass ich eine wohlgeordnete, sehr interessante Zeichnung verfertigt hatte, ohne das Mindeste von dem Meinen hinzuzutun. Das bestärkte mich in meinem Vorsatze, mich künftig allein an die Natur zu halten. Sie allein ist unendlich reich und sie allein bildet den großen Künstler. Man kann zum Vorteile der Regeln viel sagen, ohngefähr was man zum Lobe der bürgerlichen Gesellschaft sagen kann. Ein Mensch, der sich nach ihnen bildet, wird nie etwas Abgeschmacktes und Schlechtes hervorbringen wie einer, der sich durch Gesetze und Wohlstand modeln lässt, nie ein unerträglicher Nachbar, nie ein

mit einem **mit einem Blick**

Scheuern **Scheunen**

heimlich **heimelig**

stund **stand**

Tennentor **Scheunentor**

Regeln **Kunstregeln**

modeln **bilden, formen**

merkwürdiger Bösewicht werden kann; dagegen wird aber auch alle Regel, man rede was man wolle, das wahre Gefühl von Natur und den wahren Ausdruck derselben zerstören! Sagst du, das ist zu hart! Sie schränkt nur ein, beschneidet die geilen Reben etc. Guter Freund, soll ich dir ein Gleichnis geben: Es ist damit wie mit der Liebe, ein junges Herz hängt ganz an einem Mädchen, bringt alle Stunden seines Tags bei ihr zu, verschwendet all seine Kräfte, all sein Vermögen, um ihr jeden Augenblick auszudrücken, dass er sich ganz ihr hingibt. Und da käme ein Philister, ein Mann, der in einem öffentlichen Amte steht, und sagte zu ihm: Feiner junger Herr, lieben ist menschlich, nur müsst Ihr menschlich lieben! Teilet Eure Stunden ein, die einen zur Arbeit, und die Erholungsstunden widmet Eurem Mädchen, berechnet Euer Vermögen, und was Euch von Eurer Notdurft übrig bleibt, davon verwehr ich Euch nicht, ihr ein Geschenk, nur nicht zu oft, zu machen. Etwa zu ihrem Geburts- und Namenstage. – Folgt der Mensch, so gibt's einen brauchbaren jungen Menschen, und ich will selbst jedem Fürsten raten, ihn in ein Collegium zu setzen, nur mit seiner Liebe ist's am Ende, und wenn er ein Künstler ist, mit seiner Kunst. O meine Freunde! Warum der Strom des Genies so selten ausbricht, so selten in hohen Fluten hereinbraust und eure staunende Seele erschüttert. Lieben Freunde, da wohnen die gelassnen Kerls auf beiden Seiten des Ufers, denen ihre Gartenhäuschen, Tulpenbeete und Krautfelder zugrunde gehen würden und die daher in Zeiten mit Dämmen und Ableiten der künftig drohenden Gefahr abzuwehren wissen.

geilen **üppig sprießenden**

Philister **Spießer, kleinlicher Mensch**

Notdurft **hier: lebensnotwendiges Einkommen**

Collegium **amtliche Behörde**

am 27. Mai.

Ich bin, wie ich sehe, in Verzückung, Gleichnisse und Deklamation verfallen und habe darüber vergessen dir auszuerzählen, was mit den Kindern weiter worden ist. Ich saß ganz in

Deklamation **feierlicher Vortragsstil**

malerische Empfindungen vertieft, die dir mein gestriges Blatt sehr zerstückt darlegt, auf meinem Pfluge wohl zwei Stunden. Da kommt gegen Abend eine junge Frau auf die Kinder los, die sich die Zeit nicht gerührt hatten, mit einem Körbchen am Arme, und ruft von Weitem: Philips, du bist recht brav. Sie grüßte mich, ich dankte ihr, stand auf, trat näher hin und fragte sie: ob sie Mutter zu den Kindern wäre. Sie bejahte es und indem sie dem Ältesten einen halben Weck gab, nahm sie das Kleine auf und küsste es mit aller mütterlichen Liebe. Ich habe, sagte sie, meinem Philips das Kleine zu halten gegeben und bin in die Stadt gegangen mit meinem Ältsten, um weiß Brot zu holen und Zucker und ein irden Breipfännchen; ich sah das alles in dem Korbe, dessen Deckel abgefallen war. Ich will meinem Hans (das war der Name des Jüngsten) ein Süppchen kochen zum Abende, der lose Vogel, der Große, hat mir gestern das Pfännchen zerbrochen, als er sich mit Philipsen um die Scharre des Breis zankte. Ich fragte nach dem Ältsten und sie hatte mir kaum gesagt, dass er auf der Wiese sich mit ein paar Gänsen herumjagte, als er hergesprungen kam und dem Zweiten eine Haselgerte mitbrachte. Ich unterhielt mich weiter mit dem Weibe und erfuhr, dass sie des Schulmeisters Tochter sei und dass ihr Mann eine Reise in die Schweiz gemacht habe, um die Erbschaft eines Vettern zu holen. Sie haben ihn drum betrügen wollen, sagte sie, und ihm auf seine Briefe nicht geantwortet, da ist er selbst hineingegangen. Wenn ihm nur kein Unglück passiert ist, ich höre nichts von ihm. Es ward mir schwer, mich von dem Weibe loszumachen, gab jedem der Kinder einen Kreuzer, und auch für's Jüngste gab ich ihr einen, ihm einen Weck mitzubringen zur Suppe, wenn sie in die Stadt ging, und so schieden wir voneinander.

Weck **Brötchen**

irden **aus Ton**

Scharre **Rest am Topfboden**

Kreuzer **kleine Geldmünze**

Ich sage dir, mein Schatz, wenn meine Sinnen gar nicht mehr halten wollen, so lindert's all den Tumult, der Anblick eines solchen Geschöpfs, das in der glücklichen Gelassenheit so den engen Kreis seines Daseins ausgeht, von einem Tag zum andern sich durchhilft, die Blätter abfallen sieht und nichts dabei denkt, als dass der Winter kömmt.

Seit der Zeit bin ich oft draus, die Kinder sind ganz an mich gewöhnt. Sie kriegen Zucker, wenn ich Kaffee trinke, und teilen das Butterbrot und die saure Milch mit mir des Abends. Sonntags fehlt ihnen der Kreuzer nie, und wenn ich nicht nach der Betstunde da bin, so hat die Wirtin Ordre, ihn auszubezahlen.

draus
dort draußen

Betstunde
Gottesdienst

Ordre
Anweisung

Sie sind vertraut, erzählen mir allerhand, und besonders ergötz' ich mich an ihren Leidenschaften und simplen Ausbrüchen des Begehrens, wenn mehr Kinder aus dem Dorfe sich versammeln.

Viele Mühe hat mich's gekostet, der Mutter ihre Besorgnis zu benehmen: »Sie möchten den Herrn inkommodieren.«

inkommodieren
unangenehm, lästig sein

am 16. Juni.

Warum ich dir nicht schreibe? Fragst du das und bist doch auch der Gelehrten einer. Du solltest raten, dass ich mich wohlbefinde, und zwar – Kurz und gut, ich habe eine Bekanntschaft gemacht, die mein Herz näher angeht. Ich habe – ich weiß nicht.

Dir in der Ordnung zu erzählen, wie's zugegangen ist, dass ich eins der liebenswürdigsten Geschöpfe habe kennenlernen, wird schwer halten. Ich bin vergnügt und glücklich, und so kein guter Historienschreiber.

schwer halten
kaum gelingen

Historienschreiber
Berichterstatter

Einen Engel! Pfui! Das sagt jeder von der Seinigen! Nicht wahr? Und doch bin ich nicht imstande, dir zu sagen, wie sie vollkommen ist, warum sie vollkommen ist, genug, sie hat all meinen Sinn gefangen genommen.

So viel Einfalt bei so viel Verstand, so viel Güte bei so viel Festigkeit, und die Ruhe der Seele bei dem wahren Leben und der Tätigkeit. –

Einfalt
positiv gemeint: Einfachheit, Schlichtheit

leidige Abstraktionen unzureichende Begriffe

Das ist alles garstiges Gewäsche, was ich da von ihr sage, leidige Abstraktionen, die nicht einen Zug ihres Selbst ausdrücken. Ein andermal – Nein, nicht ein andermal, jetzt gleich will ich dir's erzählen. Tu ich's jetzt nicht, geschäh's niemals. Denn, unter uns, seit ich angefangen habe zu schreiben, war ich schon dreimal im Begriffe, die Feder niederzulegen, mein Pferd satteln zu lassen und hinauszureiten, und doch schwur ich mir heut früh, nicht hinauszureiten – und gehe doch alle Augenblicke ans Fenster zu sehen, wie hoch die Sonne noch steht.

Ich hab's nicht überwinden können, ich musste zu ihr hinaus. Da bin ich wieder, Wilhelm, und will mein Butterbrot zu Nacht essen und dir schreiben. Welch eine Wonne das für meine Seele ist, sie in dem Kreise der lieben muntern Kinder ihrer acht Geschwister zu sehen! –

Wenn ich so fortfahre, wirst du am Ende so klug sein wie am Anfange, höre denn, ich will mich zwingen, ins Detail zu gehen.

Ich schrieb dir neulich, wie ich den Amtmann S.. habe kennenlernen und wie er mich gebeten habe, ihn bald in seiner Einsiedelei oder vielmehr seinem kleinen Königreiche zu besuchen. Ich vernachlässigte das und wäre vielleicht nie hingekommen, hätte mir der Zufall nicht den Schatz entdeckt, der in der stillen Gegend verborgen liegt.

Unsere jungen Leute hatten einen Ball auf dem Lande angestellt, zu dem ich mich denn auch willig finden ließ. Ich bot einem hiesigen guten, schönen, weiters unbedeutenden Mädchen die Hand, und es wurde ausgemacht, dass ich eine Kutsche nehmen, mit meiner Tänzerin und ihrer Base nach dem Orte der Lustbarkeit hinausfahren und auf dem Wege Charlotten S.. mitnehmen sollte. Sie werden ein schönes Frauenzimmer kennenlernen, sagte meine Gesellschafterin, da wir durch den weiten, schön ausgehauenen Wald nach dem Jagd-

Base hier: Tante (Schwester des Vaters)

Gesellschafterin Tanzpartnerin

hause fuhren. Nehmen Sie sich in Acht, versetzte die Base, dass Sie sich nicht verlieben! Wieso?, sagt' ich: Sie ist schon vergeben, antwortete jene, an einen sehr braven Mann, der weggereist ist, seine Sachen in Ordnung zu bringen nach seines Vaters Tod und sich um eine ansehnliche Versorgung zu bewerben. Die Nachricht war mir ziemlich gleichgültig.

Versorgung **Anstellung**

Die Sonne war noch eine Viertelstunde vom Gebürge, als wir vor dem Hoftore anfuhren, es war sehr schwüle, und die Frauenzimmer äußerten ihre Besorgnis wegen eines Gewitters, das sich in weißgrauen, dumpfigen Wölkchen rings am Horizonte zusammenzuziehen schien. Ich täuschte ihre Furcht mit anmaßlicher Wetterkunde, ob mir gleich selbst zu ahnden anfing, unsere Lustbarkeit werde einen Stoß leiden.

dumpfigen **düsteren**

anmaßlicher **vorgetäuschter**

ahnden **ahnen**

Ich war ausgestiegen. Und eine Magd, die ans Tor kam, bat uns, einen Augenblick zu verziehen, Mamsell Lottchen würde gleich kommen. Ich ging durch den Hof nach dem wohlgebauten Hause, und da ich die vorliegenden Treppen hinaufgestiegen war und in die Türe trat, fiel mir das reizendste Schauspiel in die Augen, das ich jemals gesehen habe. In dem Vorsaale wimmelten sechs Kinder, von eilf zu zwei Jahren, um ein Mädchen von schöner mittlerer Taille, die ein simples weißes Kleid mit blassroten Schleifen an Arm und Brust anhatte. Sie hielt ein schwarzes Brot und schnitt ihren Kleinen rings herum jedem sein Stück nach Proportion ihres Alters und Appetites ab, gab's jedem mit solcher Freundlichkeit, und jedes rufte so ungekünstelt sein: Danke!, indem es mit den kleinen Händchen lang in die Höh gereicht hatte, eh es noch abgeschnitten war, und nun mit seinem Abendbrote vergnügt entweder wegsprang oder nach seinem stillern Charakter gelassen davon nach dem Hoftore zuging, um die Fremden und die Kutsche zu sehen, darinnen ihre Lotte wegfahren sollte. Ich bitte um Vergebung, sagte sie, dass ich Sie hereinbemühe und die Frauenzimmer warten lasse. Über dem Anziehen und

verziehen **warten**

eilf **elf**

Taille **franz. »Körpergröße«**

Vesperstück Abendbrot

allerlei Bestellungen fürs Haus in meiner Abwesenheit habe ich vergessen meinen Kindern ihr Vesperstück zu geben, und sie wollen von niemanden Brot geschnitten haben als von mir. Ich machte ihr ein unbedeutendes Kompliment und meine ganze Seele ruhte auf der Gestalt, dem Tone, dem Betragen, und hatte eben Zeit, mich von der Überraschung zu erholen, als sie in die Stube lief, ihre Handschuh und Fächer zu nehmen. Die Kleinen sahen mich in einiger Entfernung so von der Seite an, und ich ging auf das Jüngste los, das ein Kind von der glücklichsten Gesichtsbildung war. Es zog sich zurück, als eben Lotte zur Türe herauskam, und sagte: Louis, gib dem Herrn Vetter eine Hand. Das tat der Knabe sehr freimütig und ich konnte mich nicht enthalten, ihn ohngeachtet seines kleinen Rotznäschens herzlich zu küssen. Vetter?, sagt' ich, indem ich ihr die Hand reichte, glauben Sie, dass ich des Glücks wert sei, mit Ihnen verwandt zu sein? O!, sagte sie, mit einem leichtfertigen Lächeln, unsere Vetterschaft ist sehr weitläuftig, und es wäre mir leid, wenn Sie der Schlimmste drunter sein sollten. Im Gehen gab sie Sophien, der ältsten Schwester nach ihr, einem Mädchen von ohngefähr eilf Jahren, den Auftrag, wohl auf die Kinder Acht zu haben und den Papa zu grüßen, wenn er vom Spazierritte zurückkäme. Den Kleinen sagte sie, sie sollten ihrer Schwester Sophie folgen, als wenn sie's selbst wäre, das denn auch einige ausdrücklich versprachen. Eine kleine nasweise Blondine aber, von ohngefähr sechs Jahren, sagte: Du bist's doch nicht, Lottchen! Wir haben dich doch lieber. Die zwei ältsten der Knaben waren hinten auf die Kutsche geklettert und auf mein Vorbitten erlaubte sie ihnen, bis vor den Wald mitzufahren, wenn sie versprächen, sich nicht zu necken und sich recht festzuhalten.

bewillkommt begrüßt
den Anzug die Kleider

Wir hatten uns kaum zurechtgesetzt, die Frauenzimmer sich bewillkommt, wechselsweis über den Anzug und vorzüglich die Hütchen ihre Anmerkungen gemacht und die Gesellschaft, die man zu finden erwartete, gehörig durchgezogen, als Lotte den Kutscher halten und ihre Brüder herabsteigen ließ, die noch einmal ihre Hand zu küssen begehrten, das denn der ältste mit aller Zärtlichkeit, die dem Alter von funfzehn Jahren eigen sein kann, der andere mit viel Heftigkeit und Leichtsinn tat. Sie ließ die Kleinen noch einmal grüßen und wir fuhren weiter.

durchgezogen **lästernd besprochen**

Leichtsinn **Unbeschwertheit**

Die Base fragte: ob sie mit dem Buche fertig wäre, das sie ihr neulich geschickt hätte. Nein, sagte Lotte, es gefällt mir nicht, Sie können's wiederhaben. Das vorige war auch nicht besser. Ich erstaunte, als ich fragte: was es für Bücher wären, und sie mir antwortete: * – Ich fand so viel Charakter in allem, was sie sagte, ich sah mit jedem Wort neue Reize, neue Strahlen des Geistes aus ihren Gesichtszügen hervorbrechen, die sich nach und nach vergnügt zu entfalten schienen, weil sie an mir fühlte, dass ich sie verstund.

Wie ich jünger war, sagte sie, liebte ich nichts so sehr als die Romanen. Weiß Gott, wie wohl mir's war, mich sonntags in ein Eckchen zu setzen und mit ganzem Herzen an dem Glücke und Unstern einer Miss Jenny teilzunehmen. Ich leugne auch nicht, dass die Art noch einige Reize für mich hat. Doch da ich so selten an ein Buch komme, so müssen sie auch recht nach meinem Geschmacke sein. Und der Autor ist mir der liebste, in dem ich meine Welt wiederfinde, bei dem's zugeht wie um mich, und dessen Geschichte mir doch so interessant, so herzlich wird als mein eigen häuslich Leben, das freilich kein Paradies, aber doch im Ganzen eine Quelle unsäglicher Glückseligkeit ist.

Miss Jenny **→ Seite 236**

Ich bemühte mich, meine Bewegungen über diese Worte

* Man hat auch hier die Namen einiger vaterländischer Autoren ausgelassen. Wer Teil an Lottens Beifall hatte, wird es gewiss an seinem Herzen fühlen, wenn er diese Stelle lesen sollte. Und sonst braucht's ja niemand zu wissen.

Landpriester von Wakefield → Seite 236

zu verbergen. Das ging freilich nicht weit, denn da ich sie mit solcher Wahrheit im Vorbeigehn vom Landpriester von Wakefield vom * – reden hörte, kam ich eben außer mich und sagte ihr alles, was ich musste, und bemerkte erst nach einiger Zeit, da Lotte das Gespräch an die andern wendete, dass diese die Zeit über mit offnen Augen, als säßen sie nicht da, dagesessen hatten. Die Base sah mich mehr als einmal mit einem spöttischen Näschen an, daran mir aber nichts gelegen war.

ich weiß nichts übers Tanzen mir geht nichts übers Tanzen

Contretanz lebhafter Tanz, der von vier Paaren ausgeführt wird

Das Gespräch fiel auf das Vergnügen am Tanze. Wenn diese Leidenschaft ein Fehler ist, sagte Lotte, so gesteh ich Ihnen gern, ich weiß nichts übers Tanzen. Und wenn ich was im Kopfe habe und mir auf meinem verstimmten Klaviere einen Contretanz vortrommle, so ist alles wieder gut.

Lusthause Ballhaus

Wie ich mich unter dem Gespäche in den schwarzen Augen weidete, wie die lebendigen Lippen und die frischen muntern Wangen meine ganze Seele anzogen, wie ich in den herrlichen Sinn ihrer Rede ganz versunken, oft gar die Worte nicht hörte, mit denen sie sich ausdruckte! Davon hast du eine Vorstellung, wenn du mich kennst. Kurz, ich stieg aus dem Wagen wie ein Träumender, als wir vor dem Lusthause still hielten, und war so in Träumen rings in der dämmernden Welt verloren, dass ich auf die Musik kaum achtete, die uns von dem erleuchteten Saale herunter entgegenschallte.

N. N. Abk. für lat. »nomen nescio«, »den Namen weiß ich nicht«

Schlage Tür der Kutsche

Menuetts Einzelpaartänze

Die zwei Herren Audran und ein gewisser N. N., wer behält all die Namen!, die der Base und Lottens Tänzer waren, empfingen uns am Schlage, bemächtigten sich ihrer Frauenzimmer und ich führte die meinige hinauf.

Wir schlangen uns in Menuetts umeinander herum, ich forderte ein Frauenzimmer nach dem andern auf, und just die

* Man hat auch hier die Namen einiger vaterländischer Autoren ausgelassen. Wer Teil an Lottens Beifall hatte, wird es gewiss an seinem Herzen fühlen, wenn er diese Stelle lesen sollte. Und sonst braucht's ja niemand zu wissen.

unleidlichsten konnten nicht dazu kommen, einem die Hand zu reichen und ein Ende zu machen. Lotte und ihr Tänzer fingen einen Englischen an, und wie wohl mir's war, als sie auch in der Reihe die Figur mit uns anfing, magst du fühlen. Tanzen muss man sie sehen. Siehst du, sie ist so mit ganzem Herzen und mit ganzer Seele dabei, ihr ganzer Körper, eine Harmonie, so sorglos, so unbefangen, als wenn das eigentlich alles wäre, als wenn sie sonst nichts dächte, nichts empfände; und in dem Augenblicke gewiss schwindet alles andere vor ihr.

Englischen **Gruppentanz**

Ich bat sie um den zweiten Contretanz, sie sagte mir den dritten zu, und mit der liebenswürdigsten Freimütigkeit von der Welt versicherte sie mich, dass sie herzlich gern Deutsch tanze. Es ist hier so Mode, fuhr sie fort, dass jedes Paar, das zusammengehört, beim Deutschen zusammenbleibt, und mein Chapeau walzt schlecht und dankt mir's, wenn ich ihm die Arbeit erlasse. Ihr Frauenzimmer kann's auch nicht und mag nicht, und ich habe im Englischen gesehn, dass Sie gut walzen, wenn Sie nun mein sein wollen fürs Deutsche, so gehn Sie und bitten sich's aus von meinem Herrn, ich will zu Ihrer Dame gehn. Ich gab ihr die Hand drauf und es wurde schon arrangiert, dass ihrem Tänzer inzwischen die Unterhaltung meiner Tänzerin aufgetragen ward.

Deutsch **Contretanz mit langen Phasen des Paartanzes (Walzer)**
Chapeau **Tanzherr**

Nun ging's, und wir ergötzten uns eine Weile an mannigfaltigen Schlingungen der Arme. Mit welchem Reize, mit welcher Flüchtigkeit bewegte sie sich! Und da wir nun gar ans Walzen kamen, und wie die Sphären umeinander herumrollten, ging's freilich anfangs, weil's die wenigsten können, ein bisschen bunt durcheinander. Wir waren klug und ließen sie austoben, und wie die Ungeschicktesten den Plan geräumt hatten, fielen wir ein und hielten mit noch einem Paare, mit Audran und seiner Tänzerin, wacker aus. Nie ist mir's so leicht vom Flecke gegangen. Ich war kein Mensch mehr. Das

Sphären **hier: Kugeln**

Plan **Tanzfläche**

wie Wetter wie der Blitz

liebenswürdigste Geschöpf in den Armen zu haben und mit ihr herumzufliegen wie Wetter, dass alles ringsumher verging und – Wilhelm, um ehrlich zu sein, tat ich aber doch den Schwur, dass ein Mädchen, das ich liebte, auf das ich Ansprüche hätte, mir nie mit einem andern walzen sollte als mit mir, und wenn ich drüber zugrunde gehen müsste, du verstehst mich.

Touren Runden

Wir machten einige Touren gehend im Saale, um zu verschnaufen. Dann setzte sie sich, und die Zitronen, die ich weggestohlen hatte beim Punschmachen, die nun die einzigen noch übrigen waren und die ich ihr in Schnittchen mit Zucker zur Erfrischung brachte, taten fürtreffliche Würkung, nur dass mir mit jedem Schnittchen, das ihre Nachbarin aus der Tasse nahm, ein Stich durchs Herz ging, der ich's nun freilich schandenhalber mit präsentieren musste.

Beim dritten Englischen waren wir das zweite Paar. Wie wir die Reihe so durchtanzten und ich, weiß Gott mit wie viel Wonne, an ihrem Arme und Auge hing, das voll vom wahrsten Ausdrucke des offensten, reinsten Vergnügens war, kommen wir an eine Frau, die mir wegen ihrer liebenswürdigen Miene auf einem nicht mehr ganz jungen Gesichte merkwürdig gewesen war. Sie sieht Lotten lächelnd an, hebt einen drohenden Finger auf und nennt den Namen Albert zweimal im Vorbeifliegen mit viel Bedeutung.

die große Achte Figur des Tanzes

Promenade Figur des Tanzes

Wer ist Albert, sagte ich zu Lotten, wenn's nicht Vermessenheit ist zu fragen. Sie war im Begriffe zu antworten, als wir uns scheiden mussten die große Achte zu machen, und mich dünkte einiges Nachdenken auf ihrer Stirne zu sehen, als wir so voreinander vorbeikreuzten. Was soll ich's Ihnen leugnen, sagte sie, indem sie mir die Hand zur Promenade bot. Albert ist ein braver Mensch, dem ich so gut als verlobt bin! Nun war mir das nichts Neues, denn die Mädchen hatten mir's auf dem Wege gesagt, und war mir doch so ganz neu, weil ich das noch nicht im Verhältnisse auf sie, die mir in so wenig Augenblicken so wert geworden war, gedacht hatte. Genug, ich verwirrte mich, vergaß mich und kam zwischen das unrechte Paar hinein, dass alles drunter und drüber ging und Lottens ganze Gegenwart und Zerren und Ziehen nötig war, um's schnell wieder in Ordnung zu bringen.

Der Tanz war noch nicht zu Ende, als die Blitze, die wir schon lange am Horizonte leuchten gesehn und die ich immer für Wetterkühlen ausgegeben hatte, viel stärker zu werden anfingen und der Donner die Musik überstimmte. Drei Frauenzimmer liefen aus der Reihe, denen ihre Herren folgten, die Unordnung ward allgemein und die Musik hörte auf. Es ist natürlich, wenn uns ein Unglück oder etwas Schröckliches im Vergnügen überrascht, dass es stärkere Eindrücke auf uns macht als sonst, teils wegen dem Gegensatze, der sich so lebhaft empfinden lässt, teils und noch mehr, weil unsere Sinne einmal der Fühlbarkeit geöffnet sind und also desto schneller einen Eindruck annehmen. Diesen Ursachen muss ich die wunderbaren Grimassen zuschreiben, in die ich mehrere Frauenzimmer ausbrechen sah. Die Klügste setzte sich in eine Ecke, mit dem Rücken gegen das Fenster, und hielt die Ohren zu, eine andere kniete sich vor ihr nieder und verbarg den Kopf in der ersten Schoß, eine Dritte schob sich zwischen beide hinein und umfasste ihre Schwesterchen mit tausend Tränen. Einige wollten nach Hause, andere, die noch weniger wussten, was sie taten, hatten nicht so viel Besinnungskraft, den Keckheiten unserer jungen Schluckers zu steuern, die sehr beschäftigt zu sein schienen, alle die ängstlichen Gebete, die dem Himmel bestimmt waren, von den Lippen der schönen Bedrängten wegzufangen. Einige unserer Herren hatten sich hinabbegeben, um ein Pfeifchen in Ruhe zu rauchen, und die übrige Gesellschaft schlug es nicht aus, als die Wirtin auf den klugen Einfall kam, uns ein Zimmer anzuweisen, das

Wetterkühlen **Wetterleuchten**

wunderbaren **seltsamen**

Schlucker **Genießer**

Läden und Vorhänge hätte. Kaum waren wir da angelangt, als Lotte beschäftigt war, einen Kreis von Stühlen zu stellen, die Gesellschaft zu setzen und den Vortrag zu einem Spiele zu tun.

Vortrag Vorschlag

Ich sah manchen, der in Hoffnung auf ein saftiges Pfand sein Mäulchen spitzte und seine Glieder reckte. Wir spielen Zählens, sagte sie, nun gebt Acht! Ich gehe im Kreise herum von der Rechten zur Linken, und so zählt ihr auch ringsherum jeder die Zahl, die an ihn kommt, und das muss gehn wie ein Lauffeuer, und wer stockt oder sich irrt, kriegt eine Ohrfeige, und so bis tausend. Nun war das lustig anzusehen. Sie ging mit ausgestrecktem Arme im Kreise herum, eins!, fing der Erste an, der Nachbar zwei!, drei! der Folgende und so fort; dann fing sie an geschwinder zu gehn, immer geschwinder. Da versah's einer, patsch, eine Ohrfeige, und über das Gelächter der Folgende auch patsch! Und immer geschwinder. Ich selbst kriegte zwei Maulschellen und glaubte mit innigem Vergnügen zu bemerken, dass sie stärker seien, als sie den Übrigen zuzumessen pflegte. Ein allgemeines Gelächter und Geschwärme machte dem Spiele ein Ende, ehe noch das Tausend ausgezählt war. Die Vertrautesten zogen einander beiseite, das Gewitter war vorüber und ich folgte Lotten in den Saal. Unterwegs sagte sie: Über die Ohrfeigen haben sie Wetter und alles vergessen! Ich konnte ihr nichts antworten. Ich war, fuhr sie fort, eine der Furchtsamsten, und indem ich mich herzhaft stellte, um den andern Mut zu geben, bin ich mutig geworden. Wir traten ans Fenster, es donnerte abseitwärts, und der herrliche Regen säuselte auf das Land, und der erquickendste Wohlgeruch stieg in aller Fülle einer warmen Luft zu uns auf. Sie stand auf ihrem Ellenbogen gestützt und ihr Blick durchdrang die Gegend, sie sah gen Himmel und auf mich, ich sah ihr Auge tränenvoll, sie legte ihre Hand auf die meinige und sagte – Klopstock! Ich versank in dem Strome von Empfin-

Maulschellen Ohrfeigen

Klopstock! → Seite 237

dungen, den sie in dieser Losung über mich ausgoss. Ich ertrug's nicht, neigte mich auf ihre Hand und küsste sie unter den wonnevollsten Tränen. Und sah nach ihrem Auge wieder – Edler! hättest du deine Vergötterung in diesem Blicke gesehn, und möcht ich nun deinen so oft entweihten Namen nie wieder nennen hören!

Losung Erkennungszeichen

Edler! Anrede an Klopstock

am 19. Juni.

Wo ich neulich mit meiner Erzählung geblieben bin, weiß ich nicht mehr, das weiß ich, dass es zwei Uhr des Nachts war, als ich zu Bette kam, und dass, wenn ich dir hätte vorschwätzen können statt zu schreiben, ich dich vielleicht bis an Tag aufgehalten hätte.

Was auf unserer Hereinfahrt vom Balle passiert ist, hab ich noch nicht erzählt, hab auch heut keinen Tag dazu.

Hereinfahrt Rückweg

Es war der liebwürdigste Sonnenaufgang. Der tröpfelnde Wald und das erfrischte Feld umher! Unsere Gesellschafterinnen nickten ein. Sie fragte mich, ob ich nicht auch von der Partie sein wollte, ihrentwegen sollt ich unbekümmert sein. Solang ich diese Augen offen sehe, sagt' ich und sah sie fest an, so lang hat's keine Gefahr. Und wir haben beide ausgehalten bis an ihr Tor, da ihr die Magd leise aufmachte und auf ihr Fragen vom Vater und den Kleinen versicherte, dass alles wohl sei und noch schlief. Und da verließ ich sie mit dem Versichern: sie selbigen Tags noch zu sehn, und hab mein Versprechen gehalten, und seit der Zeit können Sonne, Mond und Sterne geruhig ihre Wirtschaft treiben, ich weiß weder, dass Tag noch dass Nacht ist, und die ganze Welt verliert sich um mich her.

am 21. Juni.

Ich lebe so glückliche Tage, wie sie Gott seinen Heiligen ausspart, und mit mir mag werden, was will; so darf ich nicht

ausspart vorbehält

sagen, dass ich die Freuden, die reinsten Freuden des Lebens nicht genossen habe. Du kennst mein Wahlheim. Dort bin ich völlig etabliert. Von dort hab ich nur eine halbe Stunde zu Lotten, dort fühl ich mich selbst und alles Glück, das dem Menschen gegeben ist.

etabliert **eingezogen, zu Hause**

Hätte ich gedacht, als ich mir Wahlheim zum Zwecke meiner Spaziergänge wählte, dass es so nahe am Himmel läge! Wie oft habe ich das Jagdhaus, das nun alle meine Wünsche einschließt, auf meinen weiten Wanderungen bald vom Berge, bald in der Ebne über den Fluss gesehn.

Lieber Wilhelm, ich habe allerlei nachgedacht, über die Begier im Menschen sich auszubreiten, neue Entdeckungen zu machen, herumzuschweifen; und dann wieder über den innern Trieb, sich der Einschränkung willig zu ergeben und in dem Gleise der Gewohnheit so hinzufahren und sich weder um rechts noch links zu bekümmern.

Es ist wunderbar, wie ich hierher kam und vom Hügel in das schöne Tal schaute, wie es mich ringsumher anzog. Dort das Wäldchen! Ach, könntest du dich in seine Schatten mischen! Dort die Spitze des Bergs! Ach, könntest du von da die weite Gegend überschauen! Die ineinander gekettete Hügel und vertrauliche Täler. O könnte ich mich in ihnen verlieren! – Ich eilte hin! Und kehrte zurück und hatte nicht gefunden, was ich hoffte. O es ist mit der Ferne wie mit der Zukunft! Ein großes dämmerndes Ganze ruht vor unserer Seele, unsere Empfindung verschwimmt sich darin, wie unser Auge, und wir sehnen uns, ach! unser ganzes Wesen hinzugeben, uns mit all der Wonne eines einzigen großen, herrlichen Gefühls ausfüllen zu lassen. – Und ach, wenn wir hinzueilen, wenn das Dort nun Hier wird, ist alles vor wie nach, und wir stehen in unserer Armut, in unserer Eingeschränktheit, und unsere Seele lechzt nach entschlüpftem Labsale.

Labsal **Stärkung, Erquickung**

So sehnt sich der unruhigste Vagabund zuletzt wieder nach

seinem Vaterlande und findet in seiner Hütte, an der Brust seiner Gattin, in dem Kreise seiner Kinder und der Geschäfte zu ihrer Erhaltung all die Wonne, die er in der weiten öden Welt vergebens suchte.

Wenn ich so des Morgens mit Sonnenaufgange hinausgehe nach meinem Wahlheim und dort im Wirtsgarten mir meine Zuckererbsen selbst pflücke, mich hinsetze und sie abfädme und dazwischen lese in meinem Homer. Wenn ich denn in der kleinen Küche mir einen Topf wähle, mir Butter aussteche, meine Schoten ans Feuer stelle, zudecke und mich dazusetze, sie manchmal umzuschütteln. Da fühl ich so lebhaft, wie die herrlichen übermütigen Freier der Penelope Ochsen und Schweine schlachten, zerlegen und braten. Es ist nichts, das mich so mit einer stillen, wahren Empfindung ausfüllte als die Züge patriarchalischen Lebens, die ich, Gott sei Dank, ohne Affektation in meine Lebensart verweben kann.

abfädme abfädele, von Fäden befreie
denn dann
Freier der Penelope → Seite 237
Affektation Künstlichkeit, Verstellung

Wie wohl ist mir's, dass mein Herz die simple harmlose Wonne des Menschen fühlen kann, der ein Krauthaupt auf seinen Tisch bringt, das er selbst gezogen, und nun nicht den Kohl allein, sondern all die guten Tage, den schönen Morgen, da er ihn pflanzte, die lieblichen Abende, da er ihn begoss und da er an dem fortschreitenden Wachstume seine Freude hatte, alle in *einem* Augenblicke wieder mitgenießt.

Krauthaupt Kohlkopf

am 29. Juni.

Vorgestern kam der Medikus hier aus der Stadt hinaus zum Amtmanne und fand mich auf der Erde unter Lottens Kindern, wie einige auf mir herumkrabbelten, andere mich neckten und wie ich sie kützelte und ein großes Geschrei mit ihnen verführte. Der Doktor, der eine sehr dogmatische Drahtpuppe ist und im Diskurs seine Manschetten in Falten legt und den Kräusel bis zum Nabel herauszupft, fand dieses unter der Würde eines gescheuten Menschen, das merkte ich an

Medikus Arzt
dogmatische Drahtpuppe → Seite 237
Diskurs Unterhaltung
Kräusel Halskrause
gescheuten gescheiten

seiner Nase. Ich ließ mich aber in nichts stören, ließ ihn sehr vernünftige Sachen abhandeln und baute den Kindern ihre Kartenhäuser wieder, die sie zerschlagen hatten. Auch ging er darauf in der Stadt herum und beklagte: des Amtsmanns Kinder wären schon ungezogen genug, der Werther verdürbe sie nun völlig.

Ja, lieber Wilhelm, meinem Herzen sind die Kinder am nächsten auf der Erde. Wenn ich so zusehe und in dem kleinen Dinge die Keime aller Tugenden, aller Kräfte sehe, die sie einmal so nötig brauchen werden, wenn ich in dem Eigensinne alle die künftige Standhaftigkeit und Festigkeit des Charakters, in dem Mutwillen allen künftigen guten Humor und die Leichtigkeit, über alle die Gefahren der Welt hinzuschlüpfen, erblicke, alles so unverdorben, so ganz! Immer, immer wiederhol ich die goldnen Worte des Lehrers der Menschen: Wenn ihr nicht werdet wie eines von diesen! Und nun, mein Bester, sie, die unsersgleichen sind, die wir als unsere Muster ansehen sollten, behandeln wir als Untertanen. Sie sollen keinen Willen haben! – Haben wir denn keinen? Und wo liegt das Vorrecht? – Weil wir älter sind und gescheuter? – Guter Gott von deinem Himmel, alte Kinder siehst du und junge Kinder und nichts weiter, und an welchen du mehr Freude hast, das hat dein Sohn schon lange verkündigt. Aber sie glauben an ihn und hören ihn nicht, das ist auch was Alt's, und bilden ihre Kinder nach sich und – Adieu, Wilhelm, ich mag darüber nicht weiter radotieren.

Humor hier: Laune

Lehrers der Menschen Jesus Christus, vgl. Matth. 18,3

radotieren schwätzen

am 1. Juli.

Was Lotte einem Kranken sein muss, fühl ich an meinem eignen armen Herzen, das übler dran ist als manches, das auf dem Siechbette verschmachtet. Sie wird einige Tage in der Stadt bei einer rechtschaffenen Frau zubringen, die sich nach der Aussage der Ärzte ihrem Ende naht, und in diesen letzten Augenblicken will sie Lotten um sich haben. Ich war vorige Woche mir ihr den Pfarrer von St.. zu besuchen, ein Örtchen, das eine Stunde seitwärts im Gebürge liegt. Wir kamen gegen viere dahin. Lotte hatte ihre zweite Schwester mitgenommen. Als wir in den von zwei hohen Nussbäumen überschatteten Pfarrhof traten, saß der gute alte Mann auf einer Bank vor der Haustüre, und da er Lotten sah, ward er wie neu belebt, vergaß seinen Knotenstock und wagte sich auf, ihr entgegen. Sie lief hin zu ihm, nötigte ihn sich niederzusetzen, indem sie sich zu ihm setzte, brachte viel Grüße von ihrem Vater, herzte seinen garstigen schmutzigen jüngsten Buben, das Quakelchen seines Alters. Du hättest sie sehen sollen, wie sie den Alten beschäftigte, wie sie ihre Stimme erhub, um seinen halb tauben Ohren vernehmlich zu werden, wie sie ihm erzählte von jungen robusten Leuten, die unvermutet gestorben wären, von der Vortrefflichkeit des Karlsbades, und wie sie seinen Entschluss lobte, künftigen Sommer hinzugehen, und wie sie fand, dass er viel besser aussähe, viel munterer sei als das letzte Mal, da sie ihn gesehn. Ich hatte indes der Frau Pfarrern meine Höflichkeiten gemacht, der Alte wurde ganz munter, und da ich nicht umhin konnte, die schönen Nussbäume zu loben, die uns so lieblich beschatteten, fing er an, uns, wiewohl mit einiger Beschwerlichkeit, die Geschichte davon zu geben. Den alten, sagte er, wissen wir nicht, wer den gepflanzt hat, einige sagen dieser, andere jener Pfarrer. Der jüngere aber dort hinten ist so alt als meine Frau, im Oktober funfzig Jahre. Ihr Vater pflanzte ihn des Morgens, als sie gegen Abend geboren wurde. Er war mein Vorfahr im Amte, und wie lieb ihm der Baum war, ist nicht zu sagen; mir ist er's gewiss nicht weniger, meine Frau saß drunter auf einem Balken und strickte, als ich vor siebenundzwanzig Jahren als ein armer Student zum ersten Mal hier in Hof kam. Lotte fragte nach seiner Tochter, es hieß, sie sei mit Herrn Schmidt auf der Wiese hinaus zu den Arbeitern, und der

Knotenstock **Gehstock mit dicken Astknoten**

Quakelchen **Nesthäkchen**

Karlsbad **Kur- und Badeort in Nordwestböhmen (heute Tschechien)**

Höflichkeiten gemacht **höflich begrüßt**

Vorfahr im Amte **Amtsvorgänger**

Alte fuhr in seiner Erzählung fort, wie sein Vorfahr ihn lieb gewonnen und die Tochter dazu, und wie er erst sein Vikar und dann sein Nachfolger geworden. Die Geschichte war nicht lange zu Ende, als die Jungfer Pfarrern mit dem sogenannten Herrn Schmidt durch den Garten herkam, sie bewillkommte Lotten mit herzlicher Wärme, und ich muss sagen, sie gefiel mir nicht übel, eine rasche, wohlgewachsne Brünette, die einen die Kurzzeit über auf dem Lande wohl unterhalten hätte. Ihr Liebhaber, denn als solchen stellte sich Herr Schmidt gleich dar, ein feiner, doch stiller Mensch, der sich nicht in unsere Gespräche mischen wollte, ob ihn gleich Lotte immer hereinzog, und was mich am meisten betrübte, war, dass ich an seinen Gesichtszügen zu bemerken schien, es sei mehr Eigensinn und übler Humor als Eingeschränktheit des Verstandes, der ihn sich mitzuteilen hinderte. In der Folge ward dies nur leider zu deutlich, denn als Friederike beim Spazierengehn mit Lotten und verschiedentlich auch mit mir ging, wurde des Herrn Angesicht, das ohne das einer bräunlichen Farbe war, so sichtlich verdunkelt, dass es Zeit war, dass Lotte mich beim Ärmel zupfte und mir das Artigtun mit Friederiken abriet. Nun verdrießt mich nichts mehr, als wenn die Menschen einander plagen, am meisten, wenn junge Leute in der Blüte des Lebens, da sie am offensten für alle Freuden sein könnten, einander die paar gute Tage mit Fratzen verderben und nur erst zu spät das Unersetzliche ihrer Verschwendung einsehen. Mir wurmte das, und ich konnte nicht umhin, da wir gegen Abend in den Pfarrhof zurückkehrten und an einem Tische gebrocktes Brot in Milch aßen und der Diskurs auf Freude und Leid in der Welt roulierte, den Faden zu ergreifen und recht herzlich gegen die üble Laune zu reden. Wir Menschen beklagen uns oft, fing ich an, dass der guten Tage so wenig sind und der schlimmen so viel, und wie mich dünkt, meist mit Unrecht. Wenn wir immer ein offenes Herz hätten, das Gute zu genießen, das uns Gott für

Vikar Stellvertreter, Hilfspfarrer

rasche tatkräftige, lebendige

übler Humor schlechte Laune

Artigtun sehr freundlich zu jemandem sein

Fratzen hässlichen Grimassen und unnötigen Launen

der Diskurs auf … roulierte das Gespräch auf … kam

jeden Tag bereitet, wir würden alsdenn auch Kraft genug haben, das Übel zu tragen, wenn es kommt. – Wir haben aber unser Gemüt nicht in unserer Gewalt, versetzte die Pfarrern, wie viel hängt vom Körper ab! Wenn man nicht wohl ist, ist's einem überall nicht recht. – Ich gestund ihr das ein. Wir wollen's also, fuhr ich fort, als eine Krankheit ansehen, und fragen, ob dafür kein Mittel ist! Das lässt sich hören, sagte Lotte, ich glaube wenigstens, dass viel von uns abhängt, ich weiß es an mir, wenn mich etwas neckt und mich verdrüsslich machen will, spring ich auf und sing ein paar Contretänze den Garten auf und ab, gleich ist's weg. – Das war's, was ich sagen wollte, versetzte ich, es ist mit der üblen Laune völlig wie mit der Trägheit, denn es ist eine Art von Trägheit, unsere Natur hängt sehr dahin, und doch, wenn wir nur einmal die Kraft haben, uns zu ermannen, geht uns die Arbeit frisch von der Hand, und wir finden in der Tätigkeit ein wahres Vergnügen. Friederike war sehr aufmerksam, und der junge Mensch wandte mir ein, dass man nicht Herr über sich selbst sei und am wenigsten über seine Empfindungen gebieten könne. Es ist hier die Frage von einer unangenehmen Empfindung, versetzt ich, die doch jedermann gern los ist, und niemand weiß, wie weit seine Kräfte gehn, bis er sie versucht hat. Gewiss, einer, der krank ist, wird bei allen Ärzten herumfragen und die größten Resignationen, die bittersten Arzneien wird er nicht abweisen, um seine gewünschte Gesundheit zu erhalten. Ich bemerkte, dass der ehrliche Alte sein Gehör anstrengte, um an unserm Diskurs teilzunehmen, ich erhob die Stimme, indem ich die Rede gegen ihn wandte. Man predigt gegen so viele Laster, sagt ich, ich habe noch nie gehört, dass man gegen die üble Laune vom Predigtstuhle gearbeitet hätte* – Das müssten die Stadtpfarrer tun,

neckt ärgert

hängt dahin neigt dazu

Resignationen Entbehrungen

Predigtstuhle Kanzel

* Wir haben nun von Lavatern eine treffliche Predigt hierüber, unter denen über das Buch Jonas.

Lavatern → Seite 237

mich däucht mir scheint

sagt er, die Bauern haben keinen bösen Humor, doch könnt's auch nichts schaden zuweilen, es wäre eine Lektion, für seine Frau wenigstens, und den Herrn Amtmann. Die Gesellschaft lachte und er herzlich mit, bis er in einen Husten verfiel, der unsern Diskurs eine Zeit lang unterbrach, darauf denn der junge Mensch wieder das Wort nahm: Sie nannten den bösen Humor ein Laster, mich däucht, das ist übertrieben. – Mitnichten, gab ich zur Antwort, wenn das, womit man sich selbst und seinen Nächsten schadet, den Namen verdient. Ist es nicht genug, dass wir einander nicht glücklich machen können, müssen wir auch noch einander das Vergnügen rauben, das jedes Herz sich noch manchmal selbst gewähren kann. Und nennen Sie mir den Menschen, der übler Laune ist und so brav dabei, sie zu verbergen, sie allein zu tragen, ohne die Freuden um sich her zu zerstören; Oder ist sie nicht vielmehr ein innerer Unmut über unsere eigne Unwürdigkeit, ein Missfallen an uns selbst, das immer mit einem Neide verknüpft ist, der durch eine törige Eitelkeit aufgehetzt wird: Wir sehen glückliche Menschen, die wir nicht glücklich machen, und das ist unerträglich! Lotte lächelte mich an, da sie die Bewegung sah, mit der ich redete, und eine Träne in Friederikens Auge spornte mich fortzufahren. Weh denen, sagt ich, die sich der Gewalt bedienen, die sie über ein Herz haben, um ihm die einfachen Freuden zu rauben, die aus ihm selbst hervorkeimen. Alle Geschenke, alle Gefälligkeiten der Welt ersetzen nicht einen Augenblick Vergnügen an sich selbst, den uns eine neidische Unbehaglichkeit unsers Tyrannen vergällt hat.

Mein ganzes Herz war voll in diesem Augenblicke, die Erinnerung so manches Vergangenen drängte sich an meine Seele und die Tränen kamen mir in die Augen.

Wer sich das nur täglich sagte, rief ich aus: Du vermagst nichts auf deine Freunde, als ihnen ihre Freude zu lassen und ihr Glück zu vermehren, indem du es mit ihnen genießest.

Vermagst du, wenn ihre innre Seele von einer ängstigenden Leidenschaft gequält, vom Kummer zerrüttet ist, ihnen einen Tropfen Linderung zu geben?

Und wenn die letzte bangste Krankheit dann über das Geschöpf herfällt, das du in blühenden Tagen untergraben hast, und sie nun daliegt in dem erbärmlichen Ermatten und das Aug gefühllos gen Himmel sieht, und der Todesschweiß auf ihrer Stirne abwechselt, und du vor dem Bette stehst wie ein Verdammter, in dem innigsten Gefühl, dass du nichts vermagst mit all deinem Vermögen, und die Angst dich inwendig krampft, dass du alles hingeben möchtest, um dem untergehenden Geschöpf einen Tropfen Stärkung, einen Funken Mut einflößen zu können.

Die Erinnerung einer solchen Szene, da ich gegenwärtig war, fiel mit ganzer Gewalt bei diesen Worten über mich. Ich nahm das Schnupftuch vor die Augen und verließ die Gesellschaft, und nur Lottens Stimme, die mir rief: wir wollten fort, brachte mich zu mir selbst. Und wie sie mich auf dem Wege schalt über den zu warmen Anteil an allem! Und dass ich drüber zugrunde gehen würde! Dass ich mich schonen sollte! O der Engel! Um deinetwillen muss ich leben!

Schnupftuch **Taschentuch**

am 6. Juli.

Sie ist immer um ihre sterbende Freundin und ist immer dieselbe, immer das gegenwärtige holde Geschöpf, das, wo sie hinsieht, Schmerzen lindert und Glückliche macht. Sie ging gestern Abend mit Mariannen und dem kleinen Malchen spazieren, ich wusst es und traf sie an und wir gingen zusammen. Nach einem Wege von anderthalb Stunden kamen wir gegen die Stadt zurück an den Brunnen, der mir so wert ist und nun tausendmal werter ward, als Lotte sich aufs Mäuerchen setzte. Ich sah umher, ach! und die Zeit, da mein Herz so allein war, lebte wieder vor mir auf. Lieber Brunn, sagt ich, seither hab

gegenwärtige **stets hilfsbereite**

ich nicht mehr an deiner Kühle geruht, habe in eilendem Vorübergehn dich manchmal nicht angesehn. Ich blickte hinab und sah, dass Malchen mit einem Glase Wasser sehr beschäftigt heraufstieg. Ich sahe Lotten an und fühlte alles, was ich an ihr habe. Indem so kommt Malchen mit einem Glase, Marianne wollt es ihr abnehmen, nein!, rufte das Kind mit dem süßten Ausdrucke: nein, Lottchen, du sollst zuerst trinken! Ich ward über die Wahrheit, die Güte, womit sie das ausrief, so entzückt, dass ich meine Empfindung mit nichts ausdrucken konnte, als ich nahm das Kind von der Erde und küsste es lebhaft, das sogleich zu schreien und zu weinen anfing. Sie haben übel getan, sagte Lotte! Ich war betroffen. Komm, Malchen, fuhr sie fort, indem sie es bei der Hand nahm und die Stufen hinabführte; da wasche dich aus der frischen Quelle geschwind, geschwind, da tut's nichts. Wie ich so dastund und zusah, mit welcher Emsigkeit das Kleine mit seinen nassen Händchen die Backen rieb, mit welchem Glauben, dass durch die Wunderquelle alle Verunreinigung abgespült und die Schmach abgetan würde, einen hässlichen Bart zu kriegen. Wie Lotte sagte, es ist genug, und das Kind doch immer eifrig fortwusch, als wenn viel mehr täte als wenig. Ich sage dir, Wilhelm, ich habe mit mehr Respekt nie einer Taufhandlung beigewohnt; und als Lotte heraufkam, hätte ich mich gern vor ihr niedergeworfen wie vor einem Propheten, der die Schulden einer Nation weggeweiht hat.

Des Abends konnt ich nicht umhin, in der Freude meines Herzens den Vorfall einem Manne zu erzählen, dem ich Menschensinn zutraute, weil er Verstand hat. Aber wie kam ich an. Er sagte, das wäre sehr übel von Lotten gewesen, man solle die Kinder nichts weis machen, dergleichen gebe zu unzähligen Irrtümern und Aberglauben Anlass, man müsste die Kinder frühzeitig davor bewahren. Nun fiel mir ein, dass der Mann vor acht Tagen hatte taufen lassen, drum ließ ich's vorbeigehn und blieb in meinem Herzen der Wahrheit getreu: Wir sollen es mit den Kindern machen wie Gott mit uns, der uns am glücklichsten macht, wenn er uns im freundlichen Wahne so hintaumeln lässt.

am 8. Juli.

Was man ein Kind ist! Was man nach so einem Blicke geizt! Was man ein Kind ist! Wir waren nach Wahlheim gegangen, die Frauenzimmer fuhren hinaus, und während unsrer Spaziergänge glaubt ich in Lottens schwarzen Augen – ich bin ein Tor, verzeih mir's, du solltest sie sehn, diese Augen. Dass ich kurz bin, denn die Augen fallen mir zu vom Schlaf. Siehe, die Frauenzimmer steigen ein, da stunden um die Kutsche der junge W.., Selstadt und Audran und ich. Da ward aus dem Schlage geplaudert mit den Kerlchens, die freilich leicht und lüftig genug waren. Ich suchte Lottens Augen! Ach, sie gingen von einem zum andern! Aber auf mich! Mich! Mich! der ganz allein auf sie resigniert dastund, fielen sie nicht! Mein Herz sagte ihr tausend Adieu! Und sie sah mich nicht! Die Kutsche fuhr vorbei und eine Träne stund mir im Auge. Ich sah ihr nach! Und sah Lottens Kopfputz sich zum Schlag herauslehnen, und sie wandte sich um zu sehn. Ach! Nach mir? – Lieber! In dieser Ungewissheit schweb ich! Das ist mein Trost. Vielleicht hat sie sich nach mir umgesehen. Vielleicht – Gute Nacht! O was ich ein Kind bin!

geizt strebt

Dass ich kurz bin Um mich kurz zu fassen

lüftig von lockerer Moral

allein auf sie resigniert nur auf sie konzentriert

am 10. Juli.

Die alberne Figur, die ich mache, wenn in Gesellschaft von ihr gesprochen wird, solltest du sehen. Wenn man mich nun gar fragt, wie sie mir gefällt – Gefällt! Das Wort hass ich in Tod. Was muss das für ein Kerl sein, dem Lotte gefällt, dem sie nicht alle Sinnen, alle Empfindungen ausfüllt. Gefällt! Neulich fragte mich einer, wie mir Ossian gefiele.

Ossian → Seite 237

am 11. Juli.

ist geht es
dulde fühle
rangiger habgieriger

Frau M.. ist sehr schlecht, ich bete für ihr Leben, weil ich mit Lotten dulde. Ich seh sie selten bei einer Freundin, und heut hat sie mir einen wunderbaren Vorfall erzählt. Der alte M.. ist ein geiziger rangiger Hund, der seine Frau im Leben was Recht's geplagt und eingeschränkt hat. Doch hat sich die Frau immer durchzuhelfen gewusst. Vor wenig Tagen, als der Doktor ihr das Leben abgesprochen hatte, ließ sie ihren Mann kommen, Lotte war im Zimmer und redete ihn also an: Ich muss dir eine Sache gestehn, die nach meinem Tode Verwirrung und Verdruss machen könnte. Ich habe bisher die Haushaltung geführt, so ordentlich und sparsam als möglich, allein du wirst mir verzeihen, dass ich dich diese dreißig Jahre her hintergangen habe. Du bestimmtest im Anfange unserer Heirat ein Geringes für die Bestreitung der Küche und anderer häuslichen Ausgaben. Als unsere Haushaltung stärker wurde, unser Gewerb größer, warst du nicht zu bewegen, mein Wochengeld nach dem Verhältnisse zu vermehren, kurz, du weißt, dass du in den Zeiten, da sie am größten war, verlangtest, ich solle mit sieben Gulden die Woche auskommen.

Losung Verkaufserlös, Einnahmen in der Kasse des Kaufmanns
das Wesen den Haushalt

Die hab ich denn ohne Widerrede genommen und mir den Überschuss wöchentlich aus der Losung geholt, da niemand vermutete, dass die Frau die Kasse bestehlen würde. Ich habe nichts verschwendet und wäre auch, ohne es zu bekennen, getrost der Ewigkeit entgegengegangen, wenn nicht diejenige, die nach mir das Wesen zu führen hat, sich nicht zu helfen wissen würde und du doch immer drauf bestehen könntest, deine erste Frau sei damit ausgekommen.

Ich redete mit Lotten über die unglaubliche Verblendung des Menschensinns, dass einer nicht argwohnen soll, dahinter müsse was anders stecken, wenn eins mit sieben Gulden hinreicht, wo man den Aufwand vielleicht um zweimal so viel sieht. Aber ich hab selbst Leute gekannt, die des Propheten ewiges Ölkrüglein ohne Verwunderung in ihrem Hause statuiert hätten.

des Propheten ewiges Ölkrüglein
→ Seite 237
statuiert
hingestellt

am 13. Juli.

Nein, ich betrüge mich nicht! Ich lese in ihren schwarzen Augen wahre Teilnehmung an mir und meinem Schicksale. Ja ich fühle, und darin darf ich meinem Herzen trauen, dass sie – O darf ich, kann ich den Himmel in diesen Worten aussprechen? – dass sie mich liebt.

Mich liebt! Und wie wert ich mir selbst werde! Wie ich – dir darf ich's wohl sagen, du hast Sinn für so etwas – wie ich mich selbst anbete, seitdem sie mich liebt.

Und ob das Vermessenheit ist oder Gefühl des wahren Verhältnisses: Ich kenne den Menschen nicht, von dem ich etwas in Lottens Herzen fürchtete. Und doch – wenn sie von ihrem Bräutigam spricht mit all der Wärme, all der Liebe, da ist mir's wie einem, der aller seiner Ehren und Würden entsetzt und dem der Degen abgenommen wird.

entsetzt
enthoben
der Degen abgenommen
Verlust der Ehre bei Offizieren

am 16. Juli.

Ach, wie mir das durch alle Adern läuft, wenn mein Finger unversehens den ihrigen berührt, wenn unsere Füße sich unter dem Tische begegnen. Ich ziehe zurück wie vom Feuer und eine geheime Kraft zieht mich wieder vorwärts, mir wird's so schwindlig von allen Sinnen. O und ihre Unschuld, ihre unbefangene Seele fühlt nicht, wie sehr mich die kleinen Vertrautheiten peinigen. Wenn sie gar im Gespräch ihre Hand auf die meinige legt und im Interesse der Unterredung näher zu mir rückt, dass der himmlische Atem ihres Mundes meine Lippen reichen kann. – Ich glaube zu versinken wie vom Wetter gerührt. Und Wilhelm, wenn ich mich jemals unterstehe, diesen Himmel, dieses Vertrauen – du verstehst mich. Nein,

vom Wetter gerührt
vom Blitz getroffen

mein Herz ist so verderbt nicht! Schwach! Schwach genug! Und ist das nicht Verderben?

Sie ist mir heilig. Alle Begier schweigt in ihrer Gegenwart. Ich weiß nimmer, wie mir ist, wenn ich bei ihr bin, es ist, als wenn die Seele sich mir in allen Nerven umkehrte. Sie hat eine Melodie, die sie auf dem Klavier spielt mit der Kraft eines Engels, so simpel und so geistvoll, es ist ihr Leiblied, und mich stellt es von aller Pein, Verwirrung und Grillen her, wenn sie nur die erste Note davon greift.

Leiblied Lieblingslied
stellt es von … her befreit es von …
Grillen abseitigen Gedanken

Kein Wort von der Zauberkraft der alten Musik ist mir unwahrscheinlich, wie mich der einfache Gesang angreift. Und wie sie ihn anzubringen weiß oft zur Zeit, wo ich mir eine Kugel vor'n Kopf schießen möchte. Und all die Irrung und Finsternis meiner Seele zerstreut sich, und ich atme wieder freier.

Zauberkraft der alten Musik → Seite 238

am 18. Juli.

Wilhelm, was ist unserm Herzen die Welt ohne Liebe! Was eine Zauberlaterne ist ohne Licht! Kaum bringst du das Lämpchen hinein, so scheinen dir die buntesten Bilder an deine weiße Wand! Und wenn's nichts wäre als das, als vorübergehende Phantomen, so macht's doch immer unser Glück, wenn wir wie frische Bubens davorstehen und uns über die Wundererscheinungen entzücken. Heut konnt ich nicht zu Lotten, eine unvermeidliche Gesellschaft hielt mich ab. Was war zu tun. Ich schickte meinen Buben hinaus, nur um einen Menschen um mich zu haben, der ihr heute nahe gekommen wäre. Mit welcher Ungeduld ich den Buben erwartete, mit welcher Freude ich ihn wiedersah. Ich hätt ihn gern beim Kopf genommen und geküsst, wenn ich mich nicht geschämt hätte.

Zauberlaterne → Seite 238
Phantomen Scheingestalten

Man erzählt von dem Bononischen Stein, dass er, wenn man ihn in die Sonne legt, ihre Strahlen anzieht und eine Weile bei Nacht leuchtet. So war mir's mit dem Jungen. Das Gefühl,

Bononischen Stein phosphoreszierendes Mineralgestein

dass ihre Augen auf seinem Gesicht, seinen Backen, seinen Rockknöpfen und dem Kragen am Sürtout geruht hatten, machte mir das alles so heilig, so wert, ich hätte in dem Augenblick den Jungen nicht vor tausend Taler gegeben. Es war mir so wohl in seiner Gegenwart – Bewahre dich Gott, dass du darüber nicht lachst. Wilhelm, sind das Phantomen, wenn es uns wohl wird?

Sürtout **franz. »darüber«: Jacke, Überrock**
vor **für**

den 19. Juli.

Ich werde sie sehen: ruf ich morgens aus, wenn ich mich ermuntere und mit aller Heiterkeit der schönen Sonne entgegenblicke. Ich werde sie sehen! Und da hab ich für den ganzen Tag keinen Wunsch weiter. Alles, alles verschlingt sich in dieser Aussicht.

den 20. Juli.

Eure Idee will noch nicht die meinige werden, dass ich mit dem Gesandten nach *** gehen soll. Ich liebe die Subordination nicht sehr, und wir wissen alle, dass der Mann noch dazu ein widriger Mensch ist. Meine Mutter möchte mich gern in Aktivität haben, sagst du, das hat mich zu lachen gemacht, bin ich jetzt nicht auch aktiv? Und ist's im Grund nicht einerlei: ob ich Erbsen zähle oder Linsen? Alles in der Welt läuft doch auf eine Lumperei hinaus, und ein Kerl, der um anderer willen, ohne dass es seine eigene Leidenschaft ist, sich um Geld oder Ehre oder sonst was abarbeitet, ist immer ein Tor.

Subordination **Unterordnung**
widriger **unangenehmer**
in Aktivität **in einer beruflichen Anstellung**

am 24. Juli.

Da dir so viel daran gelegen ist, dass ich mein Zeichnen nicht vernachlässige, möcht ich lieber die ganze Sache übergehn, als dir sagen: dass zeither wenig getan wird.

Noch nie war ich glücklicher, noch nie meine Empfindung an der Natur, bis aufs Steinchen, aufs Gräschen herunter, vol-

zeither **seither, bisher**

ler und inniger, und doch – ich weiß nicht, wie ich mich ausdrücken soll, meine vorstellende Kraft ist so schwach, alles schwimmt, schwankt vor meiner Seele, dass ich keinen Umriss packen kann; aber ich bilde mir ein, wenn ich Ton hätte oder Wachs, so wollt ich's wohl herausbilden, ich werde auch Ton nehmen, wenn's länger währt, und kneten, und sollten's Kuchen werden.

Lottens Porträt habe ich dreimal angefangen und habe mich dreimal prostituiert, das mich umso mehr verdrießt, weil ich vor einiger Zeit sehr glücklich im Treffen war, darauf hab ich denn ihren Schattenriss gemacht, und damit soll mir genügen.

prostituiert hier: blamiert

Schattenriss nach dem Schatten gezeichneter Kopfumriss im Profil

am 26. Juli.

Ich habe mir schon so manchmal vorgenommen, sie nicht so oft zu sehn. Ja, wer das halten könnte! Alle Tage unterlieg ich der Versuchung und verspreche mir heilig: Morgen willst du einmal wegbleiben, und wenn der Morgen kommt, find ich doch wieder eine unwiderstehliche Ursache, und eh ich mich's versehe, bin ich bei ihr. Entweder sie hat des Abends gesagt: Sie kommen doch morgen? – Wer könnte da wegbleiben? Oder der Tag ist gar zu schön, ich gehe nach Wahlheim, und wenn ich so da bin – ist's nur noch eine halbe Stunde zu ihr! Ich bin zu nah in der Atmosphäre, zuck! so bin ich dort. Meine Großmutter hatte ein Märchen vom Magnetenberg. Die Schiffe, die zu nahe kamen, wurden auf einmal alles Eisenwerks beraubt, die Nägel flogen dem Berge zu, und die armen Elenden scheiterten zwischen den übereinander stürzenden Brettern.

Atmosphäre Hülle um einen Himmelskörper; hier: Anziehungskraft

am 30. Juli.

Albert ist angekommen, und ich werde gehen, und wenn er der beste, der edelste Mensch wäre, unter den ich mich in allem Betracht zu stellen bereit wäre, so wär's unerträglich, ihn vor meinem Angesichte im Besitze so vieler Vollkommenheiten zu sehen. Besitz! – Genug, Wilhelm, der Bräutigam ist da. Ein braver, lieber Kerl, dem man gut sein muss. Glücklicherweise war ich nicht beim Empfange! Das hätte mir das Herz zerrissen. Auch ist er so ehrlich und hat Lotten in meiner Gegenwart noch nicht einmal geküsst. Das lohn ihm Gott! Um des Respekts willen, den er vor dem Mädchen hat, muss ich ihn lieben. Er will mir wohl, und ich vermute, das ist Lottens Werk mehr als seiner eigenen Empfindung, denn darin sind die Weiber fein und haben recht. Wenn sie zwei Kerls in gutem Vernehmen miteinander halten können, ist der Vorteil immer ihre, so selten es auch angeht.

Indes kann ich Alberten meine Achtung nicht versagen, seine gelassne Außenseite sticht gegen die Unruhe meines Charakters sehr lebhaft ab, die sich nicht verbergen lässt, er hat viel Gefühl und weiß, was er an Lotten hat. Er scheint wenig üble Laune zu haben, und du weißt, das ist die Sünde, die ich ärger hasse am Menschen als alle andre.

Er hält mich für einen Menschen von Sinn, und meine Anhänglichkeit an Lotten, meine warme Freude, die ich an all ihren Handlungen habe, vermehrt seinen Triumph, und er liebt sie nur desto mehr. Ob er sie nicht manchmal heimlich mit kleiner Eifersüchtelei peinigt, das lass ich dahingestellt sein, wenigstens an seinem Platze würde ich nicht ganz sicher vor dem Teufel bleiben.

Dem sei nun wie ihm wolle, meine Freude, bei Lotten zu sein, ist hin! Soll ich das Torheit nennen oder Verblendung? – Was braucht's Namen! Erzählt die Sache an sich! – Ich wusste alles, was ich jetzt weiß, eh Albert kam, ich wusste, dass ich keine Prätentionen auf sie zu machen hatte, machte auch keine – Heißt das, insofern es möglich ist, bei so viel Liebenswürdigkeiten nicht zu begehren – Und jetzt macht der Fratze

Prätentionen Ansprüche
Fratze kindische Mensch

große Augen, da der andere nun wirklich kommt und ihm das Mädchen wegnimmt. Ich beiße die Zähne aufeinander und spotte über mein Elend, und spottete derer doppelt und dreifach, die sagen könnten, ich sollte mich resignieren, und weil's nun einmal nicht anders sein könnte. – Schafft mir die Kerls vom Hals! – Ich laufe in den Wäldern herum, und wenn ich zu Lotten komme und Albert so bei ihr sitzt im Gärtchen unter der Laube und ich nicht weiterkann, so bin ich ausgelassen närrisch und fange viel Possen, viel verwirrtes Zeug an. Um Gottes willen, sagte mir Lotte heute, ich bitte Sie! Keine Szene wie die von gestern Abend! Sie sind fürchterlich, wenn Sie so lustig sind. Unter uns, ich passe die Zeit ab, wenn er zu tun hat, wutsch! bin ich draus, und da ist mir's immer wohl, wenn ich sie allein finde.

resignieren **damit abfinden**

Possen **alberne Späße**

am 8. Aug.

Ich bitte dich, lieber Wilhelm! Es war gewiss nicht auf dich geredt, wenn ich schrieb: Schafft mir die Kerls vom Hals, die sagen, ich sollte mich resignieren. Ich dachte wahrlich nicht dran, dass du von ähnlicher Meinung sein könntest. Und im Grunde hast du recht! Nur eins, mein Bester, in der Welt ist's sehr selten mit dem Entweder-oder getan, es gibt so viel Schattierungen der Empfindungen und Handlungsweisen als Abfälle zwischen einer Habichts- und Stumpfnase.

Abfälle **Abstufungen**

Du wirst mir also nicht übel nehmen, wenn ich dir dein ganzes Argument einräume und mich doch zwischen dem Entweder-oder durchzustehlen suche.

Entweder, sagst du, hast du Hoffnung auf Lotten, oder du hast keine. Gut! Im ersten Falle such sie durchzutreiben, suche die Erfüllung deiner Wünsche zu umfassen, im andern Falle ermanne dich und suche einer elenden Empfindung loszuwerden, die all deine Kräfte verzehren muss. Bester, das ist wohl gesagt, und – bald gesagt.

Und kannst du von dem Unglücklichen, dessen Leben unter einer schleichenden Krankheit unaufhaltsam allmählich abstirbt, kannst du von ihm verlangen, er solle durch einen Dolchstoß der Qual auf einmal ein Ende machen? Und raubt das Übel, das ihm die Kräfte wegzehrt, ihm nicht auch zugleich den Mut, sich davon zu befreien?

Zwar könntest du mir mit einem verwandten Gleichnisse antworten: Wer ließe sich nicht lieber den Arm abnehmen, als dass er durch Zaudern und Zagen sein Leben aufs Spiel setzte – Ich weiß nicht – und wir wollen uns nicht in Gleichnissen herumbeißen. Genug – Ja, Wilhelm, ich habe manchmal so einen Augenblick aufspringenden, abschüttelnden Muts, und da, wenn ich nur wüsste wohin, ich ginge wohl.

am 10. Aug.

Ich könnte das beste, glücklichste Leben führen, wenn ich nicht ein Tor wäre. So schöne Umstände vereinigen sich nicht leicht zusammen, eines Menschen Herz zu ergötzen, als die sind, in denen ich mich jetzt befinde. Ach, so gewiss ist's, dass unser Herz allein sein Glück macht! Ein Glied der liebenswürdigen Familie auszumachen, von dem Alten geliebt zu werden wie ein Sohn, von den Kleinen wie ein Vater und von Lotten – und nun der ehrliche Albert, der durch keine launische Unart mein Glück stört; der mich mit herzlicher Freundschaft umfasst, dem ich nach Lotten das Liebste auf der Welt bin – Wilhelm, es ist eine Freude, uns zu hören, wenn wir spazieren gehn und uns einander von Lotten unterhalten, es ist in der Welt nichts Lächerlichers erfunden worden als dieses Verhältnis, und doch kommen mir drüber die Tränen oft in die Augen.

Wenn er mir so von ihrer rechtschaffenen Mutter erzählt, wie die auf ihrem Todbette Lotten ihr Haus und ihre Kinder übergeben und ihm Lotten anbefohlen habe, wie seit der Zeit ein ganz anderer Geist Lotten belebt, wie sie in Sorge für ihre Wirtschaft und im Ernste eine wahre Mutter geworden, wie kein Augenblick ihrer Zeit ohne tätige Liebe, ohne Arbeit verstrichen, und wie dennoch all ihre Munterkeit, all ihr Leichtsinn sie nicht verlassen habe. Ich gehe so neben ihm hin und pflücke Blumen am Wege, füge sie sehr sorgfältig in einen Strauß und – werfe sie in den vorüberfließenden Strom und sehe ihnen nach, wie sie leise hinunterwallen. Ich weiß nicht, ob ich dir geschrieben habe, dass Albert hierbleiben und ein Amt mit einem artigen Auskommen vom Hofe erhalten wird, wo er sehr beliebt ist. In Ordnung und Emsigkeit in Geschäften hab ich wenig seinesgleichen gesehen.

Wirtschaft **Hauswirtschaft**

artigen **ordentlichen**

am 12. Aug.

Gewiss, Albert ist der beste Mensch unter dem Himmel, ich habe gestern eine wunderbare Szene mit ihm gehabt. Ich kam zu ihm, um Abschied zu nehmen; denn mich wandelte die Lust an, ins Gebürg zu reiten, von daher ich dir auch jetzt schreibe, und wie ich in der Stube auf und ab gehe, fallen mir seine Pistolen in die Augen. Borg mir die Pistolen, sagt ich, zu meiner Reise. Meintwegen, sagt er, wenn du dir die Mühe geben willst, sie zu laden, bei mir hängen sie nur pro forma. Ich nahm eine herunter, und er fuhr fort: Seit mir meine Vorsicht einen so unartigen Streich gespielt hat, mag ich mit dem Zeug nichts mehr zu tun haben. Ich war neugierig, die Geschichte zu wissen. Ich hielt mich, erzählte er, wohl ein Vierteljahr auf dem Lande bei einem Freunde auf, hatte ein paar Terzerolen ohngeladen und schlief ruhig. Einmal an einem regnigten Nachmittage, da ich so müßig sitze, weiß ich nicht, wie mir einfällt: wir könnten überfallen werden, wir könnten die Terzerols nötig haben und könnten – du weißt ja, wie das ist. Ich gab sie dem Bedienten, sie zu putzen und zu laden, und der dahlt mit den Mädchen, will sie erschröcken, und Gott weiß

pro forma **der Form halber, ohne benutzt zu werden**

Terzerolen **kleine Pistolen**

ohngeladen **ungeladen**

regnigten **regnerischen**

dahlt **albert herum**

wie, das Gewehr geht los, da der Ladstock noch drin steckt, und schießt den Ladstock einem Mädchen zur Maus herein, an der rechten Hand, und zerschlägt ihr den Daumen. Da hatt ich das Lamentieren und den Barbierer zu bezahlen obendrein, und seit der Zeit lass ich all das Gewehr ungeladen. Lieber Schatz, was ist Vorsicht! Die Gefahr lässt sich nicht auslernen! Zwar – Nun weißt du, dass ich den Menschen sehr lieb habe bis auf seine Zwar. Denn versteht sich's nicht von selbst, dass jeder allgemeine Satz Ausnahmen leidet. Aber so rechtfertig ist der Mensch, wenn er glaubt, etwas Übereiltes, Allgemeines, Halbwahres gesagt zu haben; so hört er dir nicht auf zu limitieren, modifizieren und ab- und zuzutun, bis zuletzt gar nichts mehr an der Sache ist. Und bei diesem Anlasse kam er sehr tief in Text, und ich hörte endlich gar nicht weiter auf ihn, verfiel in Grillen, und mit einer auffahrenden Gebärde druckt ich mir die Mündung der Pistolen übers rechte Aug an die Stirn. Pfui, sagte Albert, indem er mir die Pistole herabzog, was soll das! – Sie ist nicht geladen, sagt ich. – Und auch so! Was soll's?, versetzt er ungeduldig. Ich kann mir nicht vorstellen, wie ein Mensch so töricht sein kann, sich zu erschießen; der bloße Gedanke erregt mir Widerwillen.

Dass ihr Menschen, rief ich aus, um von einer Sache zu reden, gleich sprechen müsst: Das ist törig, das ist klug, das ist gut, das ist bös! Und was will das all heißen? Habt ihr deswegen die innern Verhältnisse einer Handlung erforscht? Wisst ihr mit Bestimmtheit die Ursachen zu entwickeln, warum sie geschah, warum sie geschehen musste? Hättet ihr das, ihr würdet nicht so eilfertig mit euren Urteilen sein.

Du wirst mir zugeben, sagte Albert, dass gewisse Handlungen lasterhaft bleiben, sie mögen aus einem Beweggrunde geschehen, aus welchem sie wollen.

Ich zuckte die Achseln und gab's ihm zu. Doch, mein Lieber, fuhr ich fort, finden sich auch hier einige Ausnahmen. Es

das Gewehr **die Waffe**
Maus **Handballen**
Lamentieren **Wehgeschrei**
Barbier **Wundheiler und Bartscherer**
rechtfertig **auf dem Richtigen beharrend**
limitieren, modifizieren **eingrenzen, abwandeln**

Wer hebt den ersten Stein auf vgl. Joh. 8,7

ist wahr, der Diebstahl ist ein Laster: aber der Mensch, der, um sich und die Seinigen vom schmählichen Hungertode zu erretten, auf Raub ausgeht, verdient der Mitleiden oder Strafe? Wer hebt den ersten Stein auf gegen den Ehemann, der im gerechten Zorne sein untreues Weib und ihren nichtswürdigen Verführer aufopfert? Gegen das Mädchen, das in einer wonnevollen Stunde sich in den unaufhaltsamen Freuden der Liebe verliert? Unsere Gesetze selbst, diese kaltblütigen Pedanten, lassen sich rühren und halten ihre Strafe zurück.

ihr sittlichen Menschen … wie einen von diesen vgl. Luk. 10,31 und 18,11

Das ist ganz was anders, versetzte Albert, weil ein Mensch, den seine Leidenschaften hinreißen, alle Besinnungskraft verliert und als ein Trunkener, als ein Wahnsinniger angesehen wird. Ach, ihr vernünftigen Leute!, rief ich lächelnd aus. Leidenschaft! Trunkenheit! Wahnsinn! Ihr steht so gelassen, so ohne Teilnehmung da, ihr sittlichen Menschen, scheltet den Trinker, verabscheuet den Unsinnigen, geht vorbei wie der Priester und dankt Gott wie der Pharisäer, dass er euch nicht gemacht hat wie einen von diesen. Ich bin mehr als einmal trunken gewesen, und meine Leidenschaften waren nie weit vom Wahnsinne, und beides reut mich nicht, denn ich habe in meinem Maße begreifen lernen: wie man alle außerordentliche Menschen, die etwas Großes, etwas unmöglich Scheinendes würkten, von jeher für Trunkene und Wahnsinnige ausschreien müsste.

gemeinen gewöhnlichen

Aber auch im gemeinen Leben ist's unerträglich, einem Kerl bei halbweg einer freien, edlen, unerwarteten Tat nachrufen zu hören: Der Mensch ist trunken, der ist närrisch. Schämt euch, ihr Nüchternen. Schämt euch, ihr Weisen. Das sind nun wieder von deinen Grillen, sagte Albert. Du überspannst alles und hast wenigstens hier gewiss unrecht, dass du den Selbstmord, wovon wir jetzo reden, mit großen Handlungen vergleichst, da man es doch für nichts anders als eine

Schwäche halten kann, denn freilich ist es leichter zu sterben, als ein qualvolles Leben standhaft zu ertragen.

Ich war im Begriff abzubrechen, denn kein Argument in der Welt bringt mich so aus der Fassung, als wenn einer mit einem unbedeutenden Gemeinspruche angezogen kommt, da ich aus ganzem Herzen rede. Doch fasst ich mich, weil ich's schon öfter gehört und mich öfter darüber geärgert hatte, und versetzte ihm mit einiger Lebhaftigkeit: Du nennst das Schwäche! Ich bitte dich, lass dich vom Anscheine nicht verführen. Ein Volk, das unter dem unerträglichen Joche eines Tyrannen seufzt, darfst du das schwach heißen, wenn es endlich aufgärt und seine Ketten zerreißt. Ein Mensch, der über dem Schrecken, dass Feuer sein Haus ergriffen hat, alle Kräfte zusammengespannt fühlt und mit Leichtigkeit Lasten wegträgt, die er bei ruhigem Sinne kaum bewegen kann; einer, der in der Wut der Beleidigung es mit Sechsen aufnimmt und sie überwältigt, sind die schwach zu nennen? Und, mein Guter, wenn Anstrengung Stärke ist, warum soll die Überspannung das Gegenteil sein? Albert sah mich an und sagte: Nimm mir's nicht übel, die Beispiele, die du da gibst, scheinen hierher gar nicht zu gehören. Es mag sein, sagt ich, man hat mir schon öfter vorgeworfen, dass meine Kombinationsart manchmal ans Radotage grenze! Lasst uns denn sehen, ob wir auf eine andere Weise uns vorstellen können, wie es dem Menschen zumute sein mag, der sich entschließt, die sonst so angenehme Bürde des Lebens abzuwerfen, denn nur insofern wir mitempfinden, haben wir Ehre, von einer Sache zu reden.

Gemeinspruche **banalen Wahrheit**

aufgärt **sich erhebt**

Radotage **Geschwätz**

Die menschliche Natur, fuhr ich fort, hat ihre Grenzen, sie kann Freude, Leid, Schmerzen bis auf einen gewissen Grad ertragen und geht zugrunde, sobald der überstiegen ist.

Hier ist also nicht die Frage, ob einer schwach oder stark ist, sondern ob er das Maß seines Leidens ausdauren kann; es

ausdauren **aushalten**

wunderbar seltsam

mag nun moralisch oder physikalisch sein, und ich finde es ebenso wunderbar zu sagen, der Mensch ist feig, der sich das Leben nimmt, als es ungehörig wäre, den einen Feigen zu nennen, der an einem bösartigen Fieber stirbt.

paradox widersinnig

Krankheit zum Tode vgl. Joh. 11,4

Revolution Wende

Paradox! Sehr paradox!, rief Albert aus. – Nicht so sehr, als du denkst, versetzt ich. Du gibst mir zu, wir nennen das eine Krankheit zum Tode, wodurch die Natur so angegriffen wird, dass teils ihre Kräfte verzehrt, teils so außer Würkung gesetzt werden, dass sie sich nicht wieder aufzuhelfen, durch keine glückliche Revolution den gewöhnlichen Umlauf des Lebens wiederherzustellen fähig ist.

Nun, mein Lieber, lass uns das auf den Geist anwenden. Sieh den Menschen an in seiner Eingeschränktheit, wie Eindrücke auf ihn würken, Ideen sich bei ihm festsetzen, bis endlich eine wachsende Leidenschaft ihn aller ruhigen Sinneskraft beraubt und ihn zugrunde richtet.

Vergebens, dass der gelassne, vernünftige Mensch den Zustand des Unglücklichen übersieht, vergebens, dass er ihm zuredet, eben als wie ein Gesunder, der am Bette des Kranken steht, ihm von seinen Kräften nicht das Geringste einflößen kann.

Putze feinere Kleidung

Alberten war das zu allgemein gesprochen. Ich erinnerte ihn an ein Mädchen, das man vor weniger Zeit im Wasser tot gefunden, und wiederholt ihm ihre Geschichte. Ein gutes junges Geschöpf, das in dem engen Kreise häuslicher Beschäftigungen, wöchentlicher bestimmter Arbeit so herangewachsen war, das weiter keine Aussicht von Vergnügen kannte, als etwa sonntags in einem nach und nach zusammengeschafften Putze mit ihresgleichen um die Stadt spazieren zu gehen, vielleicht alle hohen Feste einmal zu tanzen, und übrigens mit aller Lebhaftigkeit des herzlichsten Anteils manche Stunde über den Anlass eines Gezänkes, einer übeln Nachrede mit einer Nachbarin zu verplaudern; deren feurige Natur fühlt nun endlich innigere Bedürfnisse, die durch die Schmeicheleien der Männer vermehrt werden, all ihre vorige Freuden werden ihr nach und nach unschmackhaft, bis sie endlich einen Menschen antrifft, zu dem ein unbekanntes Gefühl sie unwiderstehlich hinreißt, auf den sie nun all ihre Hoffnungen wirft, die Welt rings um sich vergisst, nichts hört, nichts sieht, nichts fühlt als ihn, den Einzigen, sich nur sehnt nach ihm, dem Einzigen. Durch die leeren Vergnügen einer unbeständigen Eitelkeit nicht verdorben, zieht ihr Verlangen gerad nach dem Zwecke: Sie will die Seinige werden, sie will in ewiger Verbindung all das Glück antreffen, das ihr mangelt, die Vereinigung aller Freuden genießen, nach denen sie sich sehnte. Wiederholtes Versprechen, das ihr die Gewissheit aller Hoffnungen versiegelt, kühne Liebkosungen, die ihre Begierden vermehren, umfangen ganz ihre Seele, sie schwebt in einem dumpfen Bewusstsein, in einem Vorgefühl aller Freuden, sie ist bis auf den höchsten Grad gespannt, wo sie endlich ihre Arme ausstreckt, all ihre Wünsche zu umfassen – und ihr Geliebter verlässt sie – Erstarrt, ohne Sinne steht sie vor einem Abgrunde, und alles ist Finsternis um sie her, keine Aussicht, kein Trost, keine Ahndung, denn der hat sie verlassen, in dem sie allein ihr Dasein fühlte. Sie sieht nicht die weite Welt, die vor ihr liegt, nicht die vielen, die ihr den Verlust ersetzen könnten, sie fühlt sich allein, verlassen von aller Welt, – und blind, in die Enge gepresst von der entsetzlichen Not ihres Herzens stürzt sie sich hinunter, um in einem rings umfangenden Tode all ihre Qualen zu ersticken. – Sieh, Albert, das ist die Geschichte so manches Menschen, und sag, ist das nicht der Fall der Krankheit? Die Natur findet keinen Ausweg aus dem Labyrinthe der verworrenen und widersprechenden Kräfte, und der Mensch muss sterben.

versiegelt **bestätigt**

Wehe dem, der zusehen und sagen könnte: Die Törin! Hätte sie gewartet, hätte sie die Zeit würken lassen, es würde sich die Verzweifelung schon gelegt, es würde sich ein anderer sie zu trösten schon vorgefunden haben.

Das ist eben, als wenn einer sagte: Der Tor! Stirbt am Fieber! Hätte er gewartet, bis sich seine Kräfte erholt, seine Säfte verbessert, der Tumult seines Blutes gelegt hätten, alles wäre gut gegangen und er lebte bis auf den heutigen Tag!

Grenzen der Menschheit
Beschränktheit des Menschseins

Albert, dem die Vergleichung noch nicht anschaulich war, wandte noch einiges ein und unter andern: Ich habe nur von einem einfältigen Mädchen gesprochen, wie denn aber ein Mensch von Verstande, der nicht so eingeschränkt sei, der mehr Verhältnisse übersähe, zu entschuldigen sein möchte, könne er nicht begreifen. Mein Freund, rief ich aus, der Mensch ist Mensch, und das bisschen Verstand, das einer haben mag, kommt wenig oder nicht in Anschlag, wenn Leidenschaft wütet und die Grenzen der Menschheit einen drängen. Vielmehr – ein andermal davon, sagt ich, und griff nach meinem Hute. O mir war das Herz so voll – Und wir gingen auseinander, ohne einander verstanden zu haben. Wie denn auf dieser Welt keiner leicht den andern versteht.

am 15. Aug.

Prinzessin, die von Händen bedient wird
→ Seite 238

Es ist doch gewiss, dass in der Welt den Menschen nichts notwendig macht als die Liebe. Ich fühl's an Lotten, dass sie mich ungern verlöre, und die Kinder haben keine andre Idee, als dass ich immer morgen wiederkommen würde. Heut war ich hinausgegangen, Lottens Klavier zu stimmen, ich konnte aber nicht dazu kommen, denn die Kleinen verfolgten mich um ein Märchen, und Lotte sagte denn selbst, ich sollte ihnen den Willen tun. Ich schnitt ihnen das Abendbrot, das sie nun fast so gerne von mir als von Lotten annehmen, und erzählte ihnen das Hauptstückchen von der Prinzessin, die von Händen bedient wird. Ich lerne viel dabei, das versichr' ich dich, und ich bin erstaunt, was es auf sie für Eindrücke macht. Weil ich manchmal einen Inzidenzpunkt erfinden muss, den ich beim zweiten Mal vergesse, sagen sie gleich, das vorige Mal wär's anders gewest, sodass ich mich jetzt übe, sie unveränderlich in einem singenden Silbenfall an einem Schnürchen weg zu rezitieren. Ich habe daraus gelernt, wie ein Autor durch eine zweite, veränderte Auflage seiner Geschichte, und wenn sie noch so poetisch besser geworden wäre, notwendig seinem Buche schaden muss. Der erste Eindruck findet uns willig, und der Mensch ist so gemacht, dass man ihm das Abenteuerlichste überreden kann, das haftet aber auch gleich so fest, und wehe dem, der es wieder auskratzen und austilgen will.

Inzidenzpunkt **Einzelheit der Geschichte**

rezitieren **laut hersagen**

am 18. Aug.

Musste denn das so sein? Dass das, was des Menschen Glückseligkeit macht, wieder die Quelle seines Elends würde.

Das volle warme Gefühl meines Herzens an der lebendigen Natur, das mich mit so viel Wonne überströmte, das ringsumher die Welt mir zu einem Paradiese schuf, wird mir jetzt zu einem unerträglichen Peiniger, zu einem quälenden Geiste, der mich auf allen Wegen verfolgt. Wenn ich sonst vom Fels über den Fluss bis zu jenen Hügeln das fruchtbare Tal überschaute und alles um mich her keimen und quellen sah, wenn ich jene Berge, vom Fuße bis auf zum Gipfel, mit hohen, dichten Bäumen bekleidet, all jene Täler in ihren mannigfaltigen Krümmungen von den lieblichsten Wäldern beschattet sah und der sanfte Fluss zwischen den lispelnden Rohren dahingleitete und die lieben Wolken abspiegelte, die der sanfte Abendwind am Himmel herüberwiegte, wenn ich denn die Vögel um mich den Wald beleben hörte und die Millionen Mückenschwärme im letzten roten Strahle der Sonne mutig tanzten und ihr letzter zuckender Blick den summenden Käfer aus seinem Grase befreite und das Gewe-

lispelnden **leise rauschenden**

Gewebere **Bewegung**

Geniste Sträucher

Wetterbäche durch Regen stärker gewordene Bäche

Fittichen Schwingen

bere um mich her mich auf den Boden aufmerksam machte und das Moos, das meinem harten Felsen seine Nahrung abzwingt, und das Geniste, das den dürren Sandhügel hinunterwächst, mir alles das innere glühende, heilige Leben der Natur eröffnete, wie umfasste ich das all mit warmen Herzen, verlor mich in der unendlichen Fülle, und die herrlichen Gestalten der unendlichen Welt bewegten sich alllebend in meiner Seele. Ungeheure Berge umgaben mich, Abgründe lagen vor mir, und Wetterbäche stürzten herunter, die Flüsse strömten unter mir, und Wald und Gebürg erklang. Und ich sah sie würken und schaffen ineinander in den Tiefen der Erde, all die Kräfte unergründlich. Und nun über der Erde und unter dem Himmel wimmeln die Geschlechter der Geschöpfe all und alles, alles bevölkert mit tausendfachen Gestalten, und die Menschen dann sich in Häuslein zusammen sichern und sich annisten, und herrschen in ihrem Sinne über die weite Welt! Armer Tor, der du alles so gering achtest, weil du so klein bist. Vom unzugänglichen Gebürge über die Einöde, die kein Fuß betrat, bis ans Ende des unbekannten Ozeans weht der Geist des Ewigschaffenden und freut sich jedes Staubs, der ihn vernimmt und lebt. Ach damals, wie oft hab ich mich mit Fittichen eines Kranichs, der über mich hinflog, zu dem Ufer des ungemessenen Meeres gesehnt, aus dem schäumenden Becher des Unendlichen jene schwellende Lebenswonne zu trinken und nur einen Augenblick in der eingeschränkten Kraft meines Busens einen Tropfen der Seligkeit des Wesens zu fühlen, das alles in sich und durch sich hervorbringt.

Bruder, nur die Erinnerung jener Stunden macht mir wohl, selbst diese Anstrengung, jene unsäglichen Gefühle zurückzurufen, wieder auszusprechen, hebt meine Seele über sich selbst und lässt mir dann das Bange des Zustands doppelt empfinden, der mich jetzt umgibt.

Es hat sich vor meiner Seele wie ein Vorhang weggezogen, und der Schauplatz des unendlichen Lebens verwandelt sich vor mir in den Abgrund des ewig offnen Grabs. Kannst du sagen: Das ist!, da alles vorübergeht, da alles mit der Wetterschnelle vorüberrollt, so selten die ganze Kraft seines Daseins ausdauert, ach in den Strom fortgerissen, untergetaucht und an Felsen zerschmettert wird. Da ist kein Augenblick, der nicht dich verzehrte und die Deinigen um dich her, kein Augenblick, da du nicht ein Zerstörer bist, sein musst. Der harmloseste Spaziergang kostet tausend, tausend armen Würmchen das Leben, es zerrüttet ein Fußtritt die mühseligen Gebäude der Ameisen und stampft eine kleine Welt in ein schmähliches Grab. Ha! Nicht die große seltene Not der Welt, diese Fluten, die eure Dörfer wegspülen, diese Erdbeben, die eure Städte verschlingen, rühren mich. Mir untergräbt das Herz die verzehrende Kraft, die im All der Natur verborgen liegt, die nichts gebildet hat, das nicht seinen Nachbar, nicht sich selbst zerstörte. Und so taumele ich beängstet! Himmel und Erde und all die webenden Kräfte um mich her! Ich sehe nichts als ein ewig verschlingendes, ewig wiederkäuendes Ungeheuer.

mit der Wetterschnelle **schnell wie ein Blitz**

am 21. Aug.

Umsonst strecke ich meine Arme nach ihr aus, morgens, wenn ich von schweren Träumen aufdämmere, vergebens such ich sie nachts in meinem Bette, wenn mich ein glücklicher, unschuldiger Traum getäuscht hat, als säß ich neben ihr auf der Wiese und hielte ihre Hand und deckte sie mit tausend Küssen. Ach, wenn ich denn noch halb im Taumel des Schlafs nach ihr tappe und drüber mich ermuntere – Ein Strom von Tränen bricht aus meinem gepressten Herzen, und ich weine trostlos einer finstern Zukunft entgegen.

am 22. Aug.

Es ist ein Unglück, Wilhelm! All meine tätigen Kräfte sind zu einer unruhigen Lässigkeit verstimmt, ich kann nicht müßig sein und wieder kann ich nichts tun. Ich hab keine Vorstellungskraft, kein Gefühl an der Natur und die Bücher speien mich alle an. Wenn wir uns selbst fehlen, fehlt uns doch alles. Ich schwöre dir, manchmal wünschte ich, ein Taglöhner zu sein, um nur des Morgens beim Erwachen eine Aussicht auf den künftigen Tag, einen Drang, eine Hoffnung zu haben. Oft beneid ich Alberten, den ich über die Ohren in Akten begraben sehe, und bilde mir ein: Mir wär's wohl, wenn ich an seiner Stelle wäre! Schon etliche Mal ist mir's so aufgefahren, ich wollte dir schreiben und dem Minister und um die Stelle bei der Gesandtschaft anhalten, die, wie du versicherst, mir nicht versagt werden würde. Ich glaube es selbst, der Minister liebt mich seit lange, hatte lange mir angelegen, ich sollte mich employieren, und eine Stunde ist mir's auch wohl drum zu tun; hernach, wenn ich so wieder dran denke und mir die Fabel vom Pferde einfällt, das seiner Freiheit ungeduldig sich Sattel und Zeug auflegen lässt und zuschanden geritten wird. Ich weiß nicht, was ich soll – Und mein Lieber! Ist es nicht vielleicht das Sehnen in mir nach Veränderung des Zustands, eine innre, unbehagliche Ungeduld, die mich überall hin verfolgen wird?

Lässigkeit Trägheit

aufgefahren eingefallen

mir angelegen mich gebeten

employieren eine Anstellung nehmen

am 28. Aug.

Es ist wahr, wenn meine Krankheit zu heilen wäre, so würden diese Menschen es tun. Heut ist mein Geburtstag, und in aller Frühe empfang ich ein Päckchen von Alberten. Mir fällt beim Eröffnen sogleich eine der blassroten Schleifen in die Augen, die Lotte vorhatte, als ich sie kennenlernte, und um die ich sie seither etliche Mal gebeten hatte. Es waren zwei Büchelchen in Duodez dabei, der kleine wetsteinische Homer, ein

vorhatte am Kleid trug

Duodez Taschenbuchformat

wetsteinische Homer, ernestischen → Seite 238

Büchelchen, nach dem ich so oft verlangt, um mich auf dem Spaziergange mit dem ernestischen nicht zu schleppen. Sieh! So kommen sie meinen Wünschen zuvor, so suchen sie all die kleinen Gefälligkeiten der Freundschaft auf, die tausendmal werter sind als jene blendenden Geschenke, wodurch uns die Eitelkeit des Gebers erniedrigt. Ich küsse diese Schleife tausendmal, und mit jedem Atemzuge schlürfe ich die Erinnerung jener Seligkeiten ein, mit denen mich jene wenige glückliche, unwiederbringliche Tage überfüllten. Wilhelm, es ist so, und ich murre nicht, die Blüten des Lebens sind nur Erscheinungen. Wie viele gehn vorüber, ohne eine Spur hinter sich zu lassen, wie wenige setzen Frucht an, und wie wenige dieser Früchte werden reif. Und doch sind deren noch genug da, und doch – O mein Bruder! können wir gereifte Früchte vernachlässigen, verachten, ungenossen verwelken und verfaulen lassen!

Lebe wohl! Es ist ein herrlicher Sommer, ich sitze oft auf den Obstbäumen in Lottens Baumstück mit dem Obstbrecher der langen Stange und hole die Birn aus dem Gipfel. Sie steht unten und nimmt sie ab, wenn ich sie ihr hinunterlasse.

am 30. Aug.

Unglücklicher! Bist du nicht ein Tor? Betrügst du dich nicht selbst? Was soll all diese tobende endlose Leidenschaft? Ich habe kein Gebet mehr als an sie, meiner Einbildungskraft erscheint keine andere Gestalt als die ihrige, und alles in der Welt um mich her sehe ich nur im Verhältnisse mit ihr. Und das macht mir denn so manche glückliche Stunde – Bis ich mich wieder von ihr losreißen muss, ach Wilhelm, wozu mich mein Herz oft drängt! – Wenn ich so bei ihr gesessen bin, zwei, drei Stunden, und mich an der Gestalt, an dem Betragen, an dem himmlischen Ausdruck ihrer Worte geweidet habe, und nun so nach und nach alle meine Sinnen aufgespannt werden, mir's düster vor den Augen wird, ich kaum noch was höre, und mich's an die Gurgel fasst wie ein Meuchelmörder, dann mein Herz in wilden Schlägen den bedrängten Sinnen Luft zu machen sucht und ihre Verwirrung vermehrt. Wilhelm, ich weiß oft nicht, ob ich auf der Welt bin! Und wenn nicht manchmal die Wehmut das Übergewicht nimmt und Lotte mir den elenden Trost erlaubt, auf ihrer Hand meine Beklemmung auszuweinen, so muss ich fort! Muss hinaus! Und schweife dann weit im Felde umher. Einen gähen Berg zu klettern ist dann meine Freude, durch einen unwegsamen Wald einen Pfad durchzuarbeiten, durch die Hecken, die mich verletzen, durch die Dornen, die mich zerreißen! Da wird mir's etwas besser! Etwas! Und wenn ich für Müdigkeit und Durst manchsmal unterwegs liegen bleibe, manchmal in der tiefen Nacht, wenn der hohe Vollmond über mir steht, im einsamen Walde auf einem krumm gewachsnen Baum mich setze, um meinen verwundeten Sohlen nur einige Linderung zu verschaffen, und dann in einer ermattenden Ruhe in dem Dämmerscheine hinschlummre! O Wilhelm! Die einsame Wohnung einer Zelle, das härne Gewand und der Stachelgürtel wären Labsale, nach denen meine Seele schmachtet. Adieu. Ich seh all dieses Elends kein Ende als das Grab.

gähen steilen

für vor

das härne Gewand und der Stachelgürtel → Seite 238

am 3. Sept.

Ich muss fort! Ich danke dir, Wilhelm, dass du meinen wankenden Entschluss bestimmt hast. Schon vierzehn Tage geh ich mit dem Gedanken um, sie zu verlassen. Ich muss. Sie ist wieder in der Stadt bei einer Freundin. Und Albert – und – ich muss fort.

am 10. Sept.

Das war eine Nacht! Wilhelm, nun übersteh ich alles. Ich werde sie nicht wiedersehn. O dass ich nicht an deinen Hals fliegen, dir mit tausend Tränen und Entzückungen ausdrücken kann, mein Bester, all die Empfindungen, die mein Herz bestürmen. Hier sitz ich und schnappe nach Luft, suche mich zu beruhigen und erwarte den Morgen, und mit Sonnenaufgang sind die Pferde bestellt.

Ach, sie schläft ruhig und denkt nicht, dass sie mich nie wiedersehen wird. Ich habe mich losgerissen, bin stark genug gewesen, in einem Gespräche von zwei Stunden mein Vorhaben nicht zu verraten. Und Gott, welch ein Gespräch!

Albert hatte mir versprochen, gleich nach dem Nachtessen mit Lotten im Garten zu sein. Ich stand auf der Terrasse unter den hohen Kastanienbäumen und sah der Sonne nach, die mir nun zum letzten Mal über dem lieblichen Tale, über dem sanften Fluss unterging. So oft hatte ich hier gestanden mit ihr und eben dem herrlichen Schauspiele zugesehen und nun – Ich ging in der Allee auf und ab, die mir so lieb war, ein geheimer sympathetischer Zug hatte mich hier so oft gehalten, ehe ich noch Lotten kannte, und wie freuten wir uns, als im Anfange unserer Bekanntschaft wir die wechselseitige Neigung zu dem Plätzchen entdeckten, das wahrhaftig eins der romantischsten ist, die ich von der Kunst habe hervorgebracht gesehen.

sympathetischer Zug zwischen zwei Wesensverwandten wirkende geheime Anziehung

Erst hast du zwischen den Kastanienbäumen die weite Aussicht – – Ach, ich erinnere mich, ich habe dir, denk ich, schon viel geschrieben davon, wie hohe Buchenwände einen endlich einschließen und durch ein daran stoßendes Bosquet die Allee immer düstrer wird, bis zuletzt alles sich in ein geschlossenes Plätzchen endigt, das alle Schauer der Einsamkeit umschweben. Ich fühl es noch, wie heimlich mir's ward, als ich zum ersten Mal an einem hohen Mittage hinein trat, ich

Bosquet Baumgruppe

ahndete ganz leise, was das noch für ein Schauplatz werden sollte von Seligkeit und Schmerz.

Ich hatte mich etwa eine halbe Stunde in denen schmachtenden süßen Gedanken des Abscheidens, des Wiedersehns geweidet, als ich sie die Terrasse heraufsteigen hörte, ich lief ihnen entgegen, mit einem Schauer fasst ich ihre Hand und küsste sie. Wir waren eben heraufgetreten, als der Mond hinter dem büschigen Hügel aufging, wir redeten mancherlei und kamen unvermerkt dem düstern Kabinette näher. Lotte trat hinein und setzte sich, Albert neben sie, ich auch, doch meine Unruhe ließ mich nicht lange sitzen, ich stand auf, trat vor sie, ging auf und ab, setzte mich wieder, es war ein ängstlicher Zustand. Sie machte uns aufmerksam auf die schöne Würkung des Mondenlichtes, das am Ende der Buchenwände die ganze Terrasse vor uns erleuchtete, ein herrlicher Anblick, der umso viel frappanter war, weil uns rings eine tiefe Dämmerung einschloss. Wir waren still, und sie fing nach einer Weile an: Niemals geh ich im Mondenlichte spazieren, niemals, dass mir nicht der Gedanke an meine Verstorbenen begegnete, dass nicht das Gefühl von Tod, von Zukunft über mich käme. Wir werden sein, fuhr sie mit der Stimme des herrlichsten Gefühls fort, aber Werther, sollen wir uns wieder finden? Und wieder erkennen? Was ahnden Sie? Was sagen Sie?

frappanter auffallender

Lotte, sagt ich, indem ich ihr die Hand reichte und mir die Augen voll Tränen wurden, wir werden uns wieder sehn! Hier und dort wiedersehn! – Ich konnte nicht weiter reden – Wilhelm, musste sie mich das fragen? da ich diesen ängstlichen Abschied im Herzen hatte.

Und ob die lieben Abgeschiednen von uns wissen, fuhr sie fort, ob sie fühlen, wann's uns wohl geht, dass wir mit warmer Liebe uns ihrer erinnern? O die Gestalt meiner Mutter schwebt immer um mich, wenn ich so am stillen Abend unter ihren Kindern, unter meinen Kindern sitze und sie um mich versammlet sind, wie sie um sie versammlet waren. Wenn ich so mit einer sehnenden Träne gen Himmel sehe und wünsche: dass sie hereinschauen könnte einen Augenblick, wie ich mein Wort halte, das ich ihr in der Stunde des Todes gab: die Mutter ihrer Kinder zu sein. Hundertmal ruf ich aus: Verzeih mir's, Teuerste, wenn ich ihnen nicht bin, was du ihnen warst. Ach! tu ich doch alles, was ich kann, sind sie doch gekleidet, genährt, ach und, was mehr ist als das alles, gepflegt und geliebet. Könntest du unsere Eintracht sehn, liebe Heilige! Du würdest mit dem heißesten Danke den Gott verherrlichen, den du mit den letzten bittersten Tränen um die Wohlfahrt deiner Kinder batst. Sie sagte das! O Wilhelm! Wer kann wiederholen, was sie sagte, wie kann der kalte tote Buchstabe diese himmlische Blüte des Geistes darstellen. Albert fiel ihr sanft in die Rede: Es greift Sie zu stark an, liebe Lotte, ich weiß, Ihre Seele hängt sehr nach diesen Ideen, aber ich bitte Sie – O Albert, sagte sie, ich weiß, du vergisst nicht die Abende, da wir zusammensaßen an dem kleinen runden Tischchen, wenn der Papa verreist war und wir die Kleinen schlafen geschickt hatten. Du hattest oft ein gutes Buch und kamst so selten dazu, etwas zu lesen. War der Umgang dieser herrlichen Seele nicht mehr als alles! Die schöne, sanfte, muntere und immer tätige Frau! Gott kennt meine Tränen, mit denen ich mich oft in meinem Bette vor ihn hinwarf: Er möchte mich ihr gleich machen.

Lotte!, rief ich aus, indem ich mich vor sie hinwarf, ihre Hand nahm und mit tausend Tränen netzte. Lotte, der Segen Gottes ruht über dir, und der Geist deiner Mutter! – Wenn Sie sie gekannt hätten!, sagte sie, indem sie mir die Hand drückte, – sie war wert, von Ihnen gekannt zu sein. – Ich glaubte zu vergehen, nie war ein größeres, stolzeres Wort über mich ausgesprochen worden, und sie fuhr fort: Und diese Frau musste in der Blüte ihrer Jahre dahin, als ihr jüngster Sohn nicht sechs Monate alt war. Ihre Krankheit dauerte nicht lange, sie war ruhig, resigniert, nur ihre Kinder taten ihr weh, besonders das kleine. Wie es gegen das Ende ging und sie zu mir sagte: Bring mir sie herauf, und wie ich sie hereinführte, die kleinen, die nicht wussten, und die ältesten, die ohne Sinne waren, wie sie ums Bett standen, und wie sie die Hände aufhub und über sie betete und sie küsste nacheinander und sie wegschickte und zu mir sagte: Sei ihre Mutter! Ich gab ihr die Hand drauf! Du versprichst viel, meine Tochter, sagte sie, das Herz einer Mutter und das Aug einer Mutter! Ich hab oft an deinen dankbaren Tränen gesehen, dass du fühlst, was das sei. Hab es für deine Geschwister, und für deinen Vater die Treue, den Gehorsam einer Frau. Du wirst ihn trösten. Sie fragte nach ihm, er war ausgegangen, um uns den unerträglichen Kummer zu verbergen, den er fühlte, der Mann war ganz zerrissen.

Albert, du warst im Zimmer! Sie hörte jemand gehn und fragte und forderte dich zu ihr. Und wie sie dich ansah und mich, mit dem getrösteten ruhigen Blicke, dass wir glücklich sein, zusammen glücklich sein würden. Albert fiel ihr um den Hals und küsste sie und rief: Wir sind's! Wir werden's sein. Der ruhige Albert war ganz aus seiner Fassung, und ich wusste nichts von mir selber.

Werther, fing sie an, und diese Frau sollte dahin sein! Gott, wenn ich manchmal so denke, wie man das Liebste seines Lebens so wegtragen lässt, und niemand als die Kinder das so scharf fühlt, die sich noch lange beklagten: Die schwarzen Männer hätten die Mama weggetragen.

Sie stund auf, und ich ward erweckt und erschüttert, blieb sitzen und hielt ihre Hand. Wir wollen fort, sagte sie, es wird Zeit. Sie wollte ihre Hand zurückziehen und ich hielt sie fester! Wir werden uns wiedersehn, rief ich, wir werden uns finden, unter allen Gestalten werden wir uns erkennen. Ich gehe, fuhr ich fort, ich gehe willig, und doch, wenn ich sagen sollte auf ewig, ich würde es nicht aushalten. Leb wohl, Lotte! Leb wohl, Albert! Wir sehen uns wieder.

– Morgen, denk ich, versetzte sie scherzend, ich fühlte das Morgen! Ach, sie wusste nicht, als sie ihre Hand aus der meinigen zog – sie gingen die Allee hinaus, ich stand, sah ihnen nach im Mondenscheine und warf mich an die Erde und weinte mich aus und sprang auf, lief auf die Terrasse hervor und sah noch dort unten im Schatten der hohen Lindenbäume ihr weißes Kleid nach der Gartentüre schimmern, ich streckte meine Arme hinaus, und es verschwand.

Zweiter Teil

am 20. Okt. 1771.

unpass unpässlich, unwohl
einhalten im Haus bleiben
unhold unfreundlich

Gestern sind wir hier angelangt. Der Gesandte ist unpass und wird sich also einige Tage einhalten, wenn er nur nicht so unhold wäre, wär alles gut. Ich merke, ich merke, das Schicksal hat mir harte Prüfungen zugedacht. Doch gutes Mut's! Ein leichter Sinn trägt alles! Ein leichter Sinn! Das macht mich zu lachen, wie das Wort in meine Feder kommt. O ein bisschen leichteres Blut würde mich zum glücklichsten Menschen unter der Sonne machen. Was! Da wo andre mit ihrem bisschen Kraft und Talent vor mir in behaglicher Selbstgefälligkeit herumschwadronieren, verzweifl' ich an meiner Kraft, an meinen Gaben. Guter Gott! Der du mir das alles schenktest, warum hieltest du nicht die Hälfte zurück und gabst mir Selbstvertrauen und Genügsamkeit!

herumschwadronieren angeben

Geduld! Geduld! Es wird besser werden. Denn ich sage dir, Lieber, du hast recht. Seit ich unter dem Volke so alle Tage herumgetrieben werde und sehe, was sie tun und wie sie's treiben, steh ich viel besser mit mir selbst. Gewiss, weil wir doch einmal so gemacht sind, dass wir alles mit uns und uns mit allem vergleichen, so liegt Glück oder Elend in den Gegenständen, womit wir uns zusammenhalten, und da ist nichts gefährlicher als die Einsamkeit. Unsere Einbildungskraft, durch ihre Natur gedrungen sich zu erheben, durch die fantastische Bilder der Dichtkunst genährt, bildet sich eine Reihe Wesen hinauf, wo wir das unterste sind und alles außer uns herrlicher erscheint, jeder andre vollkommner ist. Und das geht ganz natürlich zu: Wir fühlen so oft, dass uns manches mangelt, und eben was uns fehlt, scheint uns oft ein anderer zu besitzen, dem wir denn auch alles dazugeben, was wir haben, und noch eine gewisse idealische Behaglichkeit dazu. Und so ist der Glückliche vollkommen fertig, das Geschöpf unserer selbst.

idealische hier: erfundene

Dagegen wenn wir mit all unserer Schwachheit und Mühseligkeit nur gerade fortarbeiten, so finden wir gar oft, dass wir mit all unserem Schlendern und Lavieren es weiter bringen als andre mit ihrem Segeln und Rudern – und – das ist doch ein wahres Gefühl seiner selbst, wenn man andern gleich oder gar vorläuft.

Lavieren Umwege gehen

am 10. Nov.

Ich fange an, mich insofern ganz leidlich hier zu befinden. Das Beste ist, dass es zu tun genug gibt; und dann die vielerlei Menschen, die allerlei neue Gestalten machen mir ein buntes Schauspiel vor meiner Seele. Ich habe den Grafen C.. kennenlernen, einen Mann, den ich jeden Tag mehr verehren muss. Einen weiten, großen Kopf, und der deswegen nicht kalt ist, weil er viel übersieht; aus dessen Umgange so viel Empfindung für Freundschaft und Liebe hervorleuchtet. Er nahm teil an mir, als ich einen Geschäftsauftrag an ihn ausrichtete und er bei den ersten Worten merkte, dass wir uns verstunden, dass er mit mir reden konnte wie nicht mit jedem. Auch kann ich sein offnes Betragen gegen mich nicht genug rühmen. So eine wahre warme Freude ist nicht in der Welt, als eine große Seele zu sehen, die sich gegen einen öffnet.

am 24. Dez.

Der Gesandte macht mir viel Verdruss, ich hab es vorausgesehn. Er ist der pünktlichste Narre, den's nur geben kann. Schritt vor Schritt und umständlich wie eine Base. Ein Mensch, der nie selbst mit sich zufrieden ist und dem's daher niemand zu Danke machen kann. Ich arbeite gern leicht weg, und wie's steht, so steht's, da ist er imstande, mir einen Aufsatz zurückzugeben und zu sagen: Er ist gut, aber sehen Sie ihn durch, man findt immer ein besser Wort, eine reinere Partikel. Da möcht ich des Teufels werden. Kein Und, kein Bindwörtchen

pünktlichste übergenaueste

Aufsatz Entwurf eines Schriftstücks

Partikel hier: Ausdruck

Inversionen Abweichung von der üblichen Wortstellung im Satz
Period Satzreihe, Satzgefüge

sonst darf außen bleiben, und von allen Inversionen, die mir manchmal entfahren, ist er ein Todfeind. Wenn man seinen Period nicht nach der hergebrachten Melodie heraborgelt, so versteht er gar nichts drinne. Das ist ein Leiden, mit so einem Menschen zu tun zu haben.

Das Vertrauen des Grafen von C.. ist noch das Einzige, was mich schadlos hält. Er sagte mir letzthin ganz aufrichtig: wie unzufrieden er über die Langsamkeit und Bedenklichkeit meines Gesandten sei. Die Leute erschweren sich's und andern. Doch, sagt er, man muss sich darein resignieren wie ein Reisender, der über einen Berg muss. Freilich! Wär der Berg nicht da, wäre der Weg viel bequemer und kürzer, er ist nun aber da! Und es soll drüber! –

Mein Alter spürt auch wohl den Vorzug, den mir der Graf vor ihm gibt, und das ärgert ihn und er ergreift jede Gelegenheit, Übels gegen mich vom Grafen zu reden, ich halte, wie natürlich, Widerpart, und dadurch wird die Sache nur schlimmer. Gestern gar bracht er mich auf, denn ich war mit gemeint. Zu so Weltgeschäften wäre der Graf ganz gut, er hätte viel Leichtigkeit zu arbeiten und führte eine gute Feder, doch an gründlicher Gelehrsamkeit mangelt es ihm, wie all den Belletristen. Darüber hätt ich ihn gern ausgeprügelt, denn weiter ist mit den Kerls nicht zu räsonieren, da das aber nun nicht anging, so focht ich mit ziemlicher Heftigkeit und sagt ihm, der Graf sei ein Mann, vor dem man Achtung haben müsste, wegen seines Charakters sowohl als seiner Kenntnisse; ich habe, sagt ich, niemand gekannt, dem es so geglückt wäre, seinen Geist zu erweitern, ihn über unzählige Gegenstände zu verbreiten, und doch die Tätigkeit fürs gemeine Leben zu behalten. Das waren dem Gehirn spanische Dörfer, und ich empfahl mich, um nicht über ein weiteres Déraisonnement noch mehr Galle zu schlucken.

Bellettristen Schriftsteller der »leichten« Literatur
räsonieren sprechen
Déraisonnement unvernünftiges Gerede

Und daran seid ihr all schuld, die ihr mich in das Joch geschwatzt und mir so viel von Aktivität vorgesungen habt. Aktivität! Wenn nicht der mehr tut, der Kartoffeln steckt und in die Stadt reitet, sein Korn zu verkaufen, als ich, so will ich zehn Jahre noch mich auf der Galeere abarbeiten, auf der ich nun angeschmiedet bin.

Und das glänzende Elend, die Langeweile unter dem garstigen Volke, das sich hier nebeneinander sieht. Die Rangsucht unter ihnen, wie sie nur wachen und aufpassen, einander ein Schrittchen abzugewinnen, die elendesten erbärmlichsten Leidenschaften, ganz ohne Röckchen! Da ist ein Weib, zum Exempel, die jedermann von ihrem Adel und ihrem Lande unterhält, dass nun jeder Fremde denken muss: Das ist eine Närrin, die sich auf ein bisschen Adel und auf den Ruf ihres Landes Wunderstreiche einbildet – Aber es ist noch viel ärger, eben das Weib ist hier aus der Nachbarschaft eines Amtschreibers Tochter. – Sieh, ich kann das Menschengeschlecht nicht begreifen, das so wenig Sinn hat, um sich so platt zu prostituieren.

ohne Röckchen **unverhohlen**

zu prostituieren **hier: bloßzustellen**

Zwar ich merke täglich mehr, mein Lieber, wie töricht man ist, andre nach sich zu berechnen. Und weil ich so viel mit mir selbst zu tun habe und dieses Herz und Sinn so stürmisch ist, ach, ich lasse gern die andern ihres Pfads gehen, wenn sie mich auch nur könnten gehn lassen.

Was mich am meisten neckt, sind die fatalen bürgerlichen Verhältnisse. Zwar weiß ich so gut als einer, wie nötig der Unterschied der Stände ist, wie viel Vorteile er mir selbst verschafft, nur soll er mir nicht eben grad im Wege stehn, wo ich noch ein wenig Freude, einen Schimmer von Glück auf dieser Erde genießen könnte. Ich lernte neulich auf dem Spaziergange ein Fräulein von B.. kennen, ein liebenswürdiges Geschöpf, das sehr viele Natur mitten in dem steifen Leben erhalten hat. Wir gefielen uns in unserm Gespräche, und da wir schieden, bat ich sie um Erlaubnis, sie bei sich sehen zu dürfen. Sie ge-

neckt **ärgert**
fatalen **verhängnisvollen**
bürgerlichen **gesellschaftlichen**

stattete mir das mit so viel Freimütigkeit, dass ich den schicklichen Augenblick kaum erwarten konnte, zu ihr zu gehen. Sie ist nicht von hier und wohnt bei einer Tante im Hause. Die Physiognomie der alten Schachtel gefiel mir nicht. Ich bezeigte ihr viel Aufmerksamkeit, mein Gespräch war meist an sie gewandt, und in minder als einer halben Stunde hatte ich so ziemlich weg, was mir das Fräulein nachher selbst gestund: dass die liebe Tante in ihrem Alter und dem Mangel von allem, vom anständigen Vermögen an bis auf den Geist, keine Stütze hat als die Reihe ihrer Vorfahren, keinen Schirm als den Stand, in dem sie sich verpallisadiert, und kein Ergötzen als von ihrem Stockwerk herab über die bürgerlichen Häupter wegzusehen. In ihrer Jugend soll sie schön gewesen sein und ihr Leben so weggegaukelt, erst mit ihrem Eigensinne manchen armen Jungen gequält und in reifern Jahren sich unter den Gehorsam eines alten Offiziers geduckt haben, der gegen diesen Preis und einen leidlichen Unterhalt das ehrne Jahrhundert mit ihr zubrachte und starb, und nun sieht sie im eisernen sich allein und würde nicht angesehn, wäre ihre Nichte nicht so liebenswürdig.

Physiognomie Gesichtsausdruck

verpallisadiert verschanzt

den 8. Jan. 1772.

Was das für Menschen sind, deren ganze Seele auf dem Zeremoniell ruht, deren Dichten und Trachten jahrelang dahin geht, wie sie um einen Stuhl weiter hinauf bei Tische sich einschieben wollen. Und nicht, dass die Kerls sonst keine Angelegenheiten hätten, nein, vielmehr häufen sich die Arbeiten, eben weil man über die kleinen Verdrüsslichkeiten von Beförderung der wichtigen Sachen abgehalten wird. Vorige Woche gab's bei der Schlittenfahrt Händel, und der ganze Spaß wurde verdorben.

Zeremoniell Regeln des Umgangs bei Hofe

Händel Streit

Die Toren, die nicht sehen, dass es eigentlich auf den Platz gar nicht ankommt und dass der, der den ersten hat, so selten die erste Rolle spielt! Wie mancher König wird durch seinen Minister, wie mancher Minister durch seinen Sekretär regiert. Und wer ist dann der Erste? Der, dünkt mich, der die andern übersieht und so viel Gewalt oder List hat, ihre Kräfte und Leidenschaften zu Ausführung seiner Plane anzuspannen.

übersieht durchschaut

am 20. Jan.

Ich muss Ihnen schreiben, liebe Lotte, hier in der Stube einer geringen Bauernherberge, in die ich mich vor einem schweren Wetter geflüchtet habe. Solange ich in dem traurigen Neste D.. unter dem fremden, meinem Herzen ganz fremden Volke, herumziehe, hab ich keinen Augenblick gehabt, keinen, an dem mein Herz nicht geheißen hätte, Ihnen zu schreiben. Und jetzt in dieser Hütte, in dieser Einsamkeit, in dieser Einschränkung, da Schnee und Schloßen wider mein Fensterchen wüten, hier waren Sie mein erster Gedanke. Wie ich hereintrat, überfiel mich Ihre Gestalt, Ihr Andenken. O Lotte! So heilig, so warm! Guter Gott! Der erste glückliche Augenblick wieder.

Schloßen Hagelkörner

Wenn Sie mich sähen, meine Beste, in dem Schwall von Zerstreuung! Wie ausgetrocknet meine Sinnen werden, nicht einen Augenblick der Fülle des Herzens, nicht eine selige tränenreiche Stunde. Nichts! Nichts! Ich stehe wie vor einem Raritätenkasten und sehe die Männchen und Gäulchen vor mir herumrücken und frage mich oft, ob's nicht optischer Betrug ist. Ich spiele mit, vielmehr, ich werde gespielt wie eine Marionette und fasse manchmal meinen Nachbar an der hölzernen Hand und schaudere zurück.

Raritätenkasten → Seite 238

Ein einzig weiblich Geschöpf hab ich hier gefunden. Eine Fräulein von B.. Sie gleicht Ihnen, liebe Lotte, wenn man Ihnen gleichen kann. Ei!, werden Sie sagen: Der Mensch legt sich auf niedliche Komplimente! Ganz unwahr ist's nicht. Seit einiger Zeit bin ich sehr artig, weil ich doch nicht anders sein kann, habe viel Witz, und die Frauenzimmer sagen: es wüsste niemand so fein zu loben als ich (und zu lügen, setzen Sie hinzu, denn ohne das geht's nicht ab, verstehen Sie:) Ich wollte von Fräulein B.. reden! Sie hat viel Seele, die voll aus ihren blauen Augen hervorblickt, ihr Stand ist ihr zur Last, der keinen der Wünsche ihres Herzens befriedigt. Sie sehnt sich aus dem Getümmel, und wir verfantasieren manche Stunde in ländlichen Szenen von ungemischter Glückseligkeit, ach! Und von Ihnen! Wie oft muss sie Ihnen huldigen. Muss nicht, tut's freiwillig, hört so gern von Ihnen, liebt Sie –

O säß ich zu Ihren Füßen in dem lieben vertraulichen Zimmerchen und unsere kleinen Lieben wälzten sich miteinander um mich herum, und wenn sie Ihnen zu laut würden, wollt ich sie mit einem schauerlichen Märchen um mich zur Ruhe versammeln. Die Sonne geht herrlich unter über der schneeglänzenden Gegend, der Sturm ist hinübergezogen. Und ich – muss mich wieder in meinen Käfig sperren. Adieu! Ist Albert bei Ihnen? Und wie –? Gott verzeihe mir diese Frage!

am 17. Febr.

Ich fürchte, mein Gesandter und ich halten's nicht lange mehr zusammen aus. Der Mensch ist ganz und gar unerträglich. Seine Art zu arbeiten und Geschäfte zu treiben ist so lächerlich, dass ich mich nicht enthalten kann, ihm zu widersprechen und oft eine Sache nach meinem Kopfe und Art zu machen, das ihm denn, wie natürlich, niemals recht ist. Darüber hat er mich neulich bei Hofe verklagt und der Minister gab mir einen zwar sanften Verweis, aber es war doch ein Verweis, und ich stand im Begriffe, meinen Abschied zu begehren, als ich einen Privatbrief* von ihm erhielt, einen Brief, vor dem

* Man hat aus Ehrfurcht für diesen trefflichen Mann gedachten Brief und einen andern, dessen weiter hinten erwähnt wird, dieser Sammlung entzogen, weil man nicht glaubte, solche Kühnheit durch den wärmsten Dank des Publikums entschuldigen zu können.

ich mich niedergekniet, und den hohen, edlen, weisen Sinn angebetet habe, wie er meine allzu große Empfindlichkeit zurechteweist, wie er meine überspannte Ideen von Würksamkeit, von Einfluss auf andre, von Durchdringen in Geschäften als jugendlichen guten Mut zwar ehrt, sie nicht auszurotten, nur zu mildern und dahin zu leiten sucht, wo sie ihr wahres Spiel haben, ihre kräftige Würkung tun können. Auch bin ich auf acht Tage gestärkt und in mir selbst einig geworden. Die Ruhe der Seele ist ein herrlich Ding, und die Freude an sich selbst, lieber Freund, wenn nur das Ding nicht eben so zerbrechlich wäre, als es schön und kostbar ist.

am 20. Febr.

Gott segne euch, meine Lieben, geb euch all die guten Tage, die er mir abzieht.

Ich danke dir, Albert, dass du mich betrogen hast, ich wartete auf Nachricht, wann euer Hochzeittag sein würde, und hatte mir vorgenommen, feierlichst an demselben Lottens Schattenriss von der Wand zu nehmen und sie unter andere Papiere zu begraben. Nun seid ihr ein Paar und ihr Bild ist noch hier! Nun, so soll's bleiben! Und warum nicht? Ich weiß, ich bin ja auch bei euch, bin dir unbeschadet in Lottens Herzen. Habe, ja ich habe den zweiten Platz drinne und will und muss ihn behalten. O ich würde rasend werden, wenn sie vergessen könnte – Albert in dem Gedanken liegt eine Hölle. Albert! Leb wohl. Leb wohl, Engel des Himmels, leb wohl, Lotte!

am 15. März.

Ich hab einen Verdruss gehabt, der mich von hier wegtreiben wird, ich knirsche mit den Zähnen! Teufel! Er ist nicht zu ersetzen, und ihr seid doch allein schuld daran, die ihr mich sporntet und triebt und quältet, mich in einen Posten zu bege-

plan glatt

distinguiert mich zeichnet mich aus

noble adlige

Subalternen Untergeordneten

Schnürleib einengendes Mieder

en passant im Vorübergehen

die Nation die Adelsgesellschaft

angestochen verletzt

intrigiert neugierig

Franz des Ersten Franz I. (1708–1765), deutscher Kaiser seit 1745

in qualitate mit Rücksicht auf sein Amt

übel fournierten schlecht versorgten

ben, der nicht nach meinem Sinne war. Nun hab ich's, nun habt ihr's. Und dass du nicht wieder sagst: meine überspannten Ideen verdürben alles; so hast du hier, lieber Herr, eine Erzählung, plan und nett, wie ein Chronikenschreiber das aufzeichnen würde.

Der Graf v. C.. liebt mich, distinguiert mich, das ist bekannt, das hab ich dir schon hundertmal gesagt. Nun war ich bei ihm zu Tische gestern, eben an dem Tage, da abends die noble Gesellschaft von Herren und Frauen bei ihm zusammenkommt, an die ich nie gedacht hab, auch mir nie aufgefallen ist, dass wir Subalternen nicht hineingehören. Gut. Ich speise beim Grafen und nach Tische gehn wir im großen Saale auf und ab, ich rede mit ihm, mit dem Obrist B.., der dazukommt, und so rückt die Stunde der Gesellschaft heran. Ich denke, Gott weiß, an nichts. Da tritt herein die übergnädige Dame von S.. mit dero Herrn Gemahl und wohl ausgebrüteten Gänslein Tochter mit der flachen Brust und niedlichem Schnürleib, machen en passant ihre hergebrachten hochadeligen Augen und Naslöcher, und wie mir die Nation von Herzen zuwider ist, wollt ich eben mich empfehlen und wartete nur, bis der Graf vom garstigen Gewäsche frei wäre, als eben meine Fräulein B.. hereintrat, da mir denn das Herz immer ein bisschen aufgeht, wenn ich sie sehe, blieb ich eben, stellte mich hinter ihren Stuhl und bemerkte erst nach einiger Zeit, dass sie mit weniger Offenheit als sonst, mit einiger Verlegenheit mit mir redte. Das fiel mir auf. Ist sie auch wie all das Volk, dacht ich, hol sie der Teufel! Und war angestochen und wollte gehn, und doch blieb ich, weil ich intrigiert war, das Ding näher zu beleuchten. Über dem füllt sich die Gesellschaft. Der Baron F.. mit der ganzen Garderobe von den Krönungszeiten Franz des Ersten her, der Hofrat R.., hier aber in qualitate Herr von R.. genannt, mit seiner tauben Frau etc., den übel fournierten J.. nicht zu vergessen, bei dessen Kleidung Reste des altfränkischen mit dem neu'st Aufgebrachten kontrastieren etc., das kommt all und ich rede mit einigen meiner Bekanntschaft, die alle sehr lakonisch sind, ich dachte – und gab nur auf meine B.. Acht. Ich merkte nicht, dass die Weiber am Ende des Saals sich in die Ohren pisperten, dass es auf die Männer zirkulierte, dass Frau von S.. mit dem Grafen redte (das alles hat mir Fräulein B.. nachher erzählt), bis endlich der Graf auf mich losging und mich in ein Fenster nahm. Sie wissen, sagt er, unsere wunderbaren Verhältnisse, die Gesellschaft ist unzufrieden, merk ich, Sie hier zu sehn, ich wollte nicht um alles – Ihro Exzellenz, fiel ich ein, ich bitte tausendmal um Verzeihung, ich hätte eher dran denken sollen, und ich weiß, Sie verzeihen mir diese Inkonsequenz, ich wollte schon vorhin mich empfehlen, ein böser Genius hat mich zurückgehalten, setzte ich lächelnd hinzu, indem ich mich neigte. Der Graf drückte meine Hände mit einer Empfindung, die alles sagte. Ich machte der vornehmen Gesellschaft mein Kompliment, ging und setzte mich in ein Kabriolett und fuhr nach M.., dort vom Hügel die Sonne untergehen zu sehen und dabei in meinem Homer den herrlichen Gesang zu lesen, wie Ulyss von dem trefflichen Schweinhirten bewirtet wird. Das war all gut.

lakonisch **kurz angebunden, wortkarg**
pisperten **tuschelten**
zirkulierte **die Runde machte**
in ein Fenster **in eine Fensternische**
Kabriolett **leichte Kutsche**
Ulyss **lat. Name von Odysseus**

Des Abends komm ich zurück zu Tische. Es waren noch wenige in der Gaststube, die würfelten auf einer Ecke, hatten das Tischtuch zurückgeschlagen. Da kommt der ehrliche A.. hinein, legt seinen Hut nieder, indem er mich ansieht, tritt zu mir und sagt leise: Du hast Verdruss gehabt? Ich?, sagt ich – Der Graf hat dich aus der Gesellschaft gewiesen – Hol sie der Teufel, sagt ich, mir war's lieb, dass ich in die freie Luft kam – Gut, sagt er, dass du's auf die leichte Schulter nimmst. Nur verdrießt mich's. Es ist schon überall herum. – Da fing mir das Ding erst an zu wurmen. Alle, die zu Tisch kamen und mich ansahen, dachte ich, die sehen dich darum an! Das fing an mir böses Blut zu setzen.

Und da man nun heute gar, wo ich hintrete, mich bedauert, da ich höre, dass meine Neider nun triumphieren und sagen: Da sähe man's, wo's mit den Übermütigen hinausging, die sich ihres bisschen Kopf's überhüben und glaubten, sich darum über alle Verhältnisse hinaussetzen zu dürfen, und was des Hundegeschwätzes mehr ist. Da möchte man sich ein Messer ins Herz bohren. Denn man rede von Selbstständigkeit, was man will, den will ich sehn, der dulden kann, dass Schurken über ihn reden, wenn sie eine Prise über ihn haben. Wenn ihr Geschwätz leer ist, ach! da kann man sie leicht lassen.

eine Prise einen Vorteil

am 16. März.

Es hetzt mich alles! Heut treff ich die Fräulein B.. in der Allee. Ich konnte mich nicht enthalten sie anzureden und ihr, sobald wir etwas entfernt von der Gesellschaft waren, meine Empfindlichkeit über ihr neuliches Betragen zu zeigen. O Werther, sagte sie mit einem innigen Tone, konnten Sie meine Verwirrung so auslegen, da Sie mein Herz kennen. Was ich gelitten habe um Ihrentwillen, von dem Augenblicke an, da ich in den Saal trat. Ich sah alles voraus, hundertmal saß mir's auf der Zunge, es Ihnen zu sagen, ich wusste, dass die von S.. und T.. mit ihren Männern eher aufbrechen würden als in Ihrer Gesellschaft zu bleiben, ich wusste, dass der Graf es nicht mit ihnen verderben darf, und jetzo der Lärm – Wie, Fräulein?, sagt ich und verbarg meinen Schrecken, denn alles, was Adelin mir ehgestern gesagt hatte, lief mir wie siedend Wasser durch die Adern in diesem Augenblicke. – Was hat mich's schon gekostet!, sagte das süße Geschöpf, indem ihr die Tränen in den Augen stunden. Ich war nicht Herr mehr von mir selbst, war im Begriff, mich ihr zu Füßen zu werfen. Erklären Sie sich!, ruft ich: Die Tränen liefen ihr die Wangen herunter, ich war außer mir. Sie trocknete sie ab, ohne sie verbergen zu wollen. Meine Tante kennen Sie, fing sie an; sie war

ehgestern vorgestern

gegenwärtig und hat, o mit was für Augen hat sie das angesehn. Werther, ich habe gestern Nacht ausgestanden und heute früh eine Predigt über meinen Umgang mit Ihnen, und ich habe müssen zuhören Sie herabzusetzen, erniedrigen und konnte und durfte Sie nur halb verteidigen.

Jedes Wort, das sie sprach, ging mir wie Schwerter durchs Herz. Sie fühlte nicht, welche Barmherzigkeit es gewesen wäre, mir das alles zu verschweigen, und nun fügte sie noch all dazu, was weiter würde geträtscht werden, was die schlechten Kerls alle darüber triumphieren würden. Wie man nunmehro meinen Übermut und Geringschätzung andrer, das sie mir schon lange vorwerfen, gestraft, erniedrigt ausschreien würde. Das alles, Wilhelm, von ihr zu hören, mit der Stimme der wahrsten Teilnehmung. Ich war zerstört und bin noch wütend in mir. Ich wollte, dass sich einer unterstünde mir's vorzuwerfen, dass ich ihm den Degen durch den Leib stoßen könnte! Wenn ich Blut sähe, würde mir's besser werden. Ach, ich hab hundertmal ein Messer ergriffen, um diesem gedrängten Herzen Luft zu machen. Man erzählt von einer edlen Art Pferde, die, wenn sie schröcklich erhitzt und aufgejagt sind, sich selbst aus Instinkt eine Ader aufbeißen, um sich zum Atem zu helfen. So ist mir's oft, ich möchte mir eine Ader öffnen, die mir die ewige Freiheit schaffte.

geträtscht **getratscht**

am 24. März.

Ich habe meine Dimission bei Hofe verlangt und werde sie, hoff ich, erhalten, und ihr werdet mir verzeihen, dass ich nicht erst Permission dazu bei euch geholt habe. Ich musste nun einmal fort, und was ihr zu sagen hattet, um mir das Bleiben einzureden, weiß ich all, und also – Bring das meiner Mutter in einem Säftchen bei, ich kann mir selbst nicht helfen, also mag sie sich's gefallen lassen, wenn ich ihr auch nicht helfen kann. Freilich muss es ihr weh tun. Den schönen Lauf, den ihr

Dimission **Entlassung**

Permission **Erlaubnis**

in einem Säftchen **verdünnt, schonend**

Halte Haltmachen

Sohn grad zum Geheimrat und Gesandten ansetzte, so auf einmal Halte zu sehen, und rückwärts mit dem Tierchen in den Stall. Macht nun draus, was ihr wollt, und kombiniert die mögliche Fälle, unter denen ich hätte bleiben können und sollen. Genug, ich gehe. Und damit ihr wisst, wo ich hinkomme, so ist hier der Fürst **, der viel Geschmack an meiner Gesellschaft findet, der hat mich gebeten, da er von meiner Absicht hörte, mit ihm auf seine Güter zu gehen und den schönen Frühling da zuzubringen. Ich soll ganz mir selbst gelassen sein, hat er mir versprochen, und da wir uns zusammen bis auf einen gewissen Punkt verstehn, so will ich's denn auf gut Glück wagen und mit ihm gehn.

den 19. April.

Zur Nachricht.

Lamentationen Klagen

Danke für deine beiden Briefe. Ich antwortete nicht, weil ich diesen Brief liegen ließ, bis mein Abschied von Hofe da wäre, weil ich fürchtete, meine Mutter möchte sich an den Minister wenden und mir mein Vorhaben erschweren. Nun aber ist's geschehen, mein Abschied ist da. Ich mag euch nicht sagen, wie ungern man mir ihn gegeben hat und was mir der Minister schreibt, ihr würdet in neue Lamentationen ausbrechen. Der Erbprinz hat mir zum Abschied fünfundzwanzig Dukaten geschickt, mit einem Wort, das mich bis zu Tränen gerührt hat. Also braucht die Mutter mir das Geld nicht zu schicken, um das ich neulich schrieb.

am 5. Mai.

Morgen geh ich von hier ab, und weil mein Geburtsort nur sechs Meilen vom Wege liegt, so will ich den auch wiedersehen, will mich der alten glücklich verträumten Tage erinnern. Zu eben dem Tore will ich hineingehn, aus dem meine Mutter mit mir herausfuhr, als sie nach dem Tode meines Vaters den lieben, vertraulichen Ort verließ, um sich in ihre unerträgliche Stadt einzusperren. Adieu, Wilhelm, du sollst von meinem Zuge hören.

am 9. Mai.

Ich habe die Wallfahrt nach meiner Heimat mit aller Andacht eines Pilgrims vollendet, und manche unerwartete Gefühle haben mich ergriffen. An der großen Linde, die eine Viertelstunde vor der Stadt nach S.. zu steht, ließ ich halten, stieg aus und hieß den Postillon fortfahren, um zu Fuße jede Erinnerung ganz neu, lebhaft nach meinem Herzen zu kosten. Da stand ich nun unter der Linde, die ehedessen als Knabe das Ziel und die Grenze meiner Spaziergänge gewesen. Wie anders! Damals sehnt ich mich in glücklicher Unwissenheit hinaus in die unbekannte Welt, wo ich für mein Herz alle die Nahrung, alle den Genuss hoffte, dessen Ermangeln ich so oft in meinem Busen fühlte. Jetzt kam ich zurück aus der weiten Welt – O mein Freund, mit wie viel fehlgeschlagenen Hoffnungen, mit wie viel zerstörten Planen! – Ich sah das Gebürge vor mir liegen, das so tausendmal der Gegenstand meiner Wünsche gewesen. Stundenlang konnte ich hier sitzen und mich hinübersehnen, mit inniger Seele mich in denen Wäldern, denen Tälern verlieren, die sich meinen Augen so freundlich dämmernd darstellten – und wenn ich denn nun die bestimmte Zeit wieder zurückmusste, mit welchem Widerwillen verließ ich nicht den lieben Platz! Ich kam der Stadt näher, alle alte bekannte Gartenhäuschen wurden von mir gegrüßt, die neuen waren mir zuwider, so auch alle Veränderungen, die man sonst vorgenommen hatte. Ich trat zum Tore hinein und fand mich doch gleich und ganz wieder. Lieber, ich mag nicht ins Detail gehen, so reizend, als es mir war, so einförmig würde es in der Erzählung werden. Ich hatte beschlossen auf dem Markte zu wohnen, gleich neben un-

Pilgrims Pilgers

hieß forderte auf

Postillon Fahrer der Postkutsche

Planen Plänen

Kram Krämerladen

merkwürdig der Erinnerung wert

serm alten Hause. Im Hingehen bemerkte ich, dass die Schulstube, wo ein ehrlich altes Weib unsere Kindheit zusammengepfercht hatte, in einen Kram verwandelt war. Ich erinnerte mich der Unruhe, der Tränen, der Dumpfheit des Sinnes, der Herzensangst, die ich in dem Loche ausgestanden hatte – ich tat keinen Schritt, der nicht merkwürdig war. Ein Pilger im heiligen Lande trifft nicht so viel Stätten religiöser Erinnerung, und seine Seele ist schwerlich so voll heiliger Bewegung. – Noch eins für tausend. Ich ging den Fluss hinab, bis an einen gewissen Hof, das war sonst auch mein Weg, und die Plätzchen, da wir Knaben uns übten, die meisten Sprünge der flachen Steine im Wasser hervorzubringen. Ich erinnere mich so lebhaft, wenn ich manchmal stand und dem Wasser nachsah, mit wie wunderbaren Ahndungen ich das verfolgte, wie abenteuerlich ich mir die Gegenden vorstellte, wo es nun hinflösse, und wie ich da so bald Grenzen meiner Vorstellungskraft fand, und doch musste das weitergehn, immer weiter, bis ich mich ganz in dem Anschauen einer unsichtbaren Ferne verlor. Siehe, mein Lieber, das ist doch eben das Gefühl der herrlichen Altväter! Wenn Ulyss von dem ungemessenen Meere und von der unendlichen Erde spricht, ist das nicht wahrer, menschlicher, inniger, als wenn jetzo jeder Schulknabe sich Wunder weise dünkt, wenn er nachsagen kann, dass sie rund sei.

Nun bin ich hier auf dem fürstlichen Jagdschlosse. Es lässt sich noch ganz wohl mit dem Herrn leben, er ist ganz wahr und einfach. Was mir noch manchmal leid tut, ist, dass er oft über Sachen redt, die er nur gehört und gelesen hat, und zwar aus eben dem Gesichtspunkte, wie sie ihm der andere darstellen mochte.

Auch schätzt er meinen Verstand und Talente mehr als dies Herz, das doch mein einziger Stolz ist, das ganz allein die Quelle von allem ist, aller Kraft, aller Seligkeit und alles

Elends. Ach, was ich weiß, kann jeder wissen. – Mein Herz hab ich allein.

am 25. Mai.

Ich hatte etwas im Kopfe, davon ich euch nichts sagen wollte, bis es ausgeführt wäre, jetzt, da nichts draus wird, ist's ebenso gut. Ich wollte in Krieg! Das hat mir lang am Herzen gelegen. Vornehmlich darum bin ich dem Fürsten hieher gefolgt, der General in ***schen Diensten ist. Auf einem Spaziergange entdeckte ich ihm mein Vorhaben, er widerriet mir's, und es müsste bei mir mehr Leidenschaft als Grille gewesen sein, wenn ich seinen Gründen nicht hätte Gehör geben wollen.

Grille **Laune**

am 11. Juni.

Sag, was du willst, ich kann nicht länger bleiben. Was soll ich hier? Die Zeit wird mir lang. Der Fürst hält mich wie seinesgleichen gut, und doch bin ich nicht in meiner Lage. Und dann, wir haben im Grunde nichts Gemeines miteinander. Er ist ein Mann von Verstande, aber von ganz gemeinem Verstande, sein Umgang unterhält mich nicht mehr, als wenn ich ein wohl geschrieben Buch lese. Noch acht Tage bleib ich, und dann zieh ich wieder in der Irre herum. Das Beste, was ich hier getan habe, ist mein Zeichnen. Der Fürst fühlt in der Kunst und würde noch stärker fühlen, wenn er nicht durch das garstige wissenschaftliche Wesen und durch die gewöhnliche Terminologie eingeschränkt wäre. Manchmal knirsch ich mit den Zähnen, wenn ich ihn mit warmer Imagination so an Natur und Kunst herumführe und er's auf einmal recht gut zu machen denkt, wenn er mit einem gestempelten Kunstworte dreintölpelt.

in meiner Lage **am richtigen Platz**

Gemeines **Gemeinsames**

gemeinem **üblichem**

Terminologie **Fachsprache**

Imagination **Vorstellungskraft**

gestempelten Kunstworte **neugeprägten Fachbegriff**

am 18. Juni.

Wo ich hin will? Das lass dir im Vertrauen eröffnen. Vierzehn Tage muss ich doch noch hier bleiben, und dann hab ich mir weisgemacht, dass ich die Bergwerke in **schen besuchen wollte, ist aber im Grunde nichts dran, ich will nur Lotten wieder näher, das ist alles. Und ich lache über mein eigen Herz – und tu ihm seinen Willen.

am 29. Juli.

Nein, es ist gut! Es ist alles gut! Ich ihr Mann! O Gott, der du mich machtest, wenn du mir diese Seligkeit bereitet hättest, mein ganzes Leben sollte ein anhaltendes Gebet sein. Ich will nicht rechten, und verzeih mir diese Tränen, verzeih mir meine vergebliche Wünsche. – Sie meine Frau! Wenn ich das liebste Geschöpf unter der Sonne in meine Arme geschlossen hätte – Es geht mir ein Schauder durch den ganzen Körper, Wilhelm, wenn Albert sie um den schlanken Leib fasst.

Und, darf ich's sagen? Warum nicht, Wilhelm, sie wäre mit mir glücklicher geworden als mit ihm! O er ist nicht der Mensch, die Wünsche dieses Herzens alle zu füllen. Ein gewisser Mangel an Fühlbarkeit, ein Mangel – nimm's, wie du willst, dass sein Herz nicht sympathetisch schlägt bei – oh! – bei der Stelle eines lieben Buchs, wo mein Herz und Lottens in einem zusammentreffen. In hundert andern Vorfällen, wenn's kommt, dass unsere Empfindungen über eine Handlung eines Dritten laut werden. Lieber Wilhelm! – Zwar er liebt sie von ganzer Seele, und so eine Liebe, was verdient die nicht –

Ein unerträglicher Mensch hat mich unterbrochen. Meine Tränen sind getrocknet. Ich bin zerstreut. Adieu, Lieber.

am 4. August.

Es geht mir nicht allein so. Alle Menschen werden in ihren Hoffnungen getäuscht, in ihren Erwartungen betrogen. Ich besuchte mein gutes Weib unter der Linde. Der ältste Bub lief mir entgegen, sein Freudengeschrei führte die Mutter herbei, die sehr niedergeschlagen aussah. Ihr erstes Wort war: Guter Herr! Ach, mein Hans ist mir gestorben, es war der jüngste ihrer Knaben, ich war stille, und mein Mann, sagte sie, ist aus der Schweiz zurück und hat nichts mitgebracht, und ohne gute Leute hätte er sich herausbetteln müssen. Er hatte das Fieber kriegt unterwegs. Ich konnte ihr nichts sagen und schenkte dem Kleinen was, sie bat mich einige Äpfel anzunehmen, das ich tat und den Ort des traurigen Andenkens verließ.

am 21. Aug.

Wie man eine Hand umwendet, ist's anders mit mir. Manchmal will so ein freudiger Blick des Lebens wieder aufdämmern, ach nur für einen Augenblick! Wenn ich mich so in Träumen verliere, kann ich mich des Gedankens nicht erwehren: Wie, wenn Albert stürbe! Du würdest! ja sie würde – und dann lauf ich dem Hirngespinste nach, bis es mich an Abgründe führt, vor denen ich zurückbebe.

Wenn ich so dem Tore hinausgehe, den Weg, den ich zum ersten Mal fuhr, Lotten zum Tanze zu holen, wie war das all so anders! Alles, alles ist vorübergegangen! Kein Wink der vorigen Welt, kein Pulsschlag meines damaligen Gefühls. Mir ist's, wie's einem Geiste sein müsste, der in das versengte, verstörte Schloss zurückkehrte, das er als blühender Fürst einst gebaut und, mit allen Gaben der Herrlichkeit ausgestattet, sterbend seinem geliebten Sohne hoffnungsvoll hinterlassen.

am 3. September.

Ich begreife manchmal nicht, wie sie ein anderer lieb haben kann, lieb haben darf, da ich sie so ganz allein, so innig, so voll liebe, nichts anders kenne noch weiß noch habe als sie.

am 6. Sept.

Es hat schwer gehalten, bis ich mich entschloss, meinen blauen einfachen Frack, in dem ich mit Lotten zum ersten Mal tanzte, abzulegen, er ward aber zuletzt gar unscheinbar. Auch hab ich mir einen machen lassen, ganz wie den vorigen, Kragen und Aufschlag und auch wieder so gelbe West und Hosen dazu.

Ganz will's es doch nicht tun. Ich weiß nicht – ich denke, mit der Zeit soll mir der auch lieber werden.

am 15. Sept.

Man möchte sich dem Teufel ergeben, Wilhelm, über all die Hunde, die Gott auf Erden duldet, ohne Sinn und Gefühl an dem Wenigen, was drauf noch was wert ist. Du kennst die Nussbäume, unter denen ich bei dem ehrlichen Pfarrer zu St.. mit Lotten gesessen, die herrlichen Nussbäume, die mich, Gott weiß, immer mit dem größten Seelenvergnügen füllten. Wie vertraulich sie den Pfarrhof machten, wie kühl, und wie herrlich die Äste waren. Und die Erinnerung bis zu den guten Kerls von Pfarrers, die sie vor so viel Jahren pflanzten. Der Schulmeister hat uns den einen Namen oft genannt, den er von seinem Großvater gehört hatte, und so ein braver Mann soll er gewesen sein, und sein Andenken war mir immer heilig, unter den Bäumen. Ich sage dir, dem Schulmeister standen die Tränen in den Augen, da wir gestern davon redeten, dass sie abgehauen worden – Abgehauen! Ich möchte rasend werden, ich könnte den Hund ermorden, der den ersten Hieb dran tat. Ich, der ich könnte mich vertrauren, wenn so ein paar Bäume in meinem Hofe stünden und einer davon stürbe vor

vertrauren **aus Trauer umkommen**

Alter ab, ich muss so zusehn. Lieber Schatz, eins ist doch dabei! Was Menschengefühl ist! Das ganze Dorf murrt, und ich hoffe, die Frau Pfarrern soll's an Butter und Eiern und übrigem Zutragen spüren, was für eine Wunde sie ihrem Orte gegeben hat. Denn sie ist's, die Frau des neuen Pfarrers, unser Alter ist auch gestorben, ein hageres, kränkliches Tier, das sehr Ursache hat, an der Welt keinen Anteil zu nehmen, denn niemand nimmt Anteil an ihr. Eine Fratze, die sich abgibt gelehrt zu sein, sich in die Untersuchung des Kanons meliert, gar viel an der neumodischen, moralisch-kritischen Reformation des Christentums arbeitet und über Lavaters Schwärmereien die Achseln zuckt, eine ganz zerrüttete Gesundheit hat und auf Gottes Erdboden deswegen keine Freude. So ein Ding war's auch allein, um meine Nussbäume abzuhauen. Siehst du, ich komme nicht zu mir! Stelle dir vor, die abfallenden Blätter machen ihr den Hof unrein und dumpfig, die Bäume nehmen ihr das Tageslicht, und wenn die Nüsse reif sind, so werfen die Knaben mit Steinen danach, und das fällt ihr auf die Nerven, und das stört sie in ihren tiefen Überlegungen, wenn sie Kennikot, Semler und Michaelis gegeneinander abwiegt. Da ich die Leute im Dorfe, besonders die Alten, so unzufrieden sah, sagt' ich: Warum habt ihr's gelitten? – Wenn der Schulz will, hierzulande, sagten sie, was kann man machen. Aber eins ist recht geschehn, der Schulz und der Pfarrer, der doch auch von seiner Frauen Grillen, die ihm so die Suppen nicht fett machen, etwas haben wollte, dachten's miteinander zu teilen, da erfuhr's die Kammer und sagte: Hier herein! Und verkaufte die Bäume an den Meistbietenden. Sie liegen! O wenn ich Fürst wäre! Ich wollt die Pfarrern, den Schulzen und die Kammer – Fürst! – Ja wenn ich Fürst wäre, was kümmerten mich die Bäume in meinem Lande.

Zutragen Abgaben der Dorfbewohner an den Pfarrer

sich abgibt so tut als ob

sich in die Untersuchung des Kanons meliert → Seite 238

moralisch-kritischen Reformation → Seite 238

Lavaters Schwärmereien → Seite 239

Kennikot, Semler und Michaelis Theologen der Aufklärung

Schulz Schultheiß, Gemeindevorsteher

Kammer Finanzbehörde des Landesfürsten

am 10. Oktober.

Wenn ich nur ihre schwarzen Augen sehe, ist mir's schon wohl! Sieh, und was mich verdrüsst, ist, dass Albert nicht so beglückt zu sein scheinet, als er – hoffte – als ich – zu sein glaubte – wenn – Ich mache nicht gern Gedankenstriche, aber hier kann ich mich nicht anders ausdrucken – und mich dünkt deutlich genug.

am 12. Oktober.

Ossian hat in meinem Herzen den Homer verdrängt. Welch eine Welt, in die der Herrliche mich führt. Zu wandern über die Heide, umsaust vom Sturmwinde, der in dampfenden Nebeln die Geister der Väter im dämmernden Lichte des Mondes hinführt. Zu hören vom Gebürge her, im Gebrülle des Waldstroms, halb verwehtes Ächzen der Geister aus ihren Höhlen und die Wehklagen des zu Tode gejammerten Mädchens um die vier moosbedeckten, grasbewachsnen Steine des Edelgefallnen, ihres Geliebten. Wenn ich ihn denn finde, den wandelnden grauen Barden, der auf der weiten Heide die Fußstapfen seiner Väter sucht und ach! ihre Grabsteine findet. Und dann jammernd nach dem lieben Sterne des Abends hinblickt, der sich ins rollende Meer verbirgt, und die Zeiten der Vergangenheit in des Helden Seele lebendig werden, da noch der freundliche Strahl der Gefahren der Tapfern leuchtete und der Mond ihr bekränztes, siegrückkehrendes Schiff beschien. Wenn ich so den tiefen Kummer auf seiner Stirn lese, so den letzten verlassnen Herrlichen in aller Ermattung dem Grabe zuwanken sehe, wie er immer neue, schmerzlich glühende Freuden in der kraftlosen Gegenwart der Schatten seiner Abgeschiedenen einsaugt und nach der kalten Erde dem hohen wehenden Grase niedersieht und ausruft: Der Wanderer wird kommen, kommen, der mich kannte in meiner Schönheit, und fragen, wo ist der Sänger, Fingals trefflicher Sohn? Sein Fuß-

Barden Sänger

Fingal Vater des Ossian

tritt geht über mein Grab hin, und er fragt vergebens nach mir auf der Erde. O Freund! Ich möchte gleich einem edlen Waffenträger das Schwert ziehen und meinen Fürsten von der zückenden Qual des langsam absterbenden Lebens auf einmal befreien und dem befreiten Halbgott meine Seele nachsenden.

am 19. Oktober.

Ach diese Lücke! Diese entsetzliche Lücke, die ich hier in meinem Busen fühle! Ich denke oft! – Wenn du sie nur einmal, nur einmal an dieses Herz drücken könntest. All diese Lücke würde ausgefüllt sein.

am 26. Oktober.

Ja, es wird mir gewiss, Lieber! Gewiss und immer gewisser, dass an dem Dasein eines Geschöpfs so wenig gelegen ist, ganz wenig. Es kam eine Freundin zu Lotten, und ich ging herein ins Nebenzimmer, ein Buch zu nehmen, und konnte nicht lesen, und dann nahm ich eine Feder zu schreiben. Ich hörte sie leise reden, sie erzählten einander insofern unbedeutende Sachen, Stadtneuigkeiten: Wie diese heiratet, wie jene krank, sehr krank ist. Sie hat einen trocknen Husten, die Knochen stehn ihr zum Gesichte heraus, und kriegt Ohnmachten, ich gebe keinen Kreuzer für ihr Leben, sagt die eine. Der N. N. ist auch so übel dran, sagte Lotte. Er ist schon geschwollen, sagte die andre. Und meine lebhafte Einbildungskraft versetzte mich ans Bette dieser Armen, ich sah sie, mit welchem Widerwillen sie dem Leben den Rücken wandten, wie sie – Wilhelm, und meine Weibchens redeten davon, wie man eben davon redt: dass ein Fremder stirbt. – Und wenn ich mich umsehe und seh das Zimmer an, und rings um mich Lottens Kleider, hier ihre Ohrringe auf dem Tischchen und Alberts Skripturen und diese Möbel, denen ich nun so befreundet bin, sogar die-

Skripturen **Schriftstücke**

sem Tintenfass; und denke: Sieh, was du nun diesem Hause bist! Alles in allem. Deine Freunde ehren dich! Du machst oft ihre Freude, und deinem Herzen scheint's, als wenn es ohne sie nicht sein könnte, und doch – wenn du nun gingst? Wenn du aus diesem Kreise schiedest, würden sie? Wie lange würden sie die Lücke fühlen, die dein Verlust in ihr Schicksal reißt? Wie lang? – O so vergänglich ist der Mensch, dass er auch da, wo er seines Daseins eigentliche Gewissheit hat, da, wo er den einzigen wahren Eindruck seiner Gegenwart macht, in dem Andenken in der Seele seiner Lieben, dass er auch da verlöschen, verschwinden muss, und das – so bald!

am 27. Oktober.

Ich möchte mir oft die Brust zerreißen und das Gehirn einstoßen, dass man einander so wenig sein kann. Ach die Liebe und Freude und Wärme und Wonne, die ich nicht hinzubringe, wird mir der andre nicht geben, und mit einem ganzen Herzen voll Seligkeit werd ich den andern nicht beglücken, der kalt und kraftlos vor mir steht.

am 30. Oktober.

Wenn ich nicht schon hundertmal auf dem Punkte gestanden bin, ihr um den Hals zu fallen. Weiß der große Gott, wie einem das tut, so viel Liebenswürdigkeit vor sich herumkreuzen zu sehn und nicht zugreifen zu dürfen. Und das Zugreifen ist doch der natürlichste Trieb der Menschheit. Greifen die Kinder nicht nach allem, was ihnen in Sinn fällt? Und ich?

am 3. November.

Weiß Gott, ich lege mich so oft zu Bette mit dem Wunsche, ja, manchmal mit der Hoffnung, nicht wieder zu erwachen, und morgens schlag ich die Augen auf, sehe die Sonne wieder und bin elend. O dass ich launisch sein könnte, könnte die

Schuld aufs Wetter, auf einen Dritten, auf eine fehlgeschlagene Unternehmung schieben; so würde die unerträgliche Last des Unwillens doch nur halb auf mir ruhen. Weh mir, ich fühle zu wahr, dass an mir allein alle Schuld liegt, – nicht Schuld! Genug, dass in mir die Quelle alles Elendes verborgen ist, wie es ehemals die Quelle aller Seligkeiten war. Bin ich nicht noch eben derselbe, der ehemals in aller Fülle der Empfindung herumschwebte, dem auf jedem Tritte ein Paradies folgte, der ein Herz hatte, eine ganze Welt liebevoll zu umfassen. Und das Herz ist jetzo tot, aus ihm fließen keine Entzückungen mehr, meine Augen sind trocken und meine Sinnen, die nicht mehr von erquickenden Tränen gelabt werden, ziehen ängstlich meine Stirne zusammen. Ich leide viel, denn ich habe verloren, was meines Lebens einzige Wonne war, die heilige, belebende Kraft, mit der ich Welten um mich schuf. Sie ist dahin! – Wenn ich zu meinem Fenster hinaus an den fernen Hügel sehe, wie die Morgensonne über ihn her den Nebel durchbricht und den stillen Wiesengrund bescheint und der sanfte Fluss zwischen seinen entblätterten Weiden zu mir herschlängelt, o wenn da diese herrliche Natur so starr vor mir steht wie ein lackiert Bildchen und all die Wonne keinen Tropfen Seligkeit aus meinem Herzen herauf in das Gehirn pumpen kann und der ganze Kerl vor Gottes Angesicht steht wie ein versiegter Brunn, wie ein verlechter Eimer! Ich habe mich so oft auf den Boden geworfen und Gott um Tränen gebeten, wie ein Ackersmann um Regen, wenn der Himmel ehern über ihm ist und um ihn die Erde verdürstet.

verlechter
löcheriger

Aber, ach, ich fühl's! Gott gibt Regen und Sonnenschein nicht unserm ungestümen Bitten, und jene Zeiten, deren Andenken mich quält, warum waren sie so selig? Als weil ich mit Geduld seinen Geist erwartete und die Wonne, die er über mich ausgoss, mit ganzem, innig dankbarem Herzen aufnahm.

Exzesse Ausschweifungen

Bouteille franz. »Flasche«

am 8. Nov.

Sie hat mir meine Exzesse vorgeworfen! Ach, mit so viel Liebenswürdigkeit! Meine Exzesse, dass ich mich manchmal von einem Glas Wein verleiten lasse, eine Bouteille zu trinken. Tun Sie's nicht!, sagte sie, denken Sie an Lotten! – Denken!, sagt' ich, brauchen Sie mir das zu heißen? Ich denke! – Ich denke nicht! Sie sind immer vor meiner Seelen. Heut saß ich an dem Flecke, wo Sie neulich aus der Kutsche stiegen – Sie redte was anders, um mich nicht tiefer in den Text kommen zu lassen. Bester, ich bin dahin! Sie kann mit mir machen, was sie will.

Müdseligkeit Lebensmüdigkeit

Sagt nicht selbst … gegeben hat. vgl. Joh. 6,65

Und ward der Kelch … zu bitter vgl. Matth. 26,39

am 15. Nov.

Ich danke dir, Wilhelm, für deinen herzlichen Anteil, für deinen wohlmeinenden Rat, und bitte dich, ruhig zu sein. Lass mich ausdulden, ich habe bei aller meiner Müdseligkeit noch Kraft genug durchzusetzen. Ich ehre die Religion, das weißt du, ich fühle, dass sie manchem Ermatteten Stab, manchem Verschmachtenden Erquickung ist. Nur – kann sie denn, muss sie denn das einem jeden sein? Wenn du die große Welt ansiehst, so siehst du Tausende, denen sie's nicht war, Tausende, denen sie's nicht sein wird, gepredigt oder ungepredigt, und muss sie mir's denn sein? Sagt nicht selbst der Sohn Gottes: dass die um ihn sein würden, die ihm der Vater gegeben hat. Wenn ich ihm nun nicht gegeben bin! Wenn mich nun der Vater für sich behalten will, wie mir mein Herz sagt! Ich bitte dich, lege das nicht falsch aus, sieh nicht etwa Spott in diesen unschuldigen Worten, es ist meine ganze Seele, die ich dir vorlege. Sonst wollt ich lieber, ich hätte geschwiegen, wie ich denn über all das, wovon jedermann so wenig weiß als ich, nicht gern ein Wort verliere. Was ist's anders als Menschenschicksal, sein Maß auszuleiden, seinen Becher auszutrinken. – Und ward der Kelch dem Gott vom Himmel auf seiner

Menschenlippe zu bitter, warum soll ich groß tun und mich stellen, als schmeckte er mir süße. Und warum sollte ich mich schämen in dem schröcklichen Augenblicke, da mein ganzes Wesen zwischen Sein und Nichtsein zittert, da die Vergangenheit wie ein Blitz über dem finstern Abgrunde der Zukunft leuchtet und alles um mich her versinkt und mit mir die Welt untergeht. – Ist es da nicht die Stimme der ganz in sich gedrängten, sich selbst ermangelnden und unaufhaltsam hinabstürzenden Kreatur, in den innern Tiefen ihrer vergebens aufarbeitenden Kräfte zu knirschen: Mein Gott! Mein Gott! Warum hast du mich verlassen? Und sollt ich mich des Ausdrucks schämen, sollte mir's vor dem Augenblicke bange sein, da ihm der nicht entging, der die Himmel zusammenrollt wie ein Tuch.

Mein Gott! … verlassen? **wörtliches Zitat aus Matth. 27,46**

am 21. Nov.

Sie sieht nicht, sie fühlt nicht, dass sie einen Gift bereitet, der mich und sie zugrunde richten wird. Und ich mit voller Wollust schlurfe den Becher aus, den sie mir zu meinem Verderben reicht. Was soll der gütige Blick, mit dem sie mich oft – oft? – nein nicht oft, aber doch manchmal ansieht, die Gefälligkeit, womit sie einen unwillkürlichen Ausdruck meines Gefühls aufnimmt, das Mitleiden mit meiner Duldung, das sich auf ihrer Stirne zeichnet.

meiner Duldung **meinem Leiden**

Gestern, als ich wegging, reichte sie mir die Hand und sagte: Adieu, lieber Werther! Lieber Werther! Es war das erste Mal, dass sie mich Lieber hieß, und mir ging's durch Mark und Bein. Ich hab mir's hundertmal wiederholt und gestern Nacht, da ich ins Bett gehen wollte, und mit mir selbst allerlei schwatzte, sag ich so auf einmal: Gute Nacht, lieber Werther! Und musste hernach selbst über mich lachen.

am 24. Nov.

Sie fühlt, was ich dulde. Heute ist mir ihr Blick tief durchs Herz gedrungen. Ich fand sie allein. Ich sagte nichts und sie sah mich an. Und ich sah nicht mehr in ihr die liebliche Schönheit, nicht mehr das Leuchten des trefflichen Geistes; das war all vor meinen Augen verschwunden. Ein weit herrlicherer Blick würkte auf mich, voll Ausdruck des innigsten Anteils des süß'ten Mitleidens. Warum durft ich mich nicht ihr zu Füßen werfen! Warum durft ich nicht an ihrem Halse mit tausend Küssen antworten – Sie nahm ihre Zuflucht zum Klaviere und hauchte mit süßer leiser Stimme harmonische Laute zu ihrem Spiele. Nie hab ich ihre Lippen so reizend gesehn, es war, als wenn sie sich lechzend öffneten, jene süßen Töne in sich zu schlürfen, die aus dem Instrumente hervorquollen, und nur der heimliche Widerschall aus dem reinen Munde zurückklänge – Ja, wenn ich dir das so sagen könnte! Ich widerstund nicht länger, neigte mich und schwur: Nie will ich's wagen, einen Kuss euch einzudrücken, Lippen, auf denen die Geister des Himmels schweben – Und doch – ich will – Ha, siehst du, das steht wie eine Scheidewand vor meiner Seelen – diese Seligkeit – und da untergegangen, die Sünde abzubüßen – Sünde?

am 30. Nov.

Ich soll, ich soll nicht zu mir selbst kommen, wo ich hintrete, begegnet mir eine Erscheinung, die mich aus aller Fassung bringt. Heut! O Schicksal! O Menschheit!

Ich gehe an dem Wasser hin in der Mittagsstunde, ich hatte keine Lust zu essen. Alles war so öde, ein nasskalter Abendwind blies vom Berge und die grauen Regenwolken zogen das Tal hinein. Von ferne seh ich einen Menschen in einem grünen schlechten Rocke, der zwischen den Felsen herumkrabbelte und Kräuter zu suchen schien. Als ich näher zu ihm kam und er sich auf das Geräusch, das ich machte, herumdrehte, sah ich eine gar interessante Physiognomie, darin eine stille Trauer den Hauptzug machte, die aber sonst nichts als einen geraden guten Sinn ausdrückte, seine schwarzen Haare waren mit Nadeln in zwei Rollen gesteckt und die übrigen in einen starken Zopf geflochten, der ihm den Rücken herunterhing. Da mir seine Kleidung einen Menschen von geringem Stande zu bezeichnen schien, glaubt ich, er würde es nicht übel nehmen, wenn ich auf seine Beschäftigung aufmerksam wäre, und daher fragte ich ihn, was er suchte. Ich suche, antwortete er mit einem tiefen Seufzer, Blumen – und finde keine. – Das ist auch die Jahrszeit nicht, sagt ich lächelnd. – Es gibt so viel Blumen, sagt er, indem er zu mir herunterkam. In meinem Garten sind Rosen und Jelängerjelieber zweierlei Sorten, eine hat mir mein Vater gegeben, sie wachsen wie's Unkraut, ich suche schon zwei Tage darnach und kann sie nicht finden. Da haußen sind auch immer Blumen, gelbe und blaue und rote, und das Tausend-Güldenkraut hat ein schön Blümchen. Keines kann ich finden. Ich merkte was Unheimliches und drum fragte ich durch einen Umweg: Was will Er denn mit den Blumen? Ein wunderbares zuckendes Lächeln verzog sein Gesicht. Wenn Er mich nicht verraten will, sagt er, indem er den Finger auf den Mund drückte, ich habe meinem Schatze einen Strauß versprochen. Das ist brav, sagt ich. O, sagt er, sie hat viel andre Sachen, sie ist reich. Und doch hat sie seinen Strauß lieb, versetzt ich. O!, fuhr er fort, sie hat Juwelen und eine Krone. Wie heißt sie denn? – Wenn mich die Generalstaaten bezahlen wollten!, versetzte er, ich wäre ein anderer Mensch! Ja, es war einmal eine Zeit, da mir's so wohl war. Jetzt ist's aus mit mir, ich bin nun – Ein nasser Blick zum Himmel drückte alles aus. Er war also glücklich?, fragte ich. Ach, ich wollt, ich wäre wieder so!, sagt er, da war mir's so wohl, so lustig, so leicht wie ein Fisch im Wasser! Heinrich!, rufte eine alte Frau,

Jelängerjelieber **Rankpflanze**

haußen **draußen**

die Generalstaaten **die wegen ihrer Kolonien als reich geltenden vereinigten niederländischen Provinzen** die den Weg herkam. Heinrich, wo stickst du. Wir haben dich überall gesucht. Komm zum Essen. Ist das Euer Sohn?, fragt ich zu ihr tretend. Wohl, mein armer Sohn, versetzte sie. Gott hat mir ein schweres Kreuz aufgelegt. Wie lang ist er so?, fragt ich. So stille, sagte sie, ist er nun ein halb Jahr. Gott sei Dank, dass es nur so weit ist. Vorher war er ein ganz Jahr rasend, da hat er an Ketten im Tollhause gelegen. Jetzt tut er niemand nichts, nur hat er immer mit Königen und Kaisern zu tun. Es war ein so guter stiller Mensch, der mich ernähren half, seine schöne Hand schrieb, und auf einmal wird er tiefsinnig, fällt in ein hitzig Fieber, daraus in Raserei, und nun ist er, wie Sie ihn sehen. Wenn ich Ihm erzählen sollt, Herr – Ich unterbrach ihren Strom von Erzählungen mit der Frage: was denn das für eine Zeit wäre, von der er so rühmte, dass er so glücklich, so wohl darin gewesen wäre. Der törige Mensch, rief sie mit mitleidigem Lächlen, da meint er die Zeit, da er von sich war, das rühmt er immer! Das ist die Zeit, da er im Tollhause war, wo er nichts von sich wusste – Das fiel mir auf wie ein Donnerschlag, ich drückte ihr ein Stück Geld in die Hand und verließ sie eilend.

Tollhause Irrenhaus

seine schöne Hand schrieb eine schöne Handschrift hatte

Da du glücklich warst!, rief ich aus, schnell vor mich hin nach der Stadt zu gehend. Da dir's wohl war wie einem Fisch im Wasser! – Gott im Himmel! Hast du das zum Schicksal der Menschen gemacht, dass sie nicht glücklich sind, als eh sie zu ihrem Verstande kommen und wenn sie ihn wieder verlieren! Elender, und auch, wie beneid ich deinen Trübsinn, die Verwirrung deiner Sinne, in der du verschmachtest! Du gehst hoffnungsvoll aus, deiner Königin Blumen zu pflücken – im Winter – und traurest, da du keine findest, und begreifst nicht, warum du keine finden kannst. Und ich – und ich gehe ohne Hoffnung, ohne Zweck heraus, und kehr wieder heim, wie ich gekommen bin. – Du wähnst, welcher Mensch du sein würdest, wenn die Generalstaaten dich bezahlten. Seliges Geschöpf, das den Mangel seiner Glückseligkeit einer irdischen Hindernis zuschreiben kann. Du fühlst nicht! Du fühlst nicht, dass in deinem zerstörten Herzen, in deinem zerrütteten Gehirne dein Elend liegt, wovon alle Könige der Erde dir nicht helfen können.

Müsse der trostlos umkommen, der eines Kranken spottet, der nach der entferntesten Quelle reist, die seine Krankheit vermehren, sein Ausleben schmerzhafter machen wird, der sich über das bedrängte Herz erhebt, das, um seine Gewissensbisse loszuwerden und die Leiden seiner Seele abzutun, seine Pilgrimschaft nach dem heiligen Grabe tut! Jeder Fußtritt, der seine Sohlen auf ungebahntem Wege durchschneidet, ist ein Lindrungstropfen der geängsteten Seele, und mit jeder ausgedauerten Tagreise legt sich das Herz um viel Bedrängnis leichter nieder. – Und dürft ihr das Wahn nennen – Ihr Wortkrämer auf euren Polstern – Wahn! – O Gott! Du siehst meine Tränen – Musstest du, der du den Menschen arm genug erschufst, ihm auch Brüder zugeben, die ihm das bisschen Armut, das bisschen Vertrauen noch raubten, das er auf dich hat, auf dich, du Allliebender, denn das Vertrauen zu einer heilenden Wurzel, zu den Tränen des Weinstocks, was ist's als Vertrauen zu dir, dass du in alles, was uns umgibt, Heil- und Lindrungskraft gelegt hast, der wir so stündlich bedürfen. – Vater, den ich nicht kenne! Vater, der sonst meine ganze Seele füllte und nun sein Angesicht von mir gewendet hat! Rufe mich zu dir! Schweige nicht länger! Dein Schweigen wird diese durstende Seele nicht aufhalten – Und würde ein Mensch, ein Vater zürnen können, dem sein unvermutet rückkehrender Sohn um den Hals fiele und rief: Ich bin wieder da, mein Vater. Zürne nicht, dass ich die Wanderschaft abbreche, die ich nach deinem Willen länger aushalten sollte. Die Welt ist überall einerlei, auf Müh und Arbeit, Lohn und Freude; aber was soll mir das? Mir ist nur wohl, wo du bist, und vor deinem Angesichte will ich leiden und genießen – Und du, lieber himmlischer Vater, solltest ihn von dir weisen?

am 1. Dez.

Wilhelm! Der Mensch, von dem ich dir schrieb, der glückliche Unglückliche, war Schreiber bei Lottens Vater, und eine unglückliche Leidenschaft zu ihr, die er nährte, verbarg, entdeckte und aus dem Dienst geschickt wurde, hat ihn rasend gemacht. Fühle, Kerl, bei diesen trocknen Worten, mit welchem Unsinne mich die Geschichte ergriffen hat, da mir sie Albert ebenso gelassen erzählte, als du's vielleicht liesest.

am 4. Dez.

Ich bitte dich – siehst du, mit mir ist's aus – Ich trag das all nicht länger. Heut saß ich bei ihr – saß, sie spielte auf ihrem Klavier, manchfaltige Melodien und all den Ausdruck! All! All! – Was willst du? – Ihr Schwesterchen putzte ihre Puppe auf meinem Knie. Mir kamen die Tränen in die Augen. Ich neigte mich und ihr Trauring fiel mir ins Gesicht – Meine Tränen flossen – Und auf einmal fiel sie in die alte himmelsüße Melodie ein, so auf einmal, und mir durch die Seele gehn ein Trostgefühl und eine Erinnerung all des Vergangenen, all der Zeiten, da ich das Lied gehört, all der düstern Zwischenräume des Verdrusses, der fehlgeschlagenen Hoffnungen, und dann – Ich ging in der Stube auf und nieder, mein Herz erstickte unter all dem. – Um Gottes willen, sagt ich mit einem heftigen Ausbruch hin gegen sie fahrend, um Gottes willen, hören Sie auf. Sie hielt, und sah mich starr an. Werther, sagte sie, mit einem Lächlen, das mir durch die Seele ging, Werther, Sie sind sehr krank, Ihre Lieblingsgerichte widerstehen Ihnen. Gehen Sie! Ich bitte Sie, beruhigen Sie sich. Ich riss mich von ihr weg, und – Gott! Du siehst mein Elend und wirst es enden.

widerstehen ihnen **können Sie nicht erfreuen**

am 6. Dez.

Wie mich die Gestalt verfolgt. Wachend und träumend füllt sie meine ganze Seele. Hier, wenn ich die Augen schließe, hier in meiner Stirne, wo die innere Sehkraft sich vereinigt, stehen ihre schwarzen Augen. Hier! Ich kann dir's nicht ausdrücken. Mach ich meine Augen zu, so sind sie da, wie ein Meer, wie ein Abgrund ruhen sie vor mir, in mir, füllen die Sinnen meiner Stirne.

Was ist der Mensch? Der gepriesene Halbgott! Ermangeln ihm nicht eben da die Kräfte, wo er sie am nötigsten braucht? Und wenn er in Freude sich aufschwingt oder im Leiden versinkt, wird er nicht in beiden eben da aufgehalten, eben da wieder zu dem stumpfen kalten Bewusstsein zurückgebracht, da er sich in der Fülle des Unendlichen zu verlieren sehnte.

am 8. Dez.

Lieber Wilhelm, ich bin in einem Zustande, in dem jene Unglücklichen müssen gewesen sein, von denen man glaubte, sie würden von einem bösen Geiste umhergetrieben. Manchmal ergreift mich's, es ist nicht Angst, nicht Begier! Es ist ein inneres unbekanntes Toben, das meine Brust zu zerreißen droht, das mir die Gurgel zupresst! Wehe! Wehe! Und dann schweif ich umher in den furchtbaren nächtlichen Szenen dieser menschenfeindlichen Jahrszeit.

Gestern Nacht musst ich hinaus. Ich hatte noch abends gehört, der Fluss sei übergetreten und die Bäche all und von Wahlheim herunter all mein liebes Tal überschwemmt. Nachts nach eilf rannt ich hinaus. Ein fürchterliches Schauspiel. Vom Fels herunter die wühlenden Fluten in dem Mondlichte wirbeln zu sehn, über Äcker und Wiesen und Hecken und alles, und das weite Tal hinauf und hinab eine stürmende See im Sausen des Windes. Und wenn denn der Mond wieder hervortrat und über der schwarzen Wolke ruhte und von mir hinaus die Flut in fürchterlich herrlichen Widerschein rollte und klang, da überfiel mich ein Schauer und wieder ein Sehnen! Ach! Mit offenen Armen stand ich gegen den Abgrund und atmete hinab! Hinab und verlor mich in der Wonne, all meine Qualen, all mein Leiden da hinabzustürmen, dahinzubrausen wie die Wellen. Oh! Und den Fuß vom Boden zu heben vermochtest du nicht und alle Qualen zu enden! – Meine Uhr ist noch nicht ausgelaufen – ich fühl's! O Wilhelm, wie gern hätt ich all mein Menschsein drum gegeben, mit jenem Sturmwinde die Wolken zu zerreißen, die Fluten zu fassen! Ha! Und wird nicht vielleicht dem Eingekerkerten einmal diese Wonne zuteil! –

Und wie ich wehmütig hinabsah auf ein Plätzchen, wo ich mit Lotten unter einer Weide geruht, auf einem heißen Spaziergange, das war auch überschwemmt, und kaum dass ich die Weide erkannte! Wilhelm. Und ihre Wiesen, dacht ich, und all die Gegend um ihr Jagdhaus, wie jetzt vom reißenden Strome verstört unsere Lauben, dacht ich. Und der Vergangenheit Sonnenstrahl blickte herein – wie einem Gefangenen ein Traum von Herden, Wiesen und Ährenfeldern. Ich stand! – Ich schelte mich nicht, denn ich habe Mut zu sterben – Ich hätte – Nun sitz ich hier wie ein altes Weib, das ihr Holz an Zäunen stoppelt und ihr Brot an den Türen, um ihr hinsterbendes freudloses Dasein noch einen Augenblick zu verlängern und zu erleichtern.

stoppelt zusammensammelt

am 17. Dez.

Was ist das, mein Lieber? Ich erschrecke vor mir selbst! Ist nicht meine Liebe zu ihr die heiligste, reinste, brüderlichste Liebe? Hab ich jemals einen strafbaren Wunsch in meiner Seele gefühlt – ich will nicht beteuren – und nun – Träume! O wie wahr fühlten die Menschen, die so widersprechende Würkungen fremden Mächten zuschrieben. Diese Nacht! Ich zittere es zu sagen, hielt ich sie in meinen Armen, fest an meinen Busen gedrückt und deckte ihren lieben lispelnden Mund mit unendlichen Küssen. Mein Auge schwamm in der Trunkenheit des ihrigen. Gott! Bin ich strafbar, dass ich auch jetzt noch eine Seligkeit fühle, mir diese glühenden Freuden mit voller Innigkeit zurückzurufen, Lotte! Lotte! – Und mit mir ist's aus! Meine Sinnen verwirren sich. Schon acht Tage hab ich keine Besinnungskraft, meine Augen sind voll Tränen. Ich bin nirgend wohl und überall wohl. Ich wünsche nichts, verlange nichts. Mir wär's besser, ich ginge.

Der Herausgeber an den Leser.

Die ausführliche Geschichte der letzten merkwürdigen Tage unsers Freundes zu liefern, seh ich mich genötiget seine Briefe durch Erzählung zu unterbrechen, wozu ich den Stoff aus dem Munde Lottens, Albertens, seines Bedienten und anderer Zeugen gesammlet habe.

Werthers Leidenschaft hatte den Frieden zwischen Alberten und seiner Frau allmählich untergraben, dieser liebte sie mit der ruhigen Treue eines rechtschaffnen Manns, und der freundliche Umgang mit ihr subordinierte sich nach und nach seinen Geschäften. Zwar wollte er sich nicht den Unterschied gestehen, der die gegenwärtige Zeit den Bräutigams-Tagen so ungleich machte: Doch fühlte er innerlich einen gewissen Widerwillen gegen Werthers Aufmerksamkeiten für Lotten, die ihm zugleich ein Eingriff in seine Rechte und ein stiller Vorwurf zu sein scheinen mussten. Dadurch ward der üble Humor vermehrt, den ihm seine überhäuften, gehinderten, schlecht belohnten Geschäfte manchmal gaben, und da denn Werthers Lage auch ihn zum traurigen Gesellschafter machte, indem die Beängstigung seines Herzens, die übrige Kräfte seines Geistes, seine Lebhaftigkeit, seinen Scharfsinn aufgezehrt

subordinierte sich **ordnete sich unter**

hatte, so konnte es nicht fehlen, dass Lotte zuletzt selbst mit angesteckt wurde und in eine Art von Schwermut verfiel, in der Albert eine wachsende Leidenschaft für ihren Liebhaber und Werther einen tiefen Verdruss über das veränderte Betragen ihres Mannes zu erkennen glaubte. Das Misstrauen, womit die beiden Freunde einander ansahen, machte ihnen ihre wechselseitige Gegenwart höchst beschwerlich. Albert mied das Zimmer seiner Frau, wenn Werther bei ihr war, und dieser, der es merkte, ergriff nach einigen fruchtlosen Versuchen, ganz von ihr zu lasssen, die Gelegenheit, sie in solchen Stunden zu sehen, da ihr Mann von seinen Geschäften gehalten wurde. Daraus entstund neue Unzufriedenheit, die Gemüter verhetzten sich immer mehr gegeneinander, bis zuletzt Albert seiner Frau mit ziemlich trocknen Worten sagte: Sie möchte, wenigstens um der Leute willen, dem Umgange mit Werthern eine andere Wendung geben und seine allzu öfteren Besuche abschneiden.

Ohngefähr um diese Zeit hatte sich der Entschluss, diese Welt zu verlassen, in der Seele des armen Jungen näher bestimmt. Es war von jeher seine Lieblingsidee gewesen, mit der er sich, besonders seit der Rückkehr zu Lotten, immer getragen.

Doch sollte es keine übereilte, keine rasche Tat sein, er wollte mit der besten Überzeugung, mit der möglichsten ruhigen Entschlossenheit diesen Schritt tun.

Seine Zweifel, sein Streit mit sich selbst, blicken aus einem Zettelchen hervor, das wahrscheinlich ein angefangener Brief an Wilhelmen ist und ohne Datum unter seinen Papieren gefunden worden.

Ihre Gegenwart, ihr Schicksal, ihr Teilnehmen an dem meinigen presst noch die letzten Tränen aus meinem versengten Gehirn.

Den Vorhang aufzuheben und dahinter zu treten, das ist's all! Und warum das Zaudern und Zagen? – Weil man nicht weiß, wie's dahinten aussieht? – Und man nicht zurückkehrt? – Und dass das nun die Eigenschaft unseres Geistes ist, da Verwirrung und Finsternis zu ahnden, wovon wir nichts Bestimmtes wissen.

Den Verdruss, den er bei der Gesandtschaft gehabt, konnte er nicht vergessen. Er erwähnte dessen selten, doch wenn es auch auf die entfernteste Weise geschah, so konnte man fühlen, dass er seine Ehre dadurch unwiederbringlich gekränkt hielte und dass ihm dieser Vorfall eine Abneigung gegen alle Geschäfte und politische Wirksamkeit gegeben hatte. Daher überließ er sich ganz der wunderbaren Empfind- und Denkungsart, die wir aus seinen Briefen kennen, und einer endlosen Leidenschaft, worüber noch endlich alles, was tätige Kraft an ihm war, verlöschen musste. Das ewige Einerlei eines traurigen Umgangs mit dem liebenswürdigen und geliebten Geschöpfe, dessen Ruhe er störte, das stürmende Abarbeiten seiner Kräfte, ohne Zweck und Aussicht, drängten ihn endlich zu der schröcklichen Tat.

politische Wirksamkeit **Tätigkeit als Diplomat**

am 20. Dez.

Ich danke deiner Liebe, Wilhelm, dass du das Wort so aufgefangen hast. Ja, du hast recht: Mir wäre besser, ich ginge. Der Vorschlag, den du zu einer Rückkehr zu euch tust, gefällt mir nicht ganz, wenigstens möcht ich noch gern einen Umweg machen, besonders da wir anhaltenden Frost und gute Wege zu hoffen haben. Auch ist mir's sehr lieb, dass du kommen willst, mich abzuholen, verzieh nur noch vierzehn Tage, und erwarte noch einen Brief von mir mit dem Weitern. Es ist nötig, dass nichts gepflückt werde, eh es reif ist. Und vierzehn Tage auf oder ab tun viel. Meiner Mutter sollst du sagen: dass

verzieh **warte**

sie für ihren Sohn beten soll und dass ich sie um Vergebung bitte wegen all des Verdrusses, den ich ihr gemacht habe. Das war nun mein Schicksal, die zu betrüben, denen ich Freude schuldig war. Leb wohl, mein Teuerster. Allen Segen des Himmels über dich! Leb wohl!

An ebendem Tage, es war der Sonntag vor Weihnachten, kam er abends zu Lotten und fand sie allein. Sie beschäftigte sich, einige Spielwerke in Ordnung zu bringen, die sie ihren kleinen Geschwistern zum Christgeschenke zurechtgemacht hatte. Er redete von dem Vergnügen, das die Kleinen haben würden, und von den Zeiten, da einen die unerwartete Öffnung der Türe und die Erscheinung eines aufgeputzten Baums mit Wachslichtern, Zuckerwerk und Äpfeln in paradiesische Entzückung setzte. Sie sollen, sagte Lotte, indem sie ihre Verlegenheit unter ein liebes Lächeln verbarg: Sie sollen auch beschert kriegen, wenn Sie recht geschickt sind, ein Wachsstöckchen und noch was. Und was heißen Sie geschickt sein?, rief er aus, wie soll ich sein, wie kann ich sein, beste Lotte? Donnerstagabend, sagte sie, ist Weihnachtsabend, da kommen die Kinder, mein Vater auch, da kriegt jeder das Seinige, da kommen Sie auch – aber nicht eher. – Werther seufzte! – Ich bitte Sie, fuhr sie fort, es ist nun einmal so, ich bitte Sie um meiner Ruhe willen, es kann nicht, es kann nicht so bleiben! – Er wendete seine Augen von ihr, ging in der Stube auf und ab und murmelte das: Es kann nicht so bleiben! zwischen den Zähnen. Lotte, die den schröcklichen Zustand fühlte, worin ihn diese Worte versetzt hatten, suchte durch allerlei Fragen seine Gedanken abzulenken, aber vergebens: Nein, Lotte, rief er aus, ich werde Sie nicht wiedersehn! – Warum das?, versetzte sie, Werther, Sie können, Sie müssen uns wiedersehen, nur mäßigen Sie sich. O! warum mussten Sie mit dieser Heftigkeit, dieser unbezwinglich haftenden Leidenschaft für al-

aufgeputzten geschmückten

geschickt schicklich

Wachsstöckchen Kerze

les, das Sie einmal anfassen, geboren werden. Ich bitte Sie, fuhr sie fort, indem sie ihn bei der Hand nahm, mäßigen Sie sich, Ihr Geist, Ihre Wissenschaften, Ihre Talente, was bieten die Ihnen für mannigfaltige Ergötzungen dar! Sein Sie ein Mann, wenden Sie diese traurige Anhänglichkeit von einem Geschöpfe, das nichts tun kann als Sie bedauren. – Er knirrte mit den Zähnen und sah sie düster an. Sie hielt seine Hand: Nur einen Augenblick ruhigen Sinn, Werther, sagte sie. Fühlen Sie nicht, dass Sie sich betrügen, sich mit Willen zugrunde richten? Warum denn mich! Werther! Just mich! Das Eigentum eines andern. Just das! Ich fürchte, ich fürchte, es ist nur die Unmöglichkeit mich zu besitzen, die Ihnen diesen Wunsch so reizend macht. Er zog seine Hand aus der ihrigen, indem er sie mit einem starren unwilligen Blicke ansah. Weise!, rief er, sehr weise! Hat vielleicht Albert diese Anmerkung gemacht? Politisch! Sehr politisch! – Es kann sie jeder machen, versetzte sie drauf. Und sollte denn in der weiten Welt kein Mädchen sein, das die Wünsche Ihres Herzens erfüllte. Gewinnen Sie's über sich, suchen Sie darnach, und ich schwöre Ihnen, Sie werden sie finden. Denn schon lange ängstet mich für Sie und uns die Einschränkung, in die Sie sich diese Zeit her selbst gebannt haben. Gewinnen Sie's über sich! Eine Reise wird Sie, muss Sie zerstreuen! Suchen Sie, finden Sie einen werten Gegenstand all Ihrer Liebe, und kehren Sie zurück, und lassen Sie uns zusammen die Seligkeit einer wahren Freundschaft genießen.

knirrte **knirschte**

Politisch **hier: klug**

Das könnte man, sagte er mit einem kalten Lachen, drucken lassen und allen Hofmeistern empfehlen. Liebe Lotte, lassen Sie mir noch ein klein wenig Ruh, es wird alles werden. – Nur das, Werther!, dass Sie nicht eher kommen als Weihnachtsabend! – Er wollte antworten, und Albert trat in die Stube. Man bot sich einen frostigen guten Abend und ging verlegen im Zimmer nebeneinander auf und nieder. Werther fing einen unbedeutenden Diskurs an, der bald aus war, Albert desgleichen, der sodann seine Frau nach einigen Aufträgen fragte, und als er hörte, sie seien noch nicht ausgerichtet, ihr spitze Reden gab, die Werthern durchs Herz gingen. Er wollte gehn, er konnte nicht und zauderte bis acht, da sich denn der Unmut und Unwillen aneinander immer vermehrte, bis der Tisch gedeckt wurde und er Hut und Stock nahm, da ihm denn Albert ein unbedeutend Kompliment, ob er nicht mit ihnen vorliebnehmen wollte, mit auf den Weg gab.

Er kam nach Hause, nahm seinem Burschen, der ihm leuchten wollte, das Licht aus der Hand und ging allein in sein Zimmer, weinte laut, redete aufgebracht mit sich selbst, ging heftig die Stube auf und ab und warf sich endlich in seinen Kleidern aufs Bette, wo ihn der Bediente fand, der es gegen eilf wagte hineinzugehn, um zu fragen, ob er dem Herrn die Stiefel ausziehen sollte, das er denn zuließ und dem Diener verbot, des andern Morgens nicht ins Zimmer zu kommen, bis er ihm rufte.

Montags früh, den einundzwanzigsten Dezember, schrieb er folgenden Brief an Lotten, den man nach seinem Tode versiegelt auf seinem Schreibtische gefunden und ihr überbracht hat und den ich absatzweise hier einrücken will, so wie aus den Umständen erhellet, dass er ihn geschrieben habe.

romantische **hier: gefühlvolle**

Es ist beschlossen, Lotte, ich will sterben, und das schreib ich dir ohne romantische Überspannung gelassen, an dem Morgen des Tags, an dem ich dich zum letzten Mal sehn werde. Wenn du dieses liesest, meine Beste, deckt schon das kühle Grab die erstarrten Reste des Unruhigen, Unglücklichen, der für die letzten Augenblicke seines Lebens keine größere Süßigkeit weiß, als sich mit dir zu unterhalten. Ich habe eine schröckliche Nacht gehabt, und ach, eine wohltätige Nacht, sie ist's, die meinen wankenden Entschluss befestiget, bestimmt hat: Ich will sterben. Wie ich mich gestern von dir riss, in der fürchterlichen Empörung meiner Sinnen, wie sich all das nach meinem Herzen drängte, und mein hoffnungsloses, freudloses Dasein neben dir, in grässlicher Kälte mich anpackte; ich erreichte kaum mein Zimmer, ich warf mich außer mir auf meine Knie, und o Gott! du gewährtest mir das letzte Labsal der bittersten Tränen, und tausend Anschläge, tausend Aussichten wüteten durch meine Seele, und zuletzt stand er da, fest ganz der letzte einzige Gedanke: Ich will sterben! – Ich legte mich nieder und morgens, in all der Ruh des Erwachens, steht er noch fest, noch ganz stark in meinem Herzen: Ich will sterben! – Es ist nicht Verzweiflung, es ist Gewissheit, dass ich ausgetragen habe und dass ich mich opfere für dich, ja Lotte, warum sollt ich's verschweigen: Eins von uns dreien muss hinweg, und das will ich sein. O meine Beste, in diesem zerrissenen Herzen ist es wütend herumgeschlichen, oft – deinen Mann zu ermorden! – dich! – mich! – So sei's denn! – Wenn du hinaufsteigst auf den Berg, an einem schönen Sommerabende, dann erinnere dich meiner, wie ich so oft das Tal heraufkam, und dann blicke nach dem Kirchhofe hinüber nach meinem Grabe, wie der Wind das hohe Gras im Schein der sinkenden Sonne hin und her wiegt. – Ich war ruhig, da ich anfing, und nun wein ich wie ein Kind, da mir all das so lebhaft um mich wird. –

ausgetragen **zu Ende gelitten**

Gegen zehn Uhr rufte Werther seinem Bedienten, und unter dem Anziehen sagte er ihm: Wie er in einigen Tagen verreisen würde, er solle daher die Kleider auskehren und alles zum Einpacken zurechte machen, auch gab er ihm Befehl, überall Kontis zu fordern, einige ausgeliehene Bücher abzuholen und einigen Armen, denen er wöchentlich etwas zu geben gewohnt war, ihr Zugeteiltes auf zwei Monate voraus zu bezahlen.

auskehren **abbürsten**

Kontis **Rechnungen**

Er ließ sich das Essen auf die Stube bringen und nach Tische ritt er hinaus zum Amtmanne, den er nicht zu Hause antraf. Er ging tiefsinnig im Garten auf und ab und schien noch zuletzt alle Schwermut der Erinnerung auf sich häufen zu wollen.

Die Kleinen ließen ihn nicht lange in Ruhe, sie verfolgten ihn, sprangen an ihn hinauf, erzählten ihm, dass, wenn morgen und wieder morgen und noch ein Tag wäre, dass sie die Christgeschenke bei Lotten holten, und erzählten ihm Wunder, die sich ihre kleine Einbildungskraft versprach. Morgen!, rief er aus, und wieder morgen, und noch ein Tag! Und küsste sie alle herzlich und wollte sie verlassen, als ihm der Kleine noch was ins Ohr sagen wollte. Der verriet ihm, dass die großen Brüder hätten schöne Neujahrswünsche geschrieben, so groß, und einen für den Papa, für Albert und Lotten einen, und auch einen für Herrn Werther. Die wollten sie des Neujahrstags früh überreichen.

Das übermannte ihn, er schenkte jedem was, setzte sich zu Pferde, ließ den Alten grüßen und ritt mit Tränen in den Augen davon.

Gegen fünfe kam er nach Hause, befahl der Magd nach dem Feuer zu sehen und es bis in die Nacht zu unterhalten. Dem Bedienten hieß er Bücher und Wäsche unten in den Koffer packen und die Kleider einnähen. Darauf schrieb er wahrscheinlich folgenden Absatz seines letzten Briefes an Lotten.

die Kleider einnähen **die Kleidung zur Schonung in Tücher einnähen**

Du erwartest mich nicht. Du glaubst, ich würde gehorchen und erst Weihnachtsabend dich wiedersehn. O Lotte! Heut oder nie mehr. Weihnachtsabend hältst du dieses Papier in deiner Hand, zitterst und benetzt es mit deinen lieben Tränen. Ich will, ich muss! O wie wohl ist mir's, dass ich entschlossen bin.

Um halb sieben ging er nach Albertens Hause und fand Lotten allein, die über seinen Besuch sehr erschrocken war. Sie hatte ihrem Manne im Diskurs gesagt, dass Werther vor Weihnachtsabend nicht wiederkommen würde. Er ließ bald darauf sein Pferd satteln, nahm von ihr Abschied und sagte, er wolle zu einem Beamten in der Nachbarschaft reiten, mit dem er Geschäfte abzutun habe, und so machte er sich trutz der übeln Witterung fort. Lotte, die wohl wusste, dass er dieses Geschäft schon lange verschoben hatte, dass es ihn eine Nacht von zu Hause halten würde, verstund die Pantomime nur allzu wohl und ward herzlich betrübt darüber. Sie saß in ihrer Einsamkeit, ihr Herz ward weich, sie sah das Vergangene, fühlte all ihren Wert und ihre Liebe zu ihrem Manne, der nun statt des versprochenen Glücks anfing das Elend ihres Lebens zu machen. Ihre Gedanken fielen auf Werthern. Sie schalt ihn und konnte ihn nicht hassen. Ein geheimer Zug hatte ihr ihn vom Anfange ihrer Bekanntschaft teuer gemacht, und nun, nach so viel Zeit, nach so manchen durchlebten Situationen, musste sein Eindruck unauslöschlich in ihrem Herzen sein. Ihr gepresstes Herz machte sich endlich in Tränen Luft und ging in eine stille Melancholie über, in der sie sich je länger, je tiefer verlor. Aber wie schlug ihr Herz, als sie Werthern die Treppe heraufkommen und außen nach ihr fragen hörte. Es war zu spät, sich verleugnen zu lassen, und sie konnte sich nur halb von ihrer Verwirrung ermannen, als er ins Zimmer trat. Sie haben nicht Wort gehalten, rief sie ihm entgegen. Ich habe nichts versprochen, war seine Antwort. So hätten Sie mir wenigstens meine Bitte gewähren sollen, sagte sie, es war Bitte um unserer beider Ruhe willen. Indem sie das sprach, hatte sie bei sich überlegt, einige ihrer Freundinnen zu sich rufen zu lassen. Sie sollten Zeugen ihrer Unterredung mit Werthern sein, und abends, weil er sie nach Hause führen musste, ward sie ihn zur rechten Zeit los. Er hatte ihr einige Bücher zurück-

Pantomime **Gestik und Mimik**

gebracht, sie fragte nach einigen andern und suchte das Gespräch in Erwartung ihrer Freundinnen allgemein zu erhalten, als das Mädchen zurückkam und ihr hinterbrachte, wie sie sich beide entschuldigen ließen, die eine habe unangenehmen Verwandtenbesuch und die andere möchte sich nicht anziehen und in dem schmutzigen Wetter nicht gerne ausgehen.

Darüber ward sie einige Minuten nachdenkend, bis das Gefühl ihrer Unschuld sich mit einigem Stolz empörte. Sie bot Albertens Grillen Trutz und die Reinheit ihres Herzens gab ihr eine Festigkeit, dass sie nicht, wie sie anfangs vorhatte, ihr Mädchen in die Stube rief, sondern, nachdem sie einige Menuetts auf dem Klavier gespielt hatte, um sich zu erholen und die Verwirrung ihres Herzens zu stillen, sich gelassen zu Werthern aufs Kanapee setzte. Haben Sie nichts zu lesen, sagte sie. Er hatte nichts. Da drinne in meiner Schublade, fing sie an, liegt Ihre Übersetzung einiger Gesänge Ossians, ich habe sie noch nicht gelesen, denn ich hoffte immer, sie von Ihnen zu hören, aber zeither sind Sie zu nichts mehr tauglich. Er lächelte, holte die Lieder, ein Schauer überfiel ihn, als er sie in die Hand nahm, und die Augen stunden ihm voll Tränen, als er hineinsah, er setzte sich nieder und las:

Kanapee Sofa

Stern der dämmernden Nacht, schön funkelst du in Westen. Hebst dein strahlend Haupt aus deiner Wolke. Wandelst stattlich deinen Hügel hin. Wonach blickst du auf die Heide? Die stürmenden Winde haben sich gelegt. Von ferne kommt des Giesbachs Murmeln. Rauschende Wellen spielen am Felsen ferne. Das Gesumme der Abendfliegen schwärmet übers Feld. Wonach siehst du, schönes Licht? Aber du lächelst und gehst, freudig umgeben dich die Wellen und baden dein liebliches Haar. Lebe wohl, ruhiger Strahl. Erscheine, du herrliches Licht von Ossians Seele.

Und es erscheint in seiner Kraft. Ich sehe meine geschiedene Freunde, sie sammeln sich auf Lora, wie in den Tagen, die vorüber sind. – Fingal kommt wie eine feuchte Nebelsäule; um ihn sind seine Helden. Und sieh die Barden des Gesangs! Grauer Ullin! Stattlicher Ryno! Alpin lieblicher Sänger! Und du, sanft klagende Minona! – Wie verändert seid ihr, meine Freunde, seit den festlichen Tagen auf Selma! Da wir buhlten um die Ehre des Gesangs, wie Frühlingslüfte den Hügel hin wechselnd beugen das schwach lispelnde Gras.

buhlten **warben**

Da trat Minona hervor in ihrer Schönheit, mit niedergeschlagenem Blick und tränenvollem Auge. Ihr Haar floss schwer im unsteten Winde, der von dem Hügel herstieß. – Düster ward's in der Seele der Helden, als sie die liebliche Stimme erhub; denn oft hatten sie das Grab Salgars gesehen, oft die finstere Wohnung der weißen Colma. Colma verlassen auf dem Hügel, mit all der harmonischen Stimme. Salgar versprach zu kommen; aber ringsum zog sich die Nacht. Höret Colmas Stimme, da sie auf dem Hügel allein saß.

Colma.

Es ist Nacht; – ich bin allein, verloren auf dem stürmischen Hügel. Der Wind saust im Gebürg, der Strom heult den Felsen hinab. Keine Hütte schützt mich vor dem Regen, verlassen auf dem stürmischen Hügel.

Tritt, o Mond, aus deinen Wolken; erscheinet, Sterne der Nacht! Leite mich irgendein Strahl zu dem Orte, wo meine Liebe ruht von den Beschwerden der Jagd, sein Bogen neben ihm abgespannt, seine Hunde schnobend um ihn! Aber hier muss ich sitzen allein auf dem Felsen des verwachsenen Stroms. Der Strom und der Sturm saust, ich höre nicht die Stimme meines Geliebten.

schnobend **schnuppernd**
verwachsenen **mit Planzen überwachsenen**

Warum zaudert mein Salgar? Hat er sein Wort vergessen? – Da ist der Fels und der Baum und hier der rauschende Strom. Mit der Nacht versprachst du hier zu sein. Ach! Wohin hat sich mein Salgar verirrt? Mit dir wollt ich fliehen, verlassen Vater und Bruder! Die Stolzen! Lange sind unsere Geschlechter Feinde, aber wir sind keine Feinde, o Salgar.

Schweig eine Weile, o Wind, still eine kleine Weile, o Strom, dass meine Stimme klinge durch's Tal, dass mein Wandrer mich höre. Salgar! Ich bin's, die ruft. Hier ist der Baum und der Fels. Salgar, mein Lieber, hier bin ich. Warum zauderst du zu kommen?

Sieh, der Mond erscheint. Die Flut glänzt im Tale. Die Felsen stehn grau den Hügel hinauf. Aber ich seh ihn nicht auf der Höhe. Seine Hunde vor ihm her verkündigen nicht seine Ankunft. Hier muss ich sitzen allein.

Aber wer sind die dort unten liegen auf der Heide – Mein Geliebter? Mein Bruder? – Redet o meine Freunde! Sie antworten nicht. Wie geängstet ist meine Seele – Ach sie sind tot! – Ihre Schwerte rot vom Gefecht. O mein Bruder, mein Bruder, warum hast du meinen Salgar erschlagen? O mein Salgar, warum hast du meinen Bruder erschlagen? – Ihr wart mir beide so lieb! O du warst schön an dem Hügel unter Tausenden; er war schröcklich in der Schlacht. Antwortet mir! Hört meine Stimme, meine Geliebten. Aber ach, sie sind stumm. Stumm vor ewig. Kalt wie die Erde ist ihr Busen.

O von dem Felsen des Hügels, von dem Gipfel des stürmenden Berges, redet, Geister der Toten! Redet! Mir soll es nicht grausen! – Wohin seid ihr zur Ruhe gegangen? In welcher Gruft des Gebürges soll ich euch finden? – Keine schwache Stimme vernehm ich im Wind, keine wehende Antwort im Sturme des Hügels.

Ich sitze in meinem Jammer, ich harre auf den Morgen in meinen Tränen. Wühlet das Grab, ihr Freunde der Toten, aber schließt es nicht, bis ich komme. Mein Leben schwindet wie ein Traum; wie sollt ich zurückbleiben. Hier will ich wohnen mit meinen Freunden an dem Strome des klingenden Felsen –

Wenn's Nacht wird auf dem Hügel, und Wind kommt über die Heide, soll mein Geist im Winde stehn und trauren den Tod meiner Freunde. Der Jäger hört mich aus seiner Laube, fürchtet meine Stimme und liebt sie, denn süß soll meine Stimme sein um meine Freunde, sie waren mir beide so lieb.

Das war dein Gesang, o Minona, Tormans sanft errötende Tochter. Unsere Tränen flossen um Colma, und unsere Seele ward düster – Ullin trat auf mit der Harfe und gab uns Alpins Gesang – Alpins Stimme war freundlich, Rynos Seele ein Feuerstrahl. Aber schon ruhten sie im engen Hause, und ihre Stimme war verhallet in Selma. Einst kehrt Ullin von der Jagd zurück, eh noch die Helden fielen, er hörte ihren Wettegesang auf dem Hügel, ihr Lied war sanft, aber traurig, sie klagten Morars Fall, des ersten der Helden. Seine Seele war wie Fingals Seele; sein Schwert wie das Schwert Oskars – Aber er fiel und sein Vater jammerte und seiner Schwester Augen waren voll Tränen – Minonas Augen waren voll Tränen, der Schwester des herrlichen Morars. Sie trat zurück vor Ullins Gesang, wie der Mond in Westen, der den Sturmregen voraussieht und sein schönes Haupt in eine Wolke verbirgt. – Ich schlug die Harfe mit Ullin zum Gesange des Jammers.

Ryno.

Vorbei sind Wind und Regen, der Mittag ist so heiter, die Wolken teilen sich. Fliehend bescheint den Hügel die unbeständ'ge Sonne. So rötlich fließt der Strom des Bergs im Tale hin. Süß ist dein Murmeln, Strom, doch süßer die Stimme, die ich höre. Es ist Alpins Stimme, er bejammert den Toten. Sein Haupt ist vor Alter gebeugt, und rot sein tränendes Auge. Alpin, trefflicher Sänger, warum allein auf dem schweigenden Hügel, warum jammerst du wie ein Windstoß im Wald, wie eine Welle am fernen Gestade.

Alpin.

Meine Tränen, Ryno, sind für den Toten, meine Stimme für die Bewohner des Grabs. Schlank bist du auf dem Hügel, schön unter den Söhnen der Heide. Aber du wirst fallen wie Morar, und wird der Traurende sitzen auf deinem Grabe. Die Hügel werden dich vergessen, dein Bogen in der Halle liegen ungespannt.

Du warst schnell, o Morar, wie ein Reh auf dem Hügel, schrecklich wie die Nachtfeuer am Himmel, dein Grimm war ein Sturm. Dein Schwert in der Schlacht wie Wetterleuchten über der Heide. Deine Stimme glich dem Waldstrome nach dem Regen, dem Donner auf fernen Hügeln. Manche fielen von deinem Arm, die Flamme deines Grimms verzehrte sie. Aber wenn du kehrtest vom Kriege, wie friedlich war deine Stirne! Dein Angesicht war gleich der Sonne nach dem Gewitter, gleich dem Monde in der schweigenden Nacht. Ruhig deine Brust wie der See, wenn sich das Brausen des Windes gelegt hat.

Eng ist nun deine Wohnung, finster deine Stätte. Mit drei Schritten mess ich dein Grab, o du, der du ehe so groß warst! Vier Steine mit moosigen Häuptern sind dein einzig Gedächtnis. Ein entblätterter Baum, lang Gras, das wispelt im Winde, deutet dem Auge des Jägers das Grab des mächtigen Morars. Keine Mutter hast du, dich zu beweinen, kein Mädchen mit Tränen der Liebe. Tot ist, die dich gebar. Gefallen die Tochter von Morglan.

Wer auf seinem Stabe ist das? Wer ist's, dessen Haupt weiß ist vor Alter, dessen Augen rot sind von Tränen? – Er ist dein Vater, o Morar! Der Vater keines Sohns außer dir! Er hörte von deinem Rufe in der Schlacht; er hörte von zerstobenen Feinden. Er hörte Morars Ruhm! Ach nichts von seiner Wunde? Weine, Vater Morars! Weine! Aber dein Sohn hört dich nicht. Tief ist der Schlaf der Toten, niedrig ihr Küssen von Staub. Nimmer achtet er auf die Stimme, nie erwacht er auf deinen Ruf. O wann wird es Morgen im Grabe? Zu bieten dem Schlummerer: Erwache!

Lebe wohl, edelster der Menschen, du Eroberer im Felde! Aber nimmer wird dich das Feld sehn, nimmer der düstere Wald leuchten vom Glanze deines Stahls. Du hinterließest keinen Sohn, aber der Gesang soll deinen Namen erhalten. Künftige Zeiten sollen von dir hören, hören sollen sie von dem gefallenen Morar.

Laut ward die Trauer der Helden, am lautesten Armins berstender Seufzer. Ihn erinnert's an den Tod seines Sohns, der fiel in den Tagen seiner Jugend. Carmor saß nah bei dem Helden, der Fürst des hallenden Galmal. Warum schluchzet der Seufzer Armins?, sprach er, was ist hier zu weinen? Klingt nicht Lied und Gesang, die Seele zu schmelzen und zu ergötzen. Sind wie sanfter Nebel, der steigend vom See aufs Tal sprüht, und die blühenden Blumen füllet das Nass, aber die Sonne kommt wieder in ihrer Kraft und der Nebel ist gangen. Warum bist du so jammervoll, Armin, Herr des seeumflossenen Gorma?

Jammervoll! Wohl das bin ich, und nicht gering die Ursach meines Wehs. – Carmor, du verlorst keinen Sohn; verlorst keine blühende Tochter! Colgar, der Tapfere lebt; und Amira, die Schönste der Mädchen. Die Zweige deines Hauses blühen, o Carmor, aber Armin ist der Letzte seines Stamms. Finster ist dein Bett, o Daura! Dumpf ist dein Schlaf in dem Grabe – Wann erwachst du mit deinen Gesängen, mit deiner melodischen Stimme? Auf! ihr Winde des Herbst, auf! Stürmt über die finstre Heide! Waldströme braust! Heult, Stürme, in dem Gipfel der Eichen! Wandle durch gebrochene Wolken, o Mond, zeige wechselnd dein bleiches Gesicht! Erinnere mich der schröcklichen Nacht, da meine Kinder umkamen, Arindal, der Mächtige, fiel, Daura, die Liebe, verging.

Daura, meine Tochter, du warst schön! Schön wie der Mond auf den Hügeln von Fura, weiß wie der gefallene Schnee, süß wie die atmende Luft. Arindal, dein Bogen war stark, dein Speer schnell auf dem Felde, dein Blick wie Nebel auf der Welle, dein Schild eine Feuerwolke im Sturme. Armar berühmt im Krieg, kam und warb um Dauras Liebe, sie widerstund nicht lange, schön waren die Hoffnungen ihrer Freunde.

Erath, der Sohn Odgals, grollte, denn sein Bruder lag erschlagen von Armar. Er kam in einen Schiffer verkleidet, schön war sein Nachen auf der Welle, weiß seine Locken vor Alter, ruhig sein ernstes Gesicht. Schönste der Mädchen, sagt er, liebliche Tochter von Armin. Dort am Fels nicht fern in der See, wo die rote Frucht vom Baume herblinkt, dort wartet Armar auf Daura. Ich komme, seine Liebe zu führen über die rollende See.

Sie folgt ihm und rief nach Armar. Nichts antwortete als die Stimme des Felsens. Armar, mein Lieber, mein Lieber, warum ängstest du mich so? Höre, Sohn Arnarts, höre. Daura ist's, die dich ruft!

Erath, der Verräter, floh lachend zum Lande. Sie erhub ihre Stimme, rief nach ihrem Vater und Bruder. Arindal! Armin! Ist keiner, seine Daura zu retten?

Ihre Stimme kam über die See. Arindal, mein Sohn, stieg vom Hügel herab rau in der Beute der Jagd. Seine Pfeile rasselten an seiner Seite. Seinen Bogen trug er in der Hand. Fünf schwarzgraue Doggen waren um ihn. Er sah den kühnen Erath am Ufer, fasst und band ihn an die Eiche. Fest umflocht er seine Hüften, er füllt mit Ächzen die Winde.

Arindal betritt die Welle in seinem Boote, Daura herüberzubringen. Armar kam in seinem Grimm, drückt ab den grau befiederten Pfeil, er klang, er sank in dein Herz, o Arindal, mein Sohn! Statt Erath des Verräters kamst du um, das Boot erreicht den Felsen, er sank dran nieder und starb. Welch war dein Jammer, o Daura, da zu deinen Füßen floss deines Bruders Blut.

Die Wellen zerschmettern das Boot. Armar stürzt sich in die See, seine Daura zu retten oder zu sterben. Schnell stürmt ein Stoß vom Hügel in die Wellen, er sank und hub sich nicht wieder.

Allein auf dem seebespülten Felsen hört ich die Klage meiner Tochter. Viel und laut war ihr Schreien; doch konnt sie ihr Vater nicht retten. Die ganze Nacht stund ich am Ufer, ich sah sie im schwachen Strahle des Monds, die ganze Nacht hört ich ihr Schrein. Laut war der Wind, und der Regen schlug scharf nach der Seite des Bergs. Ihre Stimme ward schwach, eh der Morgen erschien, sie starb weg wie die Abendluft zwischen dem Grase der Felsen. Beladen mit Jammer starb sie und ließ Armin allein! Dahin ist meine Stärke im Krieg, gefallen mein Stolz unter den Mädchen.

Wenn die Stürme des Berges kommen, wenn der Nord die Wellen hochhebt, sitz ich am schallenden Ufer, schaue nach dem schröcklichen Felsen. Oft im sinkenden Mond seh ich die Geister meiner Kinder, halb dämmernd wandeln sie zusammen in trauriger Eintracht.

Ein Strom von Tränen, der aus Lottens Augen brach und ihrem gepressten Herzen Luft machte, hemmte Werthers Gesang, er warf das Papier hin und fasste ihre Hand und weinte die bittersten Tränen. Lotte ruhte auf der andern und verbarg ihre Augen ins Schnupftuch, die Bewegung beider war fürchterlich. Sie fühlten ihr eigenes Elend in dem Schicksal der Edlen, fühlten es zusammen, und ihre Tränen vereinigten sie. Die Lippen und Augen Werthers glühten an Lottens Arme, ein Schauer überfiel sie, sie wollte sich entfernen und es lag all der Schmerz, der Anteil betäubend wie Blei auf ihr. Sie atmete sich zu erholen und bat ihn schluchzend fortzufahren, bat mit der ganzen Stimme des Himmels, Werther zitterte, sein Herz wollte bersten, er hub das Blatt auf und las halb gebrochen:

Warum weckst du mich, Frühlingsluft, du buhlst und sprichst: Ich betaue mit Tropfen des Himmels. Aber die Zeit meines Welkens ist nah, nah der Sturm, der meine Blätter herabstört! Morgen wird der Wandrer kommen, kommen der mich sah in meiner Schönheit, rings wird sein Aug im Felde mich suchen, und wird mich nicht finden. –

Die ganze Gewalt dieser Worte fiel über den Unglücklichen, er warf sich vor Lotten nieder in der vollen Verzweifelung, fasste ihre Hände, druckte sie in seine Augen, wider seine Stirn, und ihr schien eine Ahndung seines schröcklichen Vorhabens durch die Seele zu fliegen. Ihre Sinnen verwirrten sich, sie druckte seine Hände, druckte sie wider ihre Brust, neigte sich mit einer wehmütigen Bewegung zu ihm, und ihre glühenden Wangen berührten sich. Die Welt verging ihnen, er schlang seine Arme um sie her, presste sie an seine Brust und deckte ihre zitternde stammelnde Lippen mit wütenden Küssen. Werther!, rief sie mit erstickter Stimme sich abwendend, Werther!, und drückte mit schwacher Hand seine Brust von der ihrigen! Werther!, rief sie mit dem gefassten Tone des edelsten Gefühls; er widerstund nicht, ließ sie aus seinen Armen und warf sich unsinnig vor sie hin. Sie riss sich auf und in ängstlicher Verwirrung, bebend zwischen Liebe und Zorn sagte sie: Das ist das letzte Mal! Werther! Sie sehn mich nicht wieder. Und mit dem vollsten Blick der Liebe auf den Elenden eilte sie ins Nebenzimmer und schloss hinter sich zu. Werther streckte ihr die Arme nach, getraute sich nicht sie zu halten. Er lag an der Erde, den Kopf auf dem Kanapee, und in dieser Stellung blieb er über eine halbe Stunde, bis ihn ein Geräusch zu sich selbst rief. Es war das Mädchen, das den Tisch decken wollte. Er ging im Zimmer auf und ab, und da er sich wieder allein sah, ging er zur Türe des Kabinetts, und rief mit leiser Stimme, Lotte! Lotte! Nur noch ein Wort, ein Lebewohl! – Sie schwieg, er harrte – und bat – und harrte, dann riss er sich weg und rief, Leb wohl, Lotte! Auf ewig leb wohl!

Er kam ans Stadttor. Die Wächter, die ihn schon gewohnt waren, ließen ihn stillschweigend hinaus, es stübte zwischen Regen und Schnee, und erst gegen eilfe klopfte er wieder. Sein Diener bemerkte, als Werther nach Hause kam, dass seinem Herrn der Hut fehlte. Er getraute sich nichts zu sagen, entkleidete ihn, alles war nass. Man hat nachher den Hut auf einem Felsen, der an dem Abhange des Hügels ins Tal sieht, gefunden, und es ist unbegreiflich, wie er ihn in einer finstern, feuchten Nacht ohne zu stürzen erstiegen hat.

stübte **stiebte, wirbelte**

Er legte sich zu Bette und schlief lange. Der Bediente fand ihn schreiben, als er ihm den andern Morgen auf sein Rufen den Kaffee brachte. Er schrieb Folgendes am Briefe an Lotten:

Zum letzten Male denn, zum letzten Male schlage ich diese Augen auf, sie sollen, ach, die Sonne nicht mehr sehen, ein trüber, neblichter Tag hält sie bedeckt. So traure denn, Natur, dein Sohn, dein Freund, dein Geliebter naht sich seinem Ende. Lotte, das ist ein Gefühl ohnegleichen, und doch kommt's dem dämmernden Traume am nächsten, zu sich zu sagen: Das ist der letzte Morgen. Der letzte! Lotte, ich hab keinen Sinn vor das Wort, der letzte! Steh ich nicht da in meiner ganzen Kraft, und morgen lieg ich ausgestreckt und schlaff am Boden. Sterben! Was heißt das? Sieh, wir träumen, wenn wir vom Tode reden. Ich hab manchen sterben sehen, aber so eingeschränkt ist die Menschheit, dass sie für ihres Daseins Anfang und Ende keinen Sinn hat. Jetzt noch mein, dein! dein! o

Geliebte, und einen Augenblick – getrennt, geschieden – vielleicht auf ewig. – Nein, Lotte, nein – Wie kann ich vergehen, wie kannst du vergehen, wir sind ja! – Vergehen! – Was heißt das? Das ist wieder ein Wort! Ein leerer Schall ohne Gefühl für mein Herz. – – Tot, Lotte! Eingescharrt der kalten Erde, so eng, so finster! – Ich hatte eine Freundin, die mein Alles war meiner hülflosen Jugend, sie starb und ich folgte ihrer Leiche und stand an dem Grabe. Wie sie den Sarg hinunterließen und die Seile schnurrend unter ihm weg und wieder heraufschnellten, dann die erste Schaufel hinunterschollerte und die ängstliche Lade einen dumpfen Ton wiedergab und dumpfer und immer dumpfer und endlich bedeckt war! – Ich stürzte neben das Grab hin – Ergriffen, erschüttert, geängstet, zerrissen mein Innerstes, aber ich wusste nicht, wie mir geschah, – wie mir geschehen wird – Sterben! – Grab! Ich verstehe die Worte nicht!

ängstliche Lade **der angsteinflößende Sarg**

O vergib mir! Vergib mir! Gestern! Es hätte der letzte Augenblick meines Lebens sein sollen. O du Engel! Zum ersten Male, zum ersten Male ganz ohne Zweifel durch mein innig Innerstes durchglühte mich das Wonnegefühl: Sie liebt mich! Sie liebt mich. Es brennt noch auf meinen Lippen das heilige Feuer, das von den deinigen strömte, neue warme Wonne ist in meinem Herzen. Vergib mir, vergib mir.

Ach, ich wusste, dass du mich liebtest, wusste es an den ersten seelenvollen Blicken, an dem ersten Händedruck, und doch, wenn ich wieder weg war, wenn ich Alberten an deiner Seite sah, verzagt' ich wieder in fieberhaften Zweifeln.

Erinnerst du dich der Blumen, die du mir schicktest, als du in jener fatalen Gesellschaft mir kein Wort sagen, keine Hand reichen konntest, o ich habe die halbe Nacht davor gekniet, und sie versiegelten mir deine Liebe. Aber ach! Diese Eindrücke gingen vorüber, wie das Gefühl der Gnade seines Gottes allmählich wieder aus der Seele des Gläubigen weicht, die ihm mit ganzer Himmelsfülle im heiligen sichtbaren Zeichen gereicht ward.

Alles das ist vergänglich, keine Ewigkeit soll das glühende Leben auslöschen, das ich gestern auf deinen Lippen genoss, das ich in mir fühle. Sie liebt mich! Dieser Arm hat sie umfasst, diese Lippen auf ihren Lippen gezittert, dieser Mund am ihrigen gestammelt. Sie ist mein! Du bist mein! Ja, Lotte, auf ewig!

Und was ist das? Dass Albert dein Mann ist! Mann? – Das wäre denn für diese Welt – und für diese Welt Sünde, dass ich dich liebe, dass ich dich aus seinen Armen in die meinigen reißen möchte? Sünde? Gut! Und ich strafe mich davor: Ich hab sie in ihrer ganzen Himmelswonne geschmeckt, diese Sünde, habe Lebensbalsam und Kraft in mein Herz gesaugt, du bist von dem Augenblicke mein! Mein, o Lotte. Ich gehe voran! Geh zu meinem Vater, zu deinem Vater, dem will ich's klagen und er wird mich trösten, bis du kommst, und ich fliege dir entgegen und fasse dich und bleibe bei dir vor dem Angesichte des Unendlichen in ewigen Umarmungen.

Vater Gott

Ich träume nicht, ich wähne nicht! Nah am Grabe ward mir's heller. Wir werden sein, wir werden uns wiedersehn! Deine Mutter sehn! Ich werde sie sehen, werde sie finden, ach, und vor ihr all mein ganzes Herz ausschütten. Deine Mutter. Dein Ebenbild.

ich wähne nicht ich fantasiere nicht

Gegen eilfe fragte Werther seinen Bedienten, ob wohl Albert zurückgekommen sei. Der Bediente sagte: Ja, er habe dessen Pferd dahin führen sehn. Drauf gibt ihm der Herr ein offenes Zettelchen des Inhalts:

Wollten Sie mir wohl zu einer vorhabenden Reise Ihre Pistolen leihen? Leben Sie recht wohl.

Die liebe Frau hatte die letzte Nacht wenig geschlafen, ihr Blut war in einer fieberhaften Empörung und tausenderlei Empfindungen zerrütteten ihr Herz. Wider ihren Willen fühlte sie tief in ihrer Brust das Feuer von Werthers Umarmungen und zugleich stellten sich ihr die Tage ihrer unbefangenen Unschuld, des sorglosen Zutrauens auf sich selbst in doppelter Schöne dar, es ängstigten sie schon im Voraus die Blicke ihres Manns, und seine halb verdrüsslich, halb spöttische Fragen, wenn er Werthers Besuch erfahren würde; sie hatte sich nie verstellt, sie hatte nie gelogen, und nun sah sie sich zum ersten Mal in der unvermeidlichen Notwendigkeit; der Widerwillen, die Verlegenheit, die sie dabei empfand, machte die Schuld in ihren Augen größer, und doch konnte sie den Urheber davon weder hassen noch sich versprechen, ihn nie wieder zu sehn. Sie weinte bis gegen Morgen, da sie in einen matten Schlaf versank, aus dem sie sich kaum aufgerafft und angekleidet hatte, als ihr Mann zurückkam, dessen Gegenwart ihr zum ersten Mal ganz unerträglich war; denn indem sie zitterte, er würde das Verweinte, Überwachte ihrer Augen und ihrer Gestalt entdecken, ward sie noch verwirrter, bewillkommte ihn mit einer heftigen Umarmung, die mehr Bestürzung und Reue als eine auffahrende Freude ausdrückte, und eben dadurch machte sie die Aufmerksamkeit Albertens rege, der, nachdem er einige Briefe und Pakets erbrochen, sie ganz trocken fragte, ob sonst nichts vorgefallen, ob niemand da gewesen wäre? Sie antwortete ihm stockend, Werther sei gestern eine Stunde gekommen. – Er nimmt seine Zeit gut, versetzt er, und ging nach seinem Zimmer. Lotte war eine Viertelstunde allein geblieben. Die Gegenwart des Mannes, den sie liebte und ehrte, hatte einen neuen Eindruck in ihr Herz gemacht. Sie erinnerte sich all seiner Güte, seines Edelmuts, seiner Liebe und schalt sich, dass sie es ihm so übel gelohnt habe. Ein unbekannter Zug reizte sie ihm zu folgen, sie nahm

erbrochen **durch Aufbrechen der Siegel geöffnet**

nimmt **wählt**

ihre Arbeit, wie sie mehr getan hatte, ging nach seinem Zimmer und fragte, ob er was bedürfte. Er antwortete: Nein!, stellte sich an Pult zu schreiben und sie setzte sich nieder zu stricken. Eine Stunde waren sie auf diese Weise nebeneinander, und als Albert etliche Mal in der Stube auf und ab ging und Lotte ihn anredete, er aber wenig oder nichts drauf gab und sich wieder an Pult stellte, so verfiel sie in eine Wehmut, die ihr um desto ängstlicher ward, als sie solche zu verbergen und ihre Tränen zu verschlucken suchte.

mehr schon öfter

Die Erscheinung von Werthers Knaben versetzte sie in die größte Verlegenheit, er überreichte Alberten das Zettelchen, der sich ganz kalt nach seiner Frau wendete, und sagte: Gib ihm die Pistolen. Ich lass ihm glückliche Reise wünschen, sagt er zum Jungen. Das fiel auf sie wie ein Donnerschlag. Sie schwankte aufzustehn. Sie wusste nicht, wie ihr geschah. Langsam ging sie nach der Wand, zitternd nahm sie sie herunter, putzte den Staub ab und zauderte und hätte noch lang gezögert, wenn nicht Albert durch einen fragenden Blick: Was denn das geben sollte? sie gedrängt hätte. Sie gab das unglückliche Gewehr dem Knaben, ohne ein Wort vorbringen zu können, und als der zum Hause draus war, machte sie ihre Arbeit zusammen, ging in ihr Zimmer in dem Zustand des unaussprechlichsten Leidens. Ihr Herz weissagte ihr alle Schröcknisse. Bald war sie im Begriff, sich zu den Füßen ihres Mannes zu werfen, ihm alles zu entdecken, die Geschichte des gestrigen Abends, ihre Schuld und ihre Ahndungen. Dann sah sie wieder keinen Ausgang des Unternehmens, am wenigsten konnte sie hoffen, ihren Mann zu einem Gange nach Werthern zu bereden. Der Tisch ward gedeckt und eine gute Freundin, die nur etwas zu fragen kam und die Lotte nicht wegließ, machte die Unterhaltung bei Tische erträglich, man zwang sich, man redete, man erzählte, man vergaß sich.

Knaben jungem Diener

Der Knabe kam mit den Pistolen zu Werthern, der sie ihm mit Entzücken abnahm, als er hörte, Lotte habe sie ihm gegeben. Er ließ sich ein Brot und Wein bringen, hieß den Knaben zu Tisch gehn und setzte sich nieder zu schreiben.

Sie sind durch deine Hände gegangen, du hast den Staub davon geputzt, ich küsse sie tausendmal, du hast sie berührt. Und du, Geist des Himmels, begünstigst meinen Entschluss! Und du, Lotte, reichst mir das Werkzeug, du, von deren Händen ich den Tod zu empfangen wünschte, und ach, nun empfange. O ich habe meinen Jungen ausgefragt, du zittertest, als du sie ihm reichtest, du sagtest kein Lebewohl; – Weh! Weh! – kein Lebewohl! – Solltest du dein Herz für mich verschlossen haben, um des Augenblicks willen, der mich ewig an dich befestigte. Lotte, kein Jahrtausend vermag den Eindruck auszulöschen! Und ich fühl's, du kannst den nicht hassen, der so für dich glüht.

Nach Tische hieß er den Knaben alles vollends einpacken, zerriss viele Papiere, ging aus und brachte noch kleine Schulden in Ordnung. Er kam wieder nach Hause, ging wieder aus, vors Tor, ohngeachtet des Regens, in den gräflichen Garten, schweifte weiter in der Gegend umher und kam mit einbrechender Nacht zurück und schrieb.

Wilhelm, ich habe zum letzten Male Feld und Wald und den Himmel gesehn. Leb wohl auch du! Liebe Mutter, verzeiht mir! Tröste sie, Wilhelm. Gott segne euch! Meine Sachen sind all in Ordnung. Lebt wohl! Wir sehen uns wieder und freudiger.

Ich habe dir übel gelohnt, Albert, und du vergibst mir. Ich habe den Frieden deines Hauses gestört, ich habe Misstrauen zwischen euch gebracht. Leb wohl, ich will's enden. O dass ihr glücklich wäret durch meinen Tod! Albert! Albert! Mache den Engel glücklich. Und so wohne Gottes Segen über dir!

Er kramte den Abend noch viel in seinen Papieren, zerriss vieles und warf's in den Ofen, versiegelte einige Päcke mit den Adressen an Wilhelmen. Sie enthielten kleine Aufsätze, abgerissene Gedanken, deren ich verschiedene gesehen habe; und nachdem er um zehn Uhr im Ofen nachlegen und sich einen Schoppen Wein geben lassen, schickte er den Bedienten, dessen Kammer wie auch die Schlafzimmer der Hausleute weit hinten hinaus waren, zu Bette, der sich dann in seinen Kleidern niederlegte, um früh bei der Hand zu sein, denn sein Herr hatte gesagt, die Postpferde würden vor sechse vors Haus kommen.

nach eilfe.

Alles ist so still um mich her, und so ruhig meine Seele, ich danke dir, Gott, der du diesen letzten Augenblicken diese Wärme, diese Kraft schenkest.

Ich trete ans Fenster, meine Beste, und seh und sehe noch durch die stürmenden vorüberfliehenden Wolken einzelne Sterne des ewigen Himmels! Nein, ihr werdet nicht fallen! Der Ewige trägt euch an seinem Herzen, und mich. Ich sah die Deichselsterne des Wagens, des liebsten unter allen Gestirnen. Wenn ich nachts von dir ging, wie ich aus deinem Tore trat, stand er gegenüber! Mit welcher Trunkenheit hab ich ihn oft angesehen! Oft mit aufgehobenen Händen ihn zum Zeichen, zum heiligen Merksteine meiner gegenwärtigen Seligkeit gemacht, und noch – O Lotte, was erinnert mich nicht an dich! Umgibst du mich nicht, und hab ich nicht gleich einem Kinde, ungenügsam allerlei Kleinigkeiten zu mir gerissen, die du Heilige berührt hattest!

Liebes Schattenbild! Ich vermache dir's zurück, Lotte, und bitte dich es zu ehren. Tausend, tausend Küsse hab ich drauf gedrückt, tausend Grüße ihm zugewinkt, wenn ich ausging oder nach Hause kam.

meine Leiche zu schützen → Seite 239

Ich habe deinen Vater in einem Zettelchen gebeten, meine Leiche zu schützen. Auf dem Kirchhofe sind zwei Lindenbäume, hinten im Ecke nach dem Felde zu, dort wünsch ich zu ruhen. Er kann, er wird das für seinen Freund tun. Bitte ihn auch. Ich will frommen Christen nicht zumuten, ihren Körper neben einem armen Unglücklichen niederzulegen. Ach, ich wollte, ihr begrübt mich am Wege oder im einsamen Tale, dass Priester und Levite vor dem bezeichnenden Steine sich segnend vorüberging und der Samariter eine Träne weinte.

Priester und Levite … Samariter vgl. Luk. 10,31–33

Kelch zu fassen vgl. Joh. 18,11

Hier Lotte! Ich schaudere nicht den kalten schröcklichen Kelch zu fassen, aus dem ich den Taumel des Todes trinken soll! Du reichtest mir ihn, und ich zage nicht. All! All! So sind all die Wünsche und Hoffnungen meines Lebens erfüllt! So kalt, so starr an der ehernen Pforte des Todes anzuklopfen.

Dass ich des Glücks hätte teilhaftig werden können! Für dich zu sterben, Lotte, für dich mich hinzugeben. Ich wollte mutig, ich wollte freudig sterben, wenn ich dir die Ruhe, die Wonne deines Lebens wieder schaffen könnte; aber ach, das ward nur wenig Edlen gegeben, ihr Blut für die Ihrigen zu vergießen und durch ihren Tod ein neues hundertfältiges Leben ihren Freunden anzufachen.

In diesen Kleidern, Lotte, will ich begraben sein. Du hast sie berührt, geheiligt. Ich habe auch darum deinen Vater gebeten. Meine Seele schwebt über dem Sarge. Man soll meine Taschen nicht aussuchen. Diese blassrote Schleife, die du am Busen hattest, als ich dich zum ersten Male unter deinen Kindern fand. O küsse sie tausendmal und erzähl ihnen das Schicksal ihres unglücklichen Freunds. Die Lieben, sie wimmeln um mich. Ach, wie ich mich an dich schloss! Seit dem ersten Augenblicke dich nicht lassen konnte! Diese Schleife soll mit mir begraben werden. An meinem Geburtstage schenktest du mir sie! Wie ich das all verschlang – Ach, ich dachte nicht, dass mich der Weg hierher führen sollte! – – Sei ruhig! Ich bitte dich, sei ruhig! –

Sie sind geladen – es schlägt zwölfe! – So sei's denn – Lotte! Lotte, leb wohl! Leb wohl!

Ein Nachbar sah den Blick vom Pulver und hörte den Schuss fallen, da aber alles still blieb, achtete er nicht weiter drauf.

Blick **Blitz**

Morgens um sechse tritt der Bediente herein mit dem Lichte, er findet seinen Herrn an der Erde, die Pistole und Blut. Er ruft, er fasst ihn an; keine Antwort, er röchelt nur noch. Er lauft nach den Ärzten, nach Alberten. Lotte hört die Schelle ziehen, ein Zittern ergreift all ihre Glieder, sie weckt ihren Mann, sie stehen auf, der Bediente bringt heulend und stotternd die Nachricht, Lotte sinkt ohnmächtig vor Alberten nieder.

Als der Medikus zu dem Unglücklichen kam, fand er ihn an der Erde ohne Rettung, der Puls schlug, die Glieder waren alle gelähmt, über dem rechten Auge hatte er sich durch den Kopf geschossen, das Gehirn war herausgetrieben. Man ließ ihm zum Überflusse eine Ader am Arme, das Blut lief, er holte noch immer Atem.

ließ ihm … eine Ader **öffnete ihm eine Ader zum Aderlass**

Aus dem Blut auf der Lehne des Sessels konnte man schließen, er habe sitzend vor dem Schreibtische die Tat vollbracht. Dann ist er heruntergesunken, hat sich konvulsivisch um den Stuhl herumgewälzt, er lag gegen das Fenster entkräftet auf dem Rücken, war in völliger Kleidung, gestiefelt, im blauen Frack, mit gelber Weste.

konvulsivisch **krampfhaft zuckend**

Das Haus, die Nachbarschaft, die Stadt kam in Aufruhr. Albert trat herein. Werthern hatte man aufs Bett gelegt, die Stirne verbunden, sein Gesicht schon wie eines Toten, er rührte kein Glied, die Lunge röchelte noch fürchterlich, bald schwach, bald stärker, man erwartete sein Ende.

Emilia Galotti
→ Seite 239

Von dem Weine hatte er nur ein Glas getrunken. Emilia Galotti lag auf dem Pulte aufgeschlagen.

Von Alberts Bestürzung, von Lottens Jammer lasst mich nichts sagen.

Der alte Amtmann kam auf die Nachricht hereingesprengt, er küsste den Sterbenden unter den heißesten Tränen. Seine ältsten Söhne kamen bald nach ihm zu Fuße, sie fielen neben dem Bette nieder im Ausdruck des unbändigsten Schmerzens, küssten ihm die Hände und den Mund, und der ältste, den er immer am meisten geliebt, hing an seinen Lippen, bis er verschieden war und man den Knaben mit Gewalt wegriss. Um zwölfe mittags starb er. Die Gegenwart des Amtmanns und seine Anstalten tischten einen Auflauf. Nachts gegen eilfe ließ er ihn an die Stätte begraben, die er sich erwählt hatte, der Alte folgte der Leiche und die Söhne. Albert vermocht's nicht. Man fürchtete für Lottens Leben. Handwerker trugen ihn. Kein Geistlicher hat ihn begleitet.

tischten einen Auflauf verhinderten eine Menschenansammlung

Texte • Medien

Materialien

M

Biografie

Lebenschronik

Goethe, 1776. Gemälde von Johann Ehrenfried Schumann nach einem Bildnis von Georg Melchior Kraus

1749 Johann Wolfgang Goethe wird am 28. August als erstes Kind des Kaiserlichen Rates Dr. jur. Johann Kaspar Goethe und seiner Frau Katharina Elisabeth Goethe, geborene Textor, in Frankfurt am Main geboren.

1750 7. Dezember: Geburt von Goethes Schwester Cornelia.

1755–63 Goethe wird von seinem Vater und von Privatlehrern unterrichtet, neben Naturwissenschaften und Zeichnen lernt er vor allem Sprachen: Griechisch, Latein, Französisch, Italienisch, Englisch und Hebräisch.

1759 Besetzung Frankfurts durch französische Truppen. Goethe schreibt erste Gedichte.

1765 Goethe beginnt ein Jura-Studium in Leipzig, interessiert sich jedoch eigentlich mehr für die Literatur.

1768 Wegen einer lebensgefährlichen Krankheit (Blutsturz) bricht Goethe das Studium ab und kehrt zur Genesung in sein Elternhaus in Frankfurt zurück. Während der Krankheit liest er Shakespeare und beschäftigt sich mit Alchemie und mystisch-religiösen Schriften. Susanna Katharina von Klettenberg, eine Freundin seiner Mutter, macht ihn mit dem Pietismus bekannt.

Goethes Elternhaus am Großen Hirschgraben in Frankfurt am Main

M

1770 Goethe setzt sein Studium in Straßburg fort, lernt dort Johann Gottfried Herder und Jakob Michael Reinhold Lenz kennen und begeistert sich für die Dichtung Shakespeares, Homers und Ossians.

1771 Häufige Besuche bei Friederike Brion in Sesenheim. Goethe wird zum Doktor jur. promoviert und kehrt nach Frankfurt zurück.

1771/1772 Neben der Tätigkeit als Anwalt im Büro seines Vaters schreibt er die »Sesenheimer Lieder« und die kunsttheoretische Schrift »Von Deutscher Baukunst«, übersetzt die Ossian-Gesänge aus dem Schottischen und verfasst das Drama »Götz von Berlichingen«.

1772 Ab 25. Mai arbeitet Goethe als Referendar am Reichskammergericht in Wetzlar, wo er am 9. Juni auf einem Ball im nahe gelegenen Volpertshausen Charlotte Buff und später deren Bräutigam Kestner kennenlernt.

Das sogenannte Jägerhaus in Volpertshausen. Lithografie von Carl Stuhl, um 1850

Goethe verliebt sich in Charlotte und besucht sie oft im Deutschordenshof in Wetzlar, wo ihr Vater Amtmann ist. Da Charlotte verlobt ist, kommt es zu Irritationen mit Kestner, die aber beigelegt werden können. Im September reist Goethe, ohne sich von seinen Freunden zu verabschieden, aus Wetzlar ab.
Auf der Rückreise nach Frankfurt lernt er die ebenfalls verlobte Maximiliane La Roche kennen. Im November erhält Goethe von Kestner die Nachricht vom Selbstmord des Legationssekretärs Karl Wilhelm Jerusalem, den Goethe aus seiner Studentenzeit in Leipzig kannte. Zahlreiche Hymnen entstehen, z.B. »Prometheus«.

1774 Februar bis Mitte April: Niederschrift von »Die Leiden des jungen Werthers«. Uraufführung des »Götz von Berlichingen« in Berlin.

Der Deutschordenshof in Wetzlar. Stahlstich nach einer Silberstiftzeichnung von Carl Stuhl, um 1850

1775 Ostern: Verlobung mit der Bankierstochter Lili Schönemann. Von Mai bis Juli Reise in die Schweiz mit den Grafen Stolberg. Im September Auflösung der Verlobung.
Im November zieht Goethe auf Einladung des 18-jährigen Erbprinzen Herzog Karl August von Sachsen-Weimar nach Weimar um. Am 11. November lernt er Charlotte von Stein kennen.

1776–1786 Goethe übernimmt wichtige Staatsämter im Fürstentum. Im Juni wird er zum Geheimen Legationsrat ernannt. Neben seiner politischen Tätigkeit betreibt er naturwissenschaftliche Studien und schreibt, u. a. die Prosafassung von »Iphigenie auf Tauris« (1779).

1777 8. Juni: Tod von Goethes Schwester.

1779/1780 Reise in die Schweiz. Zu Gast bei Johann Caspar Lavater in Zürich. Erste Begegnung mit Friedrich Schiller in Stuttgart.

1786 Goethe arbeitet die Erstfassung der »Leiden des jungen Werthers« um. Die zweite Fassung erscheint 1787.

1786–1788 Wohl wegen der drückenden Amtsgeschäfte, die ihm zu wenig Zeit für die künstlerische Tätigkeit lassen, bricht Goethe am 3. September heimlich zu einer zwei Jahre währenden Reise nach Italien auf, die ihn nach Rom, Neapel und Sizilien führt. In Italien zeichnet und schreibt er unter dem Eindruck der antiken Kunstwerke. Es entsteht die umgearbeitete »Iphigenie auf Tauris« in Blankversen.

1788 Nach seiner Rückkehr nach Weimar am 18. Juni bittet Goethe um seine Entlassung aus den Amtsgeschäften, um sich der Literatur und den Wissenschaften widmen zu können. Goethe beginnt eine Beziehung mit Christiane Vulpius, einer Frau aus einfachen Verhältnissen.

Goethe in der Campagna, 1787. Gemälde von Johann Heinrich Wilhelm Tischbein

Im Dezember lässt Goethe Schiller an die Universität Jena berufen.

1789 Bruch mit Frau von Stein wegen der Beziehung zu Christiane Vulpius. 25. Dezember: Geburt des Sohns August.

1791 Goethe übernimmt die Leitung des neu gegründeten Weimarer Hoftheaters.

1792 Goethe begleitet den Herzog bei einem Feldzug in Frankreich und bei der Belagerung von Mainz. Kanonade von Valmy.

1794 Beginn der engen Zusammenarbeit mit Schiller.

1796 »Wilhelm Meisters Lehrjahre« erscheinen.

1798 Arbeiten zur Farbenlehre und am »Faust«.

1805 Am 9. Mai stirbt Schiller.

1806 14. Oktober: Plünderung Weimars durch französische

Soldaten nach der Schlacht von Jena und Auerstedt. Am 19. Oktober heiraten Goethe und Christiane Vulpius. Abschluss der Arbeit an »Faust I«.

1808 Oktober: Audienz bei Napoleon, der den »Werther« zu seinen Lieblingsbüchern zählt.

1808–1810 Die erste Gesamtausgabe der Werke in 13 Bänden erscheint beim Verlag Cotta.

1809 Der Roman »Die Wahlverwandtschaften« erscheint.

1811–1813 Das autobiografische Werk »Aus meinem Leben. Dichtung und Wahrheit« erscheint in drei Teilen.

1816 6. Juni: Tod Christianes. Im September erhält Goethe in Weimar Besuch von der verwitweten Hofrätin Charlotte Kestner, geb. Buff.

1817 »Zur Naturwissenschaft« erscheint.

1819 Der Gedichtzyklus »West-östlicher Divan« erscheint.

1822 Juni bis August Aufenthalt in Marienbad. Umgang mit der Familie von Levetzow.

1823 10. Juni: Antrittsbesuch Johann Peter Eckermanns als Privatsekretär. Juli bis September in Marienbad, Eger und Karlsbad. Vergebliches Werben um Ulrike von Levetzow. »Marienbader Elegie«.

1824 Eine Jubiläumsausgabe des »Werther« erscheint bei Weygand in Leipzig.

1826 Januar: Vertrag mit Cotta über die »Ausgabe letzter Hand« (Honorar 60000 Taler). Es erscheinen 1827–1830 40 Bände, posthum 1832–1842 20 Bände.

1829 Uraufführung von »Faust I« in Braunschweig.

1830 Goethes Sohn August, sein einziges Kind, stirbt in Rom. November: Schwerer Blutsturz.

1831 Abschluss des Manuskriptes von »Faust II«. »Dichtung und Wahrheit« (4. Teil) erscheint.

1832 Am 22. März stirbt Goethe in Weimar. Am 26. März wird er in der Fürstengruft in Weimar beigesetzt.

Johann Christian Kestner

Brief an August von Hennings 1772

M

Im Frühjahr kam hier ein gewisser Goethe aus Franckfurt, seiner Handthierung nach Dr. Juris, 23 Jahr alt, einziger Sohn eines sehr reichen Vaters, um sich hier – dieß war seines Vaters Absicht – in Praxi umzusehen, der seinigen nach aber, den Homer, Pindar etc. zu studiren, und was sein Genie, seine Denkungsart und sein Herz ihm weiter für Beschäftigungen eingeben würden. [...]

Handthierung Arbeit, Beschäftigung

Pindar griechischer Lyriker (522–445 v. Chr.)

Er hat sehr viel Talente, ist ein wahres Genie, und ein Mensch von Charakter; besitzt eine außerordentlich lebhafte Einbildungskraft, daher er sich meistens in Bildern und Gleichnissen ausdrückt. Er pflegt auch selbst zu sagen, daß er sich immer uneigentlich ausdrücke, niemals eigentlich ausdrücken könne: wenn er aber älter werde, hoffe er die Gedanken selbst, wie sie wären, zu denken und zu sagen. Er ist in allen seinen Affecten heftig, hat jedoch oft viel Gewalt über sich. Seine Denkungsart ist edel; von Vorurtheilen so viel frey, handelt er, wie es ihm einfällt, ohne sich darum zu bekümmern, ob es Andern gefällt, ob es Mode ist, ob es die Lebensart erlaubt. Aller Zwang ist ihm verhaßt.

Affecten Gemütsbewegungen

Er liebt die Kinder und kann sich mit ihnen sehr beschäftigen. Er ist *bizarre* und hat in seinem Betragen, seinem Aeußerlichen verschiedenes, das ihn unangenehm machen könnte. Aber bey Kindern, bey Frauenzimmern und vielen Andern ist er doch wohl angeschrieben. Für das weibliche Geschlecht hat er sehr viele Hochachtung.

bizarre ungewöhnlich, eigenwillig

In principiis ist er noch nicht fest, und strebt noch erst nach einem gewißen System. Um etwas davon zu sagen, so hält er viel von Jean-Jacques Rousseau, ist jedoch nicht ein blinder Anbeter von demselben. Er ist nicht was man orthodox nennt. Jedoch nicht aus Stolz oder Caprice oder um et-

principiis Grundsätzen

Rousseau → Seite 239

Caprice Laune

was vorzustellen. […] Er geht nicht in die Kirche, auch nicht zum Abendmahl, betet auch selten. Denn, sagt er, ich bin dazu nicht genug Lügner. Zuweilen ist er über gewisse Materien ruhig, zuweilen aber nichts weniger als das. Vor der Christlichen Religion hat er Hochachtung, nicht aber in der Gestalt, wie sie unsere Theologen vorstellen.

Er glaubt ein künftiges Leben, einen bessern Zustand. Er strebt nach Wahrheit, hält jedoch mehr vom Gefühl derselben, als von ihrer Demonstration. […] Er hat schon viel gethan und viele Kenntnisse, viel Lectüre; aber doch noch mehr gedacht und raisonnirt. Aus den schönen Wissenschaften und Künsten hat er sein Hauptwerck gemacht, oder vielmehr aus allen Wissenschaften, nur nicht den sogenannten Brodwissenschaften.

Brodwissenschaften **Wissenschaften, deren Erlernen zum Erwerb des Lebensunterhalts befähigt**

Goethe, um 1773. Kupferstich nach einer Miniatur von Johann Daniel Bager

Arbeitsanregungen

M

1. Auf den Seiten 130, 135 und 138 finden Sie drei Porträts Goethes. Notieren Sie Ihre Eindrücke zu den Bildern und vergleichen Sie sie miteinander.

2. Bilden Sie Arbeitsgruppen zu jedem Lebensjahrzehnt Goethes (1749–1760, 1760–1770 etc.). Erarbeiten Sie aus Buch-, CD-ROM- und Internetquellen detailliertere Informationen zu den einzelnen Lebensabschnitten Goethes und zu den ihn prägenden Menschen und künstlerischen, wissenschaftlichen, gesellschaftlichen und politischen Einflüssen. Bringen Sie Ihre Ergebnisse in anschaulicher Form unter Einbeziehung von Zitaten auf Folie, auf Plakat oder im Rahmen von PowerPoint o. Ä. zur Darstellung.

3. Schreiben Sie einen fiktiven Brief an Johann Wolfgang von Goethe, in dem Sie ihm Ihre ersten Eindrücke vom Roman »Die Leiden des jungen Werthers« nach der Lektüre schildern und begründen.

4. Anlässlich des 260. Geburtstages des Autors verfassen Sie für Ihre Schülerzeitung einen Artikel, in dem Sie Leben und Werk Goethes vorstellen. Berücksichtigen Sie dabei vor allem sein Erfolgsbuch »Werther«.

5. Eine fiktive Situation: Kestner erzählt seiner Verlobten Charlotte Buff, dass er vor einigen Tagen Goethe kennengelernt hat. Sie befragt ihn nach seinen Eindrücken von seiner neuen Bekanntschaft. Schreiben Sie einen Dialog. Beziehen sie sich dabei auf die Lebenschronik und das Porträt Goethes von Kestner (S. 137f.).

M

Entstehung

Goethe begann die Niederschrift seines ersten Romans Anfang Februar 1774. Gedruckt wurden »Die Leiden des jungen Werthers« im Sommer ohne Nennung des Autors bei Weygand in Leipzig. Goethe hat im »Werther« persönliche Erlebnisse und Nachrichten aus den Jahren 1772 bis 1774 verarbeitet, ohne dass man deshalb von einem Schlüsselroman sprechen kann. Die wichtigsten Ereignisse, die Parallelen zur Romanhandlung aufweisen, finden Sie auf den folgenden Seiten in verschiedenen Zeugnissen zusammengestellt.

Margot Böttcher/Werner Liersch/Annemarie Noëlle

Der biografische Hintergrund — 1961

Advokat Rechtsanwalt

Deutsch-Orden-Amtmann Verwalter auf einem Gut, das dem Deutschen Orden gehört

Mitte Mai 1772 war der zweiundzwanzigjährige Frankfurter Advokat Goethe nach Wetzlar gekommen, um sich als Praktikant mit dem Geschäftsgang des Reichskammergerichtes vertraut zu machen. Drei Wochen nach seiner Ankunft in Wetzlar, am 9. Juni 1772, nahm er an einem ländlichen Ball im benachbarten Volpertshausen teil. Hier lernte er die neunzehnjährige Amtmannstochter Charlotte Sophie Henriette Buff und ihren Verlobten, den um zwölf Jahre älteren Hannoverschen Gesandtschaftssekretär Johann Georg Christian Kestner, kennen. Mit Lottes Vater, dem verwitweten Deutsch-Orden-Amtmann Heinrich Adam Buff, wurde Goethe bald nach dem Ball bekannt. Nach kurzer Zeit verband den jungen Dichter ein enges freundschaftliches Verhältnis mit Kestner, Lotte und ihren Geschwistern. [...]

Charlotte Kestner, geb. Buff

Johann Christian Kestner

Silhouette Goethes, 1774

Die Beziehungen zwischen Goethe und dem jungen Paar scheinen freilich von Anfang an nicht ohne Spannung gewesen zu sein. Eine Tagebuchnotiz Kestners aus den letzten Junitagen belehrt über die wechselnden Empfindungen des Bräutigams: »Nachher und wie ich meine Arbeit getan, geh ich zu meinem Mädchen, ich finde den Dr. Goethe da ... Er liebt sie, und ob er gleich ein Philosoph und mir gut ist, sieht er mich doch nicht gern kommen, um mit meinem Mädchen vergnügt zu sein. Und ich, ob ich ihm gleich recht gut bin, so sehe ich doch auch nicht gern, dass er bei meinem Mädchen allein bleiben und sie unterhalten soll.«

Philosoph hier: freidenkender Mensch

Ein Vierteljahr nach dem Ball in Volpertshausen entschloss sich Goethe schweren Herzens zur Abreise. [...] Am 11. September 1772 verließ Goethe Wetzlar und traf wenige Tage später, nach einem Umweg über Koblenz, wo er die gastfreundliche Familie von Laroche besuchte, im heimatlichen Frankfurt ein. Lotte und Kestner heirateten am 4. April 1773 und übersiedelten nach Hannover.

Auf die unglückliche Liebe des Dichters zu Charlotte folgte bald eine neue Neigung, die ebenfalls mit Verzicht endigte. Die sechzehnjährige Maximiliane von Laroche machte auf Goethe schon bei der ersten Begegnung in ihrem Elternhaus im September 1772 Eindruck. [...] Als Maximiliane am 9. Januar 1774 heiratete und ihrem Gatten, dem um einundzwanzig Jahre älteren Kaufmann Peter Anton Brentano, nach Frankfurt folgte, wurde Goethe häufiger Gast im Haus der Eheleute. Die junge Frau aus schöngeistiger Familie, die sich an ihre neue kommerzielle Umgebung nicht gewöhnen konnte, und Goethe, der sich damals in einem Zustand tiefster Depression befand, suchten in einem freundschaftlichen Umgang gegenseitigen Trost. Dies erregte die Eifersucht des Ehemannes. Wenige Wochen nach der Hochzeit kam es zu einem heftigen Auftritt, worauf Goethe das Haus auf lange Zeit nicht mehr betrat.

Fünfzehn Monate vorher, bald nach Goethes Weggang aus Wetzlar, hatte sich ein Vorfall ereignet, der den Dichter tief erschütterte: Am 30. Oktober 1772 hatte sich sein ehemaliger Wetzlarer Kollege, den er schon von Leipzig her kannte, der fünfundzwanzigjährige Braunschweigische Legationssekretär Karl Wilhelm Jerusalem, erschossen.

Johann Christian Kestner

Brief an Goethe — 2. 11. 1772

Jerusalem ist die ganze Zeit seines hiesigen Aufenthalts mißvergnügt gewesen, es sey nun überhaupt wegen der Stelle die er hier bekleidete, und daß ihm gleich Anfangs (bey Graf Bassenheim) der Zutritt in den großen Gesellschaften auf eine unangenehme Art versagt worden, oder insbesondere wegen des Braunschweigischen Gesandten, mit dem er bald nach seiner Ankunft kundbar heftige Streitigkeiten hatte, die ihm Verweise vom Hofe zuzogen und noch weitere verdrießliche Folgen für ihn gehabt haben. Er wünschte längst, und arbeitete daran, von hier wieder wegzukommen; sein hiesiger Aufenthalt war ihm verhaßt [...]. [...]

Neben dieser Unzufriedenheit war er auch in des pfältz. Secret. H... Frau verliebt. Ich glaube nicht, daß diese zu dergleichen Galanterien aufgelegt ist, mithin, da der Mann noch dazu sehr eifersüchtig war, mußte diese Liebe vollends seiner Zufriedenheit und Ruhe den Stoß geben.

Galanterien **hier: Komplimente, Höflichkeitsbezeugungen**

Er entzog sich allezeit der menschlichen Gesellschaft und den übrigen Zeitvertreiben und Zerstreuungen, liebte einsame Spaziergänge im Mondenscheine, gieng oft viele Meilen weit und hieng da seinem Verdruß und seiner Liebe ohne Hoffnung nach. [...] Dabey behielt er seinen ganzen Kummer bey sich, und entdeckte solchen, oder vielmehr die Ursachen davon, nicht einmahl seinen Freunden. […]

Er las viel Romane, und hat selbst gesagt, daß kaum ein Roman seyn würde, den er nicht gelesen hätte. Die fürchterlichsten Trauerspiele waren ihm die liebsten. Er las ferner philosophische Schriftsteller mit großem Eyfer und grübelte darüber. Er hat auch verschiedene philosophische Aufsätze gemacht, […] unter andern auch einen besondern Aufsatz, worin er den Selbstmord vertheidigte. Oft beklagte er sich […] über die engen Gränzen, welche dem menschlichen Verstande gesetzt wären […]. […]

Donnerstags Morgens schickt Secret. H… an Jerusalem ein Billet. Die Magd will keine Antwort abwarten und geht. Jerusalem hat sich eben rasiren lassen. Um 11 Uhr schickt Jerusalem wiederum ein Billet an Secret. H…, dieser nimmt es dem Bedienten nicht ab, und sagt, er brauche keine Antwort, er könne sich in keine Correspondenz einlassen, und sie sähen sich ja alle Tage auf der Dictatur. Als der Bediente das Billet unerbrochen wieder zurückbringt, wirft es Jerusalem auf den Tisch und sagt: es ist auch gut. […]

Dictatur Amtssitz des Gesandten

Mittags isset er zu Haus, aber wenig, etwas Suppe. Schickt um 1 Uhr ein Billet an mich […]. Ich bin nicht zu Hause. […]. […] es mogte ½ 4 Uhr seyn, als ich das Billet bekam:

»Dürfte ich Ew. Wohlgeb. wohl zu einer vorhabenden Reise um ihre Pistolen gehorsamst ersuchen? J.«

Da ich nun von alle dem vorher erzählten und von seinen Grundsätzen nichts wußte, indem ich nie besondern Umgang mit ihm gehabt – so hatte ich nicht den mindesten Anstand ihm die Pistolen sogleich zu schicken. […]

Den ganzen Nachmittag war Jerusalem für sich allein beschäftiget, kramte in seinen Papieren, schrieb, ging, wie die Leute unten im Hause gehört, oft im Zimmer heftig auf und nieder. Er ist auch verschiedene Male ausgegangen, hat seine kleinen Schulden, und wo er nicht auf Rechnung ausgenommen, bezahlt […]. […]

Vor 9 Uhr kommt er zu Haus, sagt dem Bedienten, es müsse im Ofen noch etwas nachgelegt werden, weil er so bald nicht zu Bett ginge, auch solle er auf Morgen früh 6 Uhr alles zurecht machen, läßt sich auch noch einen Schoppen Wein geben. […]

Da nun Jerusalem allein war, scheint er alles zu der schrecklichen Handlung vorbereitet zu haben. Er hat seine Briefschaften alle zerrissen und unter den Schreibtisch geworfen, wie ich selbst gesehen. Er hat zwey Briefe, einen an seine Verwandte, den andern an H… geschrieben. […]

Nach diesen Vorbereitungen, etwa gegen 1 Uhr, hat er sich denn über das rechte Auge hinein durch den Kopf geschossen. Man findet die Kugel nirgends. […]

Es scheint sitzend im Lehnstuhl vor seinem Schreibtisch geschehen zu seyn. Der Stuhl hinten im Sitz war blutig, auch die Armlehnen. Darauf ist er vom Stuhle heruntergesunken, auf der Erde war noch viel Blut. […] (Er war in völliger Kleidung, gestiefelt, im blauen Rock mit gelber Weste.)

Morgens vor 6 Uhr geht der Bediente zu seinem Herrn ins Zimmer, ihn zu wecken; das Licht war ausgebrannt, es war dunkel, er sieht Jerusalem auf der Erde liegen, bemerkt etwas Nasses, und meynt, er möge sich übergeben haben; wird aber die Pistole auf der Erde, und darauf Blut gewahr, ruft: Mein Gott, Herr Assessor, was haben Sie angefangen; schüttelt ihn, er giebt keine Antwort, und röchelt nur noch. Er läuft zu Medicis und Wundärzten. […]

Das Gerücht von dieser Begebenheit verbreitete sich schnell; die ganze Stadt war in Schrecken und Aufruhr. Ich hörte es erst um 9 Uhr, meine Pistolen fielen mir ein, und ich weiß nicht, daß ich kurzens so sehr erschrocken bin. Ich zog mich an und gieng hin. Er war auf das Bette gelegt, die Stirne

kurzens
in der letzten Zeit

bedeckt, sein Gesicht schon wie eines Todten, er rührte kein Glied mehr, nur die Lunge war noch in Bewegung, und röchelte fürchterlich, bald schwach, bald stärker, man erwartete sein Ende.

Von dem Wein hatte er nur ein Glas getrunken. Hin und wieder lagen Bücher und von seinen eignen schriftlichen Aufsätzen. Emilia Galotti lag auf einem Pult am Fenster aufgeschlagen; daneben ein Manuscript ohngefähr Fingerdick in Quart, philosophischen Inhalts, der erste Theil oder Brief war überschrieben: *Von der Freyheit*, es war darin von der moralischen Freyheit die Rede. […]

Gegen 12 Uhr starb er. Abends ¾ 11 Uhr ward er auf dem gewöhnlichen Kirchhof begraben, […] in der Stille mit 12 Lanternen und einigen Begleitern; Barbiergesellen haben ihn getragen; das Kreuz ward voraus getragen; kein Geistlicher hat ihn begleitet.

Lanternen Laternen
Barbier Bartscherer und Wundarzt

Johann Wolfgang von Goethe

Dichtung und Wahrheit — 1812/13

Auf einmal erfahre ich die Nachricht von Jerusalems Tode, und unmittelbar nach dem allgemeinen Gerüchte sogleich die genauste und umständlichste Beschreibung des Vorgangs, und in diesem Augenblick war der Plan zu Werthern gefunden; das Ganze schoss von allen Seiten zusammen und ward eine solide Masse, wie das Wasser im Gefäß, das eben auf dem Punkte des Gefrierens steht, durch die geringste Erschütterung sogleich in ein festes Eis verwandelt wird. […]

Jerusalems Tod, der durch die unglückliche Neigung zu der Gattin eines Freundes verursacht ward, schüttelte mich aus dem Traum, und weil ich nicht bloß mit Beschaulichkeit das, was ihm und mir begegnet, betrachtete, sondern das Ähnliche, was mir im Augenblicke selbst wiederfuhr, mich in leidenschaftliche Bewegung setzte; so konnte es nicht fehlen, dass ich jener Produktion, die ich eben unternahm, alle die Glut einhauchte, welche keine Unterscheidung zwischen dem Dichterischen und dem Wirklichen zulässt. Ich hatte mich äußerlich völlig isoliert, ja die Besuche meiner Freunde verbeten, und so legte ich auch innerlich alles beiseite, was nicht unmittelbar hierhergehörte. Dagegen fasste ich alles zusammen, was einigen Bezug auf meinen Vorsatz hatte, und wiederholte mir mein nächstes Leben, von dessen Inhalt ich noch keinen dichterischen Gebrauch gemacht hatte. Unter solchen Umständen, nach so langen und vielen geheimen Vorbereitungen, schrieb ich den »Werther« in vier Wochen, ohne dass ein Schema des Ganzen, oder die Behandlung eines Teils irgend vorher wäre zu Papier gebracht worden. [...]

Ich fühlte mich, wie nach einer Generalbeichte, wieder froh und frei und zu einem neuen Leben berechtigt.

Generalbeichte **Beichte über das ganze bisherige Leben**

1774 und 1787 – die zwei Fassungen des Romans

Der in der vorliegenden Ausgabe abgedruckte Text der »Leiden des jungen Werthers« entspricht der ersten Fassung des Romans, den Goethe im Frühjahr 1774 schrieb und der im Sommer 1774 gedruckt wurde. Der »Werther« wurde sofort zu einem riesigen Verkaufserfolg. Rasch entstanden zahlreiche – auch illegale – Nachdrucke.

Zwischen 1782 und 1786 bereitete Goethe eine Neuausgabe seines Briefromans vor, die in manchem von der Erstausgabe abweicht und die 1787 in der Werkausgabe seiner »Schriften« in 8 Bänden veröffentlicht wurde. In dieser Zeit lebte Goethe

M

am Weimarer Hof und befand sich in einer ganz anderen Lebensphase als zum Zeitpunkt der ersten Niederschrift. Hieraus lassen sich möglicherweise die formalen und inhaltlichen Veränderungen erklären, die der Autor an seinem eigenen Text vornahm:

Elisionen Auslassungen

Inversionen Umstellungen

- In der zweiten Fassung von 1787 hat Goethe den kraftgenialischen Stil (Kraftausdrücke wie »Kerl«, Elisionen, Apostrophierungen wie »mir's«, altdeutsche Schreibungen, Inversionen) zugunsten eines konventionelleren Stils gemildert bzw. getilgt.
- Durch Hinzufügen und Umstellen von Briefen sowie die Erweiterung und Veränderung des »Herausgeberberichts« am Ende des Romans wurde die Kritik am Adel etwas zurückgenommen und vor allem der Charakter Alberts, dessen »Vorbild« Kestner verärgert reagiert hatte, weniger negativ dargestellt.
- In zweien der neu hinzugefügten Briefe (»Am 30. Mai« und »Am 4. Sept.«) schildert Werther die sogenannte Bauernburschen-Episode« über einen Knecht, der in seine Herrin verliebt ist, vom Hof gejagt wird und schließlich aus Verzweiflung seinen Nachfolger, den die Herrin mehr erhört als ihn, umbringt. Mit diesem Schicksal vergleicht sich Werther.
- In der ersten Fassung von 1774 lautet der Titel noch »Die Leiden des jungen Werthers«; in allen späteren Drucken wurde das »s« am Ende des Namens weggelassen.

Mit dem Abdruck der Fassung von 1774 haben sich die Herausgeber der vorliegenden Ausgabe für den Text entschieden, der sprachlich und inhaltlich ein typisches Werk des Sturm und Drang darstellt und somit als Ausdruck der Epoche untersucht werden kann.

Arbeitsanregungen

M

1. Welche Erfahrungen mit Personen, Ereignissen und Orten hat Goethe in seinem Roman literarisch verarbeitet?

2. In seinem Brief an Goethe porträtiert Kestner Karl Wilhelm Jerusalem und schreibt über sein tragisches Schicksal. Welche Parallelen entdecken Sie zum »Werther«?

3. Goethe legt in seiner autobiografischen Schrift »Dichtung und Wahrheit« dar, dass er den »Werther« geschrieben habe, »ohne dass ein Schema des Ganzen, oder die Behandlung eines Teils irgend vorher wäre zu Papier gebracht worden«. Haben Sie während oder nach Ihrer Lektüre ein Schema oder Strukturprinzipien entdeckt, an denen sich der Autor beim Aufbau seines Werkes orientiert haben könnte?

4. Schreiben Sie einen fiktiven Dialog zwischen dem alten Goethe, wie er sich in »Dichtung und Wahrheit« präsentiert, und dem jungen Goethe, der gerade den »Werther« verfasst hat.

5. Nach dem Erfolg des Romans haben viele Leserinnen und Leser der »Leiden des jungen Werthers« den Autor gefragt, was an der Geschichte des Werther wahr sei. Wie beurteilen Sie diese Frage? Wie hätten Sie anstelle von Goethe darauf geantwortet?

6. Was halten Sie generell von einer Methode, die ein literarisches Werk aus dem Lebenszusammenhang seines Autors zu verstehen sucht? Entwickeln Sie Pro- und Kontra-Argumente und erörtern Sie diese Frage.

Verstehen und Deuten

Liebe

Peter Bekes

Zum Mentalitätswandel in der Liebe — 2006

Was ist Liebe? Eine große Passion oder lebenslanges Glück in vertrauter Gemeinschaft? Eine Himmelsmacht oder pure sexuelle Begierde? Am Ende gar eine pathologische Verirrung?

pathologische krankhafte

[…] Liebe lässt sich bei aller Vielfalt und Widersprüchlichkeit als Elementarerfahrung beschreiben. […] Der Mensch ist »animal amans«, ein liebendes Wesen, das zur erotischen und seelischen Kommunikation fähig ist, das Trennung und Entfremdung, so wie es der Mythos im platonischen »Gastmahl« schildert, kraft innerer Sehnsucht durch Zärtlichkeit zu überwinden sucht. Am Anfang der Menschwerdung steht nicht das Einzelwesen, sondern das Paar. […]

Der Mensch ist aber nicht nur liebendes Wesen, er ist zugleich auch das einzige Wesen, das zu seiner Liebe und Sexualität Stellung bezieht, das darüber redet und sie dem anderen mitteilt. Seine Liebesseligkeit […] äußert sich im hoch kodierten Liebesgedicht genauso wie in den Liebesbekenntnissen auf jenen kleinen Zetteln, die im Klassenzimmer zirkulieren. In dieser Hinsicht ist Liebe auch Ausdruck kulturellen wie sozialen Lebens. Sie ist mit bestimmten Haltungen und Verhaltensweisen verwoben, verweist auf gesellschaftliche Anforderungen und Normen […].

kodierten (künstlerisch) verschlüsselten

Vor allem in den letzten 250 Jahren haben sich die Auffassungen von Liebe erheblich gewandelt, dies aber nicht in der Weise, dass ein Verstehensparadigma das andere abgelöst hat. Wie bei vielen anderen mentalen Konzepten hat die Geschichte den Begriff nicht eindeutiger gemacht, sondern nur stärker differenziert, sodass gerade in unserer Zeit unterschiedliche Vorstellungen und Lebensformen nebeneinander bestehen oder sich überlappen. Ihre Semantik lässt sich am besten aus ihrer geschichtlichen Entwicklung begreifen.

Paradigma Modell, Muster
mentalen das Denken und Fühlen betreffenden

Semantik Bedeutung

In dem Maße, wie die Partnerwahl sich am Ende des 18. Jahrhunderts von ökonomischen und ständischen Interessen emanzipieren konnte, avancierten Intimisierung und Individualisierung, Zuneigung und Anziehung zu bevorzugten Kriterien der Eheschließung. Eine der wirkungsmächtigsten Konstruktionen in der Kulturgeschichte des Liebens ist das Ideal romantischer Liebe. Es wird vor allem von den Frühromantikern in Kontraposition zu den aufklärerischen Entwürfen von vernünftiger und zärtlicher Liebe entwickelt. Hier wird nicht »Affekt bezogenes Verhalten […] unter den Vorbehalt der Vernunft« gestellt (Günter Sasse), hier sind es auch nicht soziale Normen und moralische Konventionen, die der Liebe als zärtliches Gefühl Stabilität und Kontinuität verleihen, hier ist es allein die Faszination, die von der Persönlichkeit des geliebten Menschen ausgeht, seine Einzigartigkeit und Unverwechselbarkeit […].

Kontraposition Gegensatz

Johann Wolfgang von Goethe

Mir schlug das Herz ______________________ 1775

Mir schlug das Herz; geschwind zu Pferde,
Und fort, wild, wie ein Held zur Schlacht!
Der Abend wiegte schon die Erde,
Und an den Bergen hing die Nacht;

Schon stund im Nebelkleid die Eiche,
Ein aufgetürmter Riese, da,
Wo Finsternis aus dem Gesträuche
Mit hundert schwarzen Augen sah.

Der Mond von seinem Wolkenhügel,
Schien kläglich aus dem Duft hervor;
Die Winde schwangen leise Flügel,
Umsausten schauerlich mein Ohr;
Die Nacht schuf tausend Ungeheuer –
Doch tausendfacher war mein Mut;
Mein Geist war ein verzehrend Feuer,
Mein ganzes Herz zerfloss in Glut.

Duft Dunst

Ich sah dich, und die milde Freude
Floss aus dem süßen Blick auf mich.
Ganz war mein Herz an deiner Seite,
Und jeder Atemzug für dich.
Ein rosenfarbes Frühlings Wetter
Lag auf dem lieblichen Gesicht,
Und Zärtlichkeit für mich, ihr Götter!
Und hofft' es, ich verdient' es nicht.

Der Abschied, wie bedrängt, wie trübe!
Aus deinen Blicken sprach dein Herz.
In deinen Küssen, welche Liebe,
O welche Wonne, welcher Schmerz!
Du gingst, ich stund, und sah zur Erden,
Und sah dir nach mit nassem Blick;
Und doch, welch Glück! geliebt zu werden,
Und lieben, Götter, welch ein Glück.

Edgar Hein

Die Metaphorik des Herzens 1991

»Aus der Fülle des Herzens« reden und schreiben, so lautete das Programm der Stürmer und Dränger gegen die Formelhaftigkeit barocker Rhetorik. Die Wendung, von Goethe 1772 geprägt, hielt sich lange im Sprachgebrauch der Klassik und Romantik. Novalis verwendete sie in der Übersetzung einer Ode des Horaz im Sinne von dionysischer Begeisterung. »Über die Fülle des Herzens« hieß ein Aufsatz von Friedrich Leopold zu Stolberg, ein Manifest der neuen Gefühlskultur, in dem das Wort in einer schillernden Fülle von Bedeutungsnuancen verwandt wird, vom Enthusiasmus bis zum römischen Virtusbegriff: Wer aus der Fülle des Herzens lebt, »wird Seligkeiten viele finden«. In ihr ist die Harmonie der menschlichen Seele mit der Natur vollkommen verwirklicht. Das höfische Leben, klagt Werther, biete ihm »nicht *einen* Augenblick der Fülle des Herzens«.

Rhetorik Redekunst

Novalis deutscher Schriftsteller der Frühromantik (1772–1801)

dionysischer ekstatischer (nach dem griechischen Gott Dionysos)

Virtus lat. »Tugend«, »Tapferkeit«

Der metaphorische Gebrauch des Wortes »Herz« für die Gesamtheit der Seelen- und Gemütskräfte des Menschen kommt aus Spätbarock und Pietismus. […] Einen »verweltlichten Pietismus« nennt Trunz seine inflationäre Verwendung im Brief- und Dichtungsstil der Empfindsamkeit. Es dient zum Ausdruck der damals üblichen überschwenglichen Liebes- und Freundschaftsbekundungen gleichgesinnter Seelen […]. Werther benutzt das Wort schon am Anfang des ersten Briefes: »Was ist das Herz des Menschen?« Dies wird geradezu zur Themafrage des Romans. Sein Herz nennt er »die Quelle von allem, aller Kraft, aller Seligkeit und alles Elendes«. Es ist das Privatissimum des Menschen, das Konzentrat seiner Individualität. »Ach, was ich weiß, das kann jeder wissen –, mein Herz habe ich allein«. »Herz« steht auch für eine dritte Person, sofern sie empfindsam ist – »Ein fühlendes

Privatissimum Privateste

Herz hat den Plan gezeichnet« –, meistens aber für das eigene Ich. Es ist das Organ, mit dem Werther in seinen hohen Augenblicken der Begeisterung »die Natur umfasst«. Alles will er »näher an seinem Herzen« fühlen. »das volle warme Gefühl« seines Herzens schuf ihm »ringsumher die Welt zu einem Paradiese«. »Wie fasste ich das alles in mein warmes Herz.«

Der Kult des Herzens macht Werther zum Getriebenen seines Gefühls. »So unstet hast du nichts gesehn als dieses Herz«. Schon am Anfang des Romans bekennt er Wilhelm sein beständiges »Schwanken vom Kummer zur Ausschweifung und von süßer Melancholie zur verderblichen Leidenschaft«. Er liefert sich diesen Gefühlsschwankungen aus, macht seinen Willen zum Sklaven seines Herzens. »Ich lache über mein eignes Herz – und tu ihm seinen Willen«. Seinem Herzen gilt seine ganze Sorge, er nennt es zärtlich »Herzchen« oder »mein armes Herz« und hält es »wie ein krankes Kind«. Dann wieder hat er Angst, es »aus dem Schlafe, in den es manchmal die Gleichgültigkeit des Lebens wiegt«, zu wecken. In der Verzweiflung schließlich ist sein Herz »zerrissen«, es »erstickte« und »wollte bersten«.

Illustration der Kuss-Szene. Kupferstich von Daniel Berger nach Nikolaus Daniel Chodowiecki, 1775

Arbeitsanregungen

M

1. Definieren Sie für sich persönlich die Begriffe »Liebe« und »Freundschaft«. Vergleichen Sie Ihr Verständnis mit dem im »Werther« entfalteten.

2. Stellen Sie die Beziehungen zwischen Werther, Lotte und Albert in einer Grafik dar. Was fasziniert Werther an Lotte? Was verbindet Lotte mit Albert? Beziehen Sie in Ihre Überlegungen vor allem die Briefe vom 16. Juni (S. 21–31) und 10. September 1771 (S. 63–67) ein.

3. Verfassen Sie einen Tagebucheintrag, den Lotte am Tag nach dem Ball geschrieben haben könnte.

4. Analysieren Sie die Abschiedsszene von Werther und Lotte (S. 109–119). Wie wird die Körpersprache der beiden dargestellt?

5. Erläutern Sie den Zusammenhang von Liebe und Tod im Abschiedsbrief von Werther an Lotte (S. 106–108, 119–121, 124–127).

6. Gelegentlich ist »Mir schlug das Herz« (S. 151 f.) als Tagelied charakterisiert worden. Informieren Sie sich über diesen Gedichttypus und zeigen Sie an dem Text Motive des Tageliedes auf. Gehen Sie in diesem Zusammenhang auch auf die vom Autor verwendeten Bilder ein.

7. Die Gedichte »Mir schlug das Herz« (S. 151 f.) und »Ganymed« (S. 160 f.) sind Rollengedichte. Wie unterscheiden sie sich in der Konkretisierung der Rollen, den Naturerfahrungen und der lyrischen Gestaltung?

Natur

Friedrich Gottlieb Klopstock

Die Frühlingsfeier

1759

[...]
Rund um mich ist Alles Allmacht!
Ist Alles Wunder!

Mit tiefer Ehrfurcht,
Schau ich die Schöpfung an!
Denn Du!
Namenlosester, Du!
Erschufst sie!

Lüfte, die um mich wehn,
Und süsse Kühlung
Auf mein glühendes Angesicht giessen,
Euch, wunderbare Lüfte,
Sendet der Herr? Der Unendliche?

Aber itzt werden sie still; kaum athmen sie!
Die Morgensonne wird schwül!
Wolken strömen herauf!
Das ist sichtbar der Ewige,
Der kömmt!
Nun fliegen, und wirbeln, und rauschen die Winde!
Wie beugt sich der bebende Wald!
Wie hebt sich der Strom!
Sichtbar, wie du es Sterblichen seyn kannst,
Ja, das bist du sichtbar, Unendlicher!

Der Wald neigt sich!
Der Strom flieht!
Und ich falle nicht auf mein Angesicht?
Herr! Herr! Gott! barmherzig! und gnädig!
Du Naher!
Erbarme dich meiner!

Zürnest du, Herr, weil Nacht dein Gewand ist?
Diese Nacht ist Seegen der Erde!
Du zürnest nicht, Vater!
Sie kömmt, Erfrischung auszuschütten
Über den stärkenden Halm!
Über die herzerfreuende Traube!
Vater! Du zürnest nicht!

Alles ist stille vor dir, du Naher!
Ringsum ist Alles stille!
Auch das goldne Würmchen merkt auf!
Ist es vielleicht nicht seelenlos?
Ist es unsterblich?

Ach vermöcht ich dich, Herr, wie ich dürste, zu preisen!
Immer herrlicher offenbarst du dich!
Immer dunkler wird, Herr, die Nacht um dich!
Und voller von Seegen!

Seht ihr den Zeugen des Nahen, den zückenden Blitz?
Hört ihr den Donner Jehovah?
Hört ihr ihn?
Hört ihr ihn?
Den erschütternden Donner des Herrn?

Jehovah
Name Gottes in der christlich-jüdischen Tradition

Herr! Herr! Gott! barmherzig und gnädig!
Angebetet, gepriesen
Sey dein herrlicher Name!

Und die Gewitterwinde? Sie tragen den Donner!
Wie sie rauschen! Wie sie die Wälder durchrauschen!
Und nun schweigen sie! Majestätischer
Wandeln die Wolken herauf!

Seht ihr den neuen Zeugen des Nahen,
Seht iht den fliegenden Blitz?
Hört ihr, hoch in den Wolken, den Donner des Herrn?
Er ruft Jehovah!
Jehovah!
Jehovah!
Und der gesplitterte Wald dampft!

Aber nicht unsre Hütte!
Unser Vater gebot
Seinem Verderber
Vor unsrer Hütte vorüberzugehn!

Ach schon rauschet, schon rauschet
Himmel und Erde vom gnädigen Regen!
Nun ist, wie dürstete sie! Die Erd erquickt,
Und der Himmel der Fülle des Seegens entladen!

Siehe, nun kömmt Jehovah nicht mehr im Wetter!
Im stillen, sanften Säuseln
Kömmt Jehova!
Und unter ihm neigt sich der Bogen des Friedens.

Johann Wolfgang von Goethe

Maifest 1775

Wie herrlich leuchtet
Mir die Natur!
Wie glänzt die Sonne!
Wie lacht die Flur!

Es dringen Blüten
Aus jedem Zweig,
Und tausend Stimmen
Aus dem Gesträuch,

Und Freud und Wonne
Aus jeder Brust.
O Erd o Sonne
O Glück o Lust!

O Lieb' o Liebe,
So golden schön,
Wie Morgenwolken
Auf jenen Höhn;

Du segnest herrlich
Das frische Feld,
Im Blütendampfe
Die volle Welt.

O Mädchen Mädchen,
Wie lieb' ich dich!
Wie blinkt dein Auge!
Wie liebst du mich!

So liebt die Lerche
Gesang und Luft,
Und Morgenblumen
Den Himmels Duft,

Wie ich dich liebe
Mit warmen Blut,
Die du mir Jugend
Und Freud und Mut

Zu neuen Liedern,
Und Tänzen gibst!
Sei ewig glücklich
Wie du mich liebst!

Flur
Landschaft

M

Ganymed
→ Seite 239

Johann Wolfgang von Goethe

Ganymed

1774

Wie im Morgenrot
Du rings mich anglühst
Frühling Geliebter!
Mit tausendfacher Liebeswonne
Sich an mein Herz drängt
Deiner ewigen Wärme
Heilig Gefühl
Unendlich Schöne!

Dass ich dich fassen möcht
In diesen Arm!

Ach an deinem Busen
Lieg ich, schmachte,
Und deine Blumen dein Gras
Drängen sich an mein Herz
Du kühlst den brennenden
Durst meines Busens
Lieblicher Morgenwind!
Ruft drein die Nachtigall
Liebend nach mir aus dem Nebeltal.

Ich komme! Ich komme!
Wohin? Ach wohin?

Hinauf hinauf strebts!
Es schweben die Wolken
Abwärts die Wolken,
Neigen sich der sehnenden Liebe.
Mir! Mir

In eurem Schoße
Aufwärts!
Umfangend umfangen!
Aufwärts
An deinem Busen
Allliebender Vater!

Corregio: Die Entführung des Ganymed (um 1531)

Georg Christoph Tobler

Die Natur — 1782

Der Aufsatz »Die Natur« wurde eine Zeit lang Goethe zugeschrieben, da er in einer Handschrift von dessen Schreiber Seidel veröffentlicht worden war. Goethe verneinte dies später, bestätigte aber, dass die vorgetragene Naturanschauung mit seiner eigenen damaligen übereinstimme.

Natur! Wir sind von ihr umgeben und umschlungen – unvermögend aus ihr herauszutreten, und unvermögend tiefer in sie hineinzukommen. Ungebeten und ungewarnt nimmt sie uns in den Kreislauf ihres Tanzes auf und treibt sich mit uns fort, bis wir ermüdet sind und ihrem Arme entfallen.

Sie schafft ewig neue Gestalten; was da ist war noch nie, was war kommt nicht wieder – Alles ist neu und doch immer das Alte.

Wir leben mitten in ihr und sind ihr fremde. Sie spricht unaufhörlich mit uns und verrät uns ihr Geheimnis nicht. Wir wirken beständig auf sie und haben doch keine Gewalt über sie.

Sie scheint alles auf Individualität angelegt zu haben und macht sich nichts aus Individuuen. Sie baut immer und zerstört immer und ihre Werkstätte ist unzugänglich.

Sie lebt in lauter Kindern, und die Mutter, wo ist sie? – Sie ist die einzige Künstlerin: aus dem simpelsten Stoffe zu den größten Kontrasten: ohne Schein der Anstrengung zu der größten Vollendung – zur genausten Bestimmtheit immer mit etwas Weichem überzogen. Jedes ihrer Werke hat ein eigenes Wesen, jede ihrer Erscheinungen den isoliertesten Begriff und doch macht alles eins aus. […]

Gedacht hat sie und sinnt beständig; aber nicht als ein Mensch, sondern als Natur. Sie hat sich einen eigenen allumfassenden Sinn vorbehalten, den ihr niemand abmerken kann. […]

Sie hat keine Sprache noch Rede, aber sie schafft Zungen und Herzen durch die sie fühlt und spricht.

Ihre Krone ist die Liebe. Nur durch sie kommt man ihr nahe. Sie macht Klüfte zwischen allen Wesen und alles will sich verschlingen. Sie hat alles isolieret um alles zusammenzuziehen. Durch ein paar Züge aus dem Becher der Liebe hält sie für ein Leben voll Mühe schadlos.

Sie ist alles. Sie belohnt sich selbst und bestraft sich selbst, erfreut und quält sich selbst. Sie ist rau und gelinde, lieblich und schröcklich, kraftlos und allgewaltig. Alles ist immer da in ihr. Vergangenheit und Zukunft kennt sie nicht. Gegenwart ist ihr Ewigkeit.

gelinde mild

Rudolf Eisler

Pantheismus, Panentheismus ______________ 1904

M

Pantheismus *(pan, theos)* ist die Lehre, dass Gott und Welt nicht zwei wahrhaft voneinander geschiedene, außereinander bestehende Wesenheiten sind, sondern dass Gott selbst die Alleinheit, das All selbst Gott, alle Dinge Modi, Partizipationen der Gottheit, diese den Dingen (als deren substantiale Wesenheit) immanent, einwohnend ist, sodass alles zwar nicht selbst Gott, aber doch (sub specie aeternitatis betrachtet) von göttlicher Natur ist. Der *naturalistische* Pantheismus nähert sich dem Atheismus, indem er Gott und Natur identifiziert, der *idealistische* (spekulative) Pantheismus bestimmt die Alleinheit als Identität von Geist und Natur oder als Geist (Vernunft, Wille).

sub specie aeternitatis
lat. »unter dem Gesichtspunkt der Ewigkeit«

Panentheismus *(pan en theô)*: All-in-Gott-Lehre, wonach Gott der Welt immanent und zugleich zu ihr transzendent ist, insofern die Welt ihrerseits Gott immanent, in Gott, von Gott umfasst ist. Der Panentheismus ist eine Synthese von Theismus und Pantheismus. Gott gilt hier als höchste synthetische Einheit, innerhalb welcher ein vielgliederiges System von Einzelwesen, die voneinander relativ gesondert sind, unterschieden wird. Gott geht nicht in der Summe, auch nicht in der Ganzheit der Dinge auf. Gott und Welt sind nicht identisch. [...]

Arbeitsanregungen

1. Stellen Sie die Briefe zusammen, in denen Werthers Naturerfahrungen und -empfindungen zum Ausdruck kommen. Suchen Sie nach Bildern und Landschaftsdarstellungen, die seinem Naturempfinden möglichst nahe kommen, und ordnen Sie diese den gefundenen Textstellen zu.

2. Vergleichen Sie Werthers Briefe vom 10. Mai (S. 11 f.) und 18. August 1771 (S. 57–59) miteinander.

3. Verfassen Sie eine Antwort Wilhelms auf Werthers Brief vom 18. August. Welche Fragen könnte der Brief enthalten?

4. Im Brief vom 16. Juni fällt der Name des Dichters Klopstock. Erläutern Sie die Bedeutung, die dessen Hymne »Die Frühlingsfeier« für Werther und Lotte besitzt.

5. Vergleichen Sie den Brief vom 10. Mai 1771 (S. 11 f.) mit dem Gedicht »Ganymed« (S. 160 f.).

6. Untersuchen Sie, wie in dem Gedicht »Maifest« (S. 159) die Empfindungen von Außen- und Innenwelt miteinander verschränkt werden. Kennzeichnen Sie dabei vor allem die Haltung des lyrischen Ichs und die poetische Gestaltung.

7. Vergleichen Sie die Definitionen von »Pantheismus« und »Panentheismus« (S. 163). Stellen Sie Gemeinsamkeiten und Unterschiede zwischen den beiden Auffassungen dar. Überlegen Sie, ob das im Brief vom 18. August entfaltete Weltbild eher dem Pantheismus oder dem Panentheismus zuzuordnen ist.

Arndt Stephan/Inge Stephan

Leiden an der Gesellschaft 1975

Im »Werther« gestaltete Goethe den Typus des unzufriedenen jungen bürgerlichen Intellektuellen, dessen Integrationsversuche in die ständisch gegliederte Gesellschaft an der starren Hierarchie wie auch an der eigenen ausgeprägten Selbstwertschätzung, die eine Reaktion darauf ist, scheitern. Goethes Roman zeigt die Unmöglichkeit für das bürgerliche Individuum, sich innerhalb des Feudalsystems zu definieren und seine Identität zu finden. [...]

Werther erfährt Zurückweisung in zwei Bereichen: Die bestehenden gesellschaftlichen Schranken verwehren ihm als Bürgerlichem einen auf persönlichen Fähigkeiten basierenden gesellschaftlichen Aufstieg und die Integration in die das politische Leben bestimmende Welt des Adels, zu dessen aristokratischen Lebensformen und Bildung sich Werther als Intellektueller am ehesten hingezogen fühlt, obwohl er im Einzelfall seine Erwartungen eher enttäuscht sieht. Das Scheitern an den Standesschranken bedeutet für ihn das Ende einer gesellschaftlichen Karriere, die ihn aus der Beschränktheit bürgerlicher Aktivitäten hätte hinausführen können und seinem individuellen Entwicklungsstreben einen objektiven Bezug gegeben hätte. Auf der anderen Seite lassen die Normen und die Enge des bürgerlichen Erwerbslebens auch keine Integration in das Bürgertum zu, dem Werther klassenmäßig zwar angehört, in dem er sich als Intellektueller und Künstler aber nicht beheimatet fühlt.

Die Unmöglichkeit, sich innerhalb seiner eigenen Klasse als Subjekt definieren zu können, verhindert eine private Lösung seiner Integrationsprobleme. Die Verwirklichung in der bürgerlichen Ehe und der kleinen häuslichen Welt scheiden für ihn aus. Als Intellektueller und Künstler mit hohen Ansprüchen auf freie Entfaltung gerät Werther zwischen die Stände innerhalb der feudalen Hierarchie. Die aus der Zwischenstellung resultierende soziale Desorientiertheit und Isolierung führen zu schweren psychischen Schäden, die auch durch die Annäherung an die unteren Volksschichten, den sogenannten Vierten Stand, nicht aufgehoben werden können.

Georg Lukács

Die Leiden des jungen Werther — 1936

Im Mittelpunkt des »Werther« steht das große Problem des bürgerlich-revolutionären Humanismus, das Problem der freien und allseitigen Entfaltung der menschlichen Persönlichkeit. [...]

Bourgeoisie → Seite 239
laisser faire franz. »gewähren lassen«
Produktivkräfte → Seite 239

Dieselben Gesetze, Institutionen usw., die der Persönlichkeitsentfaltung im engen Klassensinne der Bourgeoisie dienen, die Freiheit des laisser faire hervorbringen, sind gleichzeitig unbarmherzige Würger der sich wirklich entfaltenden Persönlichkeit. Die kapitalistische Arbeitsteilung, auf deren Grundlage erst jene Entwicklung der Produktivkräfte vor sich gehen kann, die die materielle Basis der entfalteten Persönlichkeit bilden, unterwirft sich zugleich den Menschen, zerstückelt seine Persönlichkeit zu einem leblosen Spezialistentum usw. Es ist klar, dass dem jungen Goethe die ökonomische Einsicht in diese Zusammenhänge fehlen musste. Umso höher muss seine dichterische Genialität eingeschätzt werden, mit der er an menschlichen Schicksalen die wirkliche Dialektik dieser Entwicklung darstellen konnte. [...]

Der ganze »Werther« ist ein glühendes Bekenntnis zu jenem neuen Menschen, der im Laufe der Vorbereitung der bürgerlichen Revolution entsteht, zu jener Menschwerdung, zu jener Erweckung der allseitigen Tätigkeit des Menschen, die die Entwicklung der bürgerlichen Gesellschaft hervorbringt – und zugleich tragisch zum Untergang verurteilt. Die Gestaltung dieses neuen Menschen geschieht also in ununterbrochener dramatischer Kontrastierung zur ständischen Gesellschaft und zum Spießbürgertum. Immer wieder wird diese neu entstehende menschliche Kultur der Verbildung, der Unfruchtbarkeit, der Unkultiviertheit der »höheren Stände« und dem toten, erstarrten, kleinlich egoistischen Leben der Spießbürger gegenübergestellt. Und jede dieser Gegenüberstellungen ist ein flammender Hinweis darauf, dass wirkliches, lebendiges Erfassen des Lebens, lebendiges Verarbeiten seiner Probleme ausschließlich beim Volke selbst zu finden sind. […]

Die volkstümlich-humanistische Revolte im »Werther« ist eine der wichtigsten revolutionären Äußerungen der bürgerlichen Ideologie in der Vorbereitungszeit der Französischen Revolution. Sein Welterfolg ist der eines revolutionären Werkes. Im »Werther« kulminieren die Kämpfe des jungen Goethe um den freien und allseitig entwickelten Menschen […].

kulminieren **gipfeln**

Klaus Scherpe

Wie weit trägt das Wertherbeispiel? ________ 1970

Werthers Selbstverwirklichung, die die »innere Handlung« des Romans ausmacht, vollzieht sich zwangsläufig als Verengung seines Erfahrungsbereiches, zugleich als Radikalisierung seiner subjektiven Ansprüche. »Die Leiden des jungen

Werthers« sind kein »tragischer« Roman im Sinne der klassischen Schicksalstragödie, wie gerne behauptet wird. Auch keine Hingabe an das Absolute, kein Sichverströmen ins Unendliche steht am Ende der Handlung, sondern ein Stück brutaler Wirklichkeit. Der zwanghafte Ablauf des Geschehens ist der Reflex der Zwangssituation, in die die bürgerliche Gesellschaft das Individuum drängt. Am Anfang stehen die Briefe, in denen Werther seine Einsichten in die Widersprüche zwischen bürgerlicher Morallehre und realer Lebenspraxis formuliert. Die Verweigerung der »geselligen Pflichten« führt ihn in die Isolation. Natur, Naturpoesie und Liebe sind Fluchtpunkte innerhalb der Welt, die er aus sich heraus neu bildet. Die reine Innenwelt versagt jedoch als Ersatz für die reale Außenwelt. Der Selbstmord schließt konsequent die innere Entwicklung des Helden ab, über die mit dem Rückzug aus der Gesellschaft bereits entschieden war. […] In Bezug auf die bürgerliche Misere erscheint Werthers Anstrengung, zu sein, was er sein will, – die freie und allseitige Entfaltung der menschlichen Persönlichkeit – als revolutionärer Akt. Doch wie weit trägt das Wertherbeispiel? […] Werthers Einstellung zur gesellschaftlichen Umwelt bleibt ohne Hoffnung negativ fixiert. Der Weltenschöpfer aus der eigenen Seele, der poetische Träumer, der sich seinen eingeschränkten Lebenskreis zur patriarchalischen Idylle ordnet, ist als kämpferischer Patriot oder Verfechter der Rousseau'schen volonté générale nicht vorstellbar. […] Werthers Tod befestigt den Dualismus von innerer und äußerer Welt, von Freiheit und Notwendigkeit: Die Widersprüche werden erkannt – und hingenommen. Damit fehlt der Wertherhaltung das eigentlich emanzipatorische Movens (eine auf eine Befreiung ausgerichtete Antriebskraft).

volonté générale **franz. »Gemeinwille«**

Arbeitsanregungen

M

1. Wie erlebt Werther das Verhältnis von Natur und Gesellschaft? Wie stellt er sich sein Leben in der Gesellschaft vor?

2. Stellen Sie die hierarchische Gesellschaftsstruktur im 18. Jahrhundert in einer Grafik vor. Ordnen Sie die Figuren des Romans in Ihre Grafik ein.

3. Wie sieht und beurteilt Werther den Adel, das Bürgertum und das einfache Volk?

4. Warum kollidiert Werthers Lebensentwurf mit den Anforderungen der ständischen Gesellschaft? Analysieren Sie den Brief vom 15. März 1772 (S. 75–78). Klären Sie dabei folgende Fragen: Warum wird Werther aus der Adelsgesellschaft verwiesen? Wie reagiert er auf die Ausweisung?

5. Die Autoren dieses Kapitels beschreiben und erläutern in ihren Darstellungen das Leiden und Scheitern des jungen Werther an der Gesellschaft. Wie unterscheiden sie sich in ihren Erklärungsversuchen?

6. Am 2. Oktober 1808 gewährte Kaiser Napoleon Goethe eine einstündige Audienz. Dabei vertraute er diesem an, den »Werther« siebenmal gelesen zu haben. Zugleich verwies er aber auch darauf, dass Goethe darin »Motive des gekränkten Ehrgeizes mit denen der leidenschaftlichen Liebe« vermischt und so den »mächtigen Einfluss, den die Liebe auf Werther gehabt«, abgeschwächt habe. Was meinte er damit? Wie könnte Goethe geantwortet haben?

M

Selbstmord

Zedlers Universal-Lexicon

Selbst-Mord — 1743

Der grobe Selbst-Mord ist, wenn jemand vorsetzlich gewaltthätige Hand an sich legt, und sich selbst das Leben nimmt, es sey gleich, daß er sich erhenckt, ersticht, ersäufft, von einer gewissen Höhe herabstürzt, oder sonst vom Leben zum Tode bringt. Welches aber schlechterdings unrecht oder offenbarlich wider das Gesetz der Natur ist. [...] so müssen wir sagen, es sey der Selbst-Mord 1) was unnatürliches, welches wider die von GOtt in der Natur des Menschen, auch der Thiere eingepflantzte Begierde, sein Leben zu erhalten, streitet. [...]

Solche Begierde ist nicht nur natürlich; sondern auch von GOtt eingepflantzet, weil sie auf was gutes zielet. Ist sie von GOtt, so hat er dadurch seinen Willen an den Tag geleget, daß er wolle, man soll sein Leben erhalten, folglich, wer sich ums Leben bringt, u. wider solchen Trieb handelt, der handelt zugleich wider den Willen GOttes: 2) ist er was ungerechtes, sofern das Wort Gerechtigkeit in weiterm Verstand genommen wird, und sich auf alle Pflichten, die man nach dem Gesetz in acht zu nehmen, gehet. [...] Man sündiget also durch den Selbst-Mord wider alle Pflichten, jedoch auf ungleiche Art. Denn wider die Pflichten gegen sich handelt man directe, und unterlässet, was man sich selber nach dem göttlichen Gesetz schuldig ist. [...]

Indirecte sündiget ein Selbst-Mörder wider GOtt und seinen Nächsten. Wider GOtt, indem er nicht nur sein Gesetz überschreitet; sondern sich auch etwas anmasset, so ihm zukommt, welches die Herrschaft über das Leben ist. Diese kommt GOtt zu, der uns das Leben gegeben; da wir uns nun solches nicht selber gegeben, indem kein Mensch weiß, wie er auf die

Welt gekomen, und wie ihm zu Muthe gewesen, als er zu einem Menschen gebildet worden; so stehet es auch nicht in unserer freyen Macht, solches nach Gefallen zu lassen. Die Schuldigkeit gegen den Nächsten wird durch den Selbst-Mord beleidiget, sofern man ihn durch solchen Tod derjenigen Dienste, die man ihm noch hätte erweisen können, beraubet, wie denn der Fall, daß ein Mensch auf der Welt zu gar nichts nutze seyn solte, nicht wohl möglich ist. […]

Johann Wolfgang von Goethe

Brief an Karl Friedrich Zelter — 3. 12. 1812

Der nachfolgende Auszug stammt aus einem Brief, den Goethe an seinen Freund Zelter schrieb, nachdem dieser ihm den Selbstmord seines Stiefsohnes mitgeteilt hatte.

Wenn das *taedium vitae* den Menschen ergreift, so ist er nur zu bedauern, nicht zu schelten. Dass alle Symptome dieser wunderlichen, so natürlichen als unnatürlichen Krankheit auch einmal mein Innerstes durchrast haben, daran lässt Werther wohl niemanden zweifeln. Ich weiß recht gut, was es mich für Entschlüsse und Anstrengungen kostete, damals den Wellen des Todes zu entkommen […].

taedium vitae **lat. »Lebensekel«**

Johann Wolfgang von Goethe

Dichtung und Wahrheit — 1812/13

Jener Ekel vor dem Leben hat seine physischen und seine sittlichen Ursachen, jene wollen wir dem Arzt, diese dem Moralisten zu erforschen überlassen, und, bei einer so oft durchgearbeiteten Materie, nur den Hauptpunkt beachten, wo sich jene Erscheinung am deutlichsten ausspricht. Alles Behagen am Leben ist auf eine regelmäßige Widerkehr der äußeren Dinge gegründet. Der Wechsel von Tag und Nacht, der Jahreszeiten, der Blüten und Früchte, und was uns sonst von Epoche zu Epoche entgegentritt, damit wir es genießen können und sollen, diese sind die eigentlichen Triebfedern des irdischen Lebens. Je offener wir für diese Genüsse sind, desto glücklicher fühlen wir uns; wälzt sich aber die Verschiedenheit dieser Erscheinungen vor uns auf und nieder, ohne dass wir daran teilnehmen, sind wir gegen so holde Anerbietungen unempfänglich, dann tritt das größte Übel, die schwerste Krankheit ein, man betrachtet das Leben als ekelhafte Last. […]

Der Selbstmord ist ein Ereignis der menschlichen Natur, welches, mag auch darüber schon so viel gesprochen und gehandelt sein als da will, doch einen jeden Menschen zur Teilnahme fordert, in jeder Zeitepoche wieder einmal verhandelt werden muss. […]

Die Wirkung dieses Büchleins [»Die Leiden des jungen Werthers«] war groß, ja ungeheuer […]. Eigentlich ward nur der Inhalt, der Stoff beachtet, wie ich schon an meinen Freunden erfahren hatte, und daneben trat das alte Vorurteil wieder ein, entspringend aus der Würde eines gedruckten Buchs, dass es nämlich einen didaktischen Zweck haben müsse. Die wahre Darstellung aber hat keinen. Sie billigt nicht, sie tadelt nicht, sondern sie entwickelt die Gesinnungen und Handlungen in ihrer Folge und dadurch erleuchtet und belehrt sie.

didaktischen Zweck **Lehre**

Jakob Michael Reinhold Lenz

Briefe über die Moralität der Leiden des jungen Werthers — 1775

Lieber Freund!
Wie, Sie wünschten in ganzem Ernst, Göthe hätte die Leiden des jungen Werthers nie sollen drucken lassen. Verzeihen Sie, der Wunsch ist zu seltsam, als dass ich von einem Freunde, dessen Verstand und Herz ich hochzuschätzen habe, nicht mit Recht fodern könnte, er solle und müsse ihn verantworten. […]

fodern fordern

Sie halten ihn für eine subtile Verteidigung des Selbstmords. […] Warum legt man dem Dichter doch immer moralische Endzwecke unter, an die er nie gedacht hat. […] Nichts mehr und nichts weniger als die Leiden des jungen Werthers wollt er darstellen, sie bis an ihr Endziel verfolgen […]. […] Eben darin besteht Werthers Verdienst, dass er uns mit Leidenschaften und Empfindungen bekannt macht, die jeder in sich dunkel fühlt, die er aber nicht mit Namen zu nennen weiß. Darin besteht das Verdienst *jedes Dichters.*

subtile feine, unterschwellige

Stefan Blessin

Die Beurteilung des Selbstmords — 1986

Werthers Selbstmord und die Tatsache, dass der Autor ihn ausdrücklich nicht verurteilt, sondern dem Urteil des Lesers anheimstellt, war der eigentliche Skandal des Romans unter den Zeitgenossen.

Innerhalb der europäischen Intelligenz kam zwar im 18. Jahrhundert eine Diskussion über den Selbstmord in Gang, und Montesquieu forderte, dass jeder über seinen Tod wie

Montesquieu → Seite 239

über sein Leben frei verfügen sollte, aber im Übrigen war es ein streng gewahrtes Tabu. Gesellschaftlich geächtet, stellte der Selbstmord in juristischer Sicht ein Verbrechen dar, das vom Staat verfolgt wurde. Der Selbstmörder hatte kein Recht auf ein ordentliches Begräbnis, die Leiche wurde für medizinische Zwecke freigegeben oder, schlimmer noch, zur Abschreckung öffentlich ausgestellt oder auf Karren durch die Straßen gezogen. Die Familie des Selbstmörders musste mit Strafen rechnen.

Als in Deutschland mit der Gesetzgebung unter Friedrich dem Großen erstmals eine Entkriminalisierung des Selbstmords eingeleitet wurde, hielten die Kirchen daran fest, Höllenqualen und das Fegefeuer anzudrohen. Mit größter Überzeugung konnte die Geistlichkeit behaupten, dass der Selbstmörder zugleich gegen die Natur und die göttlichen Gebote verstieß. Auch war der Wiederauferstehungsglaube so an die Unversehrbarkeit der persönlichen Erscheinung geknüpft, dass es ganz widernatürlich schien, selbst Hand an sich zu legen. Die Anatomie, die Sektion des Leichnams, drohte dem Selbstmörder, wenigstens aber eine unehrenhafte Bestattung außerhalb der christlichen Gemeinschaft. »Kein Geistlicher hat ihn begleitet«, notierte Kestner über den aus dem Leben geschiedenen Jerusalem, und wortwörtlich übernahm es Goethe für seinen Werther. Handwerker trugen seinen Sarg im Dunkel der Nacht.

Heute ist der Selbstmord kein Verbrechen mehr. Die öffentliche Diskussion darüber ist weitgehend enttabuisiert, obgleich sich in der persönlichen Meinung eine unterschiedlich motivierte Scheu erhalten hat. Im Begriff des »unnatürlichen Todes« rücken bis jetzt Mord und Selbstmord eng zusammen. Es hat nicht an Versuchen gefehlt, auf dem Wege sprachlicher Manipulation – durch Umbenennung – das philosophische Problem neu zu beleuchten. Der Freitod unterstellt im Gegensatz zur Selbsttötung nicht einen Akt der Zerstörung, sondern die frei getroffene Entscheidung, aus dem Leben zu gehen. Freilich bleiben die meisten Selbstmordhandungen gegen die eigene Person gerichtete Gewalttaten, besonders wenn sie ihre Ursachen in einer Krankheit haben.

Die Erkenntnis, dass zwischen Selbstmord und Seelenkrankheit ein enger Zusammenhang bestehen kann, hat das allgemeine Bewusstsein am stärksten beeinflusst und ist der Grund dafür, dass sich die Einstellung heute geändert hat. Zwar geht nicht jedem Selbstmord eine Depression voraus, aber jede Depression hat Todeswünsche zur Folge. Dem Selbstmörder, der an sich selbst bzw. den gesellschaftlichen Bedingungen seiner Existenz leidet, ist schon als Suizidverdächtigem Hilfe zu leisten, statt ihm mit Strafe zu drohen.

Von anderer Seite ist dennoch in jüngster Zeit ein Streit um das Recht auf einen eigenen Tod entbrannt. Seitdem es die moderne technische Medizin möglich gemacht hat, das Leben künstlich zu verlängern bzw. den Tod immer weiter hinauszuzögern, ist der Sterbende den Apparaturen im Krankenhaus ausgeliefert. Ihm steht ein Restleben ohne jede Lebensqualität bevor. Ja, oft sind es nur noch Qualen oder eine medikamentös herbeigeführte Umnachtung, die ihn erwarten. In dieser Situation tritt nun die Forderung auf, über den eigenen Tod entscheiden zu dürfen.

Dieses durch die neuere Entwicklung erzwungene Nachdenken über Tod und Freitod unterscheidet sich von den Argumenten, die Werther für den Selbstmord ins Feld führt. Der »Werther« bildet gleichsam den Anfang. Er eröffnet die Diskussion, er bricht mit der einseitigen moralischen Verurteilung und – was wichtiger ist – durch Goethes besondere Darstellungsweise wird jeder existenziell in die Problematik hineingezogen.

Arbeitsanregungen

1. Analysieren Sie den Brief Werthers vom 30. August 1771 (S. 61 f.). Verfassen Sie einen Antwortbrief Wilhelms.

2. Im Brief vom 12. August 1771 (S. 50–56) berichtet Werther von seinem Streitgespräch mit Albert über den Selbstmord. Zeigen Sie auf, welche Positionen Albert und Werther in dem Gespräch vertreten. Stellen Sie stichwortartig Thesen und Argumente der Kontrahenten in einer Tabelle zusammen. Inwieweit könnte man in Albert einen Vertreter aufklärerischen Denkens sehen?

3. Welche Motive treiben Werther zum Selbstmord? Untersuchen Sie vor allem die Briefe vom Dezember 1772.

4. Rekonstruieren Sie die Argumente, die Zedler gegen den Selbstmord anführt (S. 170 f.). Vergleichen Sie diesen Artikel mit dem Text von Stefan Blessin (S. 173–175). Diskutieren Sie mit Rückgriff auf beide Texte den Fall Werther unter der Fragestellung: »Recht auf den eigenen Tod?«

5. Führen Sie mit Ihrer Sitznachbarin bzw. Ihrem Sitznachbarn ein Schreibgespräch zu der Frage, ob Werthers Selbstmord aus Ihrer persönlichen Sicht moralisch zu verurteilen ist. Beziehen Sie dabei die in diesem Abschnitt zusammengestellten Materialien mit ein.

6. Eine fiktive Situation: Ein Jahr nach dem Tode Werthers lassen Lotte und Albert auf seinem Grab einen Grabstein aufstellen. Welche Inschrift könnten Sie für den Stein gewählt haben?

Epochenumbruch: Aufklärung – Empfindsamkeit – Sturm und Drang

Der Literatur-Brockhaus

Aufklärung 1995

Als Aufklärung *im engeren Sinn* wird die Bewegung bezeichnet, durch die die europäischen Gesellschaften zwischen dem Ende des 18. Jh. sich von den Autoritätsansprüchen der Kirchen, der absoluten Souveräne und der Scholastik zu emanzipieren suchten. Indem sich die Epoche selbst »Zeitalter der Aufklärung« nannte, grenzte sie sich bewusst gegen das Mittelalter ab, das sie für »finster« hielt, weil es gemeint habe, menschliche Vernunft bedürfe der Erleuchtung durch die »göttlichen Autoritäten« Kirche und Bibel. Vorbereitet wurde die Aufklärung des 18. Jh. durch die Renaissance der antiken Philosophie und Literatur im 15. Jh., durch das Ideal des Humanismus vom selbstbewussten, universal gebildeten Menschen, durch den Zerfall der kirchlichen Universalautorität infolge der Kirchenspaltungen und Glaubenskriege des 16. und 17. Jh., vor allem durch die Auseinandersetzung G. Galileis und I. Newtons mit der von den Autoritäten Kirche und Aristoteles abgesicherten geozentrischen Kosmologie und teleologischen Ontologie.

Das Bildungsideal der Aufklärung des 18. Jh. für jedermann war der »Philosoph«, dem es gelingen soll, sich durch den »esprit critique« zum »esprit philosophique« hin zu entwickeln. Gegenstände der Kritik waren vor allem der absolute Wahrheitsanspruch der Offenbarungsreligionen, die teleologische Kosmologie und Ontologie der Scholastik, der Anspruch der Staaten und ihres Repräsentanten auf göttliche Einsetzung, die Autoritätsansprüche des Vaters über die Familie und des Mannes über die Frau. Philosophische Neuansätze der Aufklärung des 18. Jh. waren vor allem: 1. Theorien und Methodologien menschlichen Erkennens, nämlich der vorwiegend englische Empirismus und der vorwiegend französische und deutsche Rationalismus, deren jeweilige Einseitigkeiten Kant auf den notwendigen Zusammenhang zwischen Erfahrung und Vernunft hin vermittelte; 2. Die Ausarbeitung eines im Wesentlichen naturwissenschaftlich begründeten Atheismus oder die Begründung einer natürlichen Vernunftreligion, die so weit konzipiert wurde, dass sie deistische und theistische Deutungen zuließ und die Forderung nach Toleranz der Religionsgemeinschaften einschloss; 3. auf dem Hintergrund des Erkenntnisfortschritts der Physik seit Newton der Entwurf eines mechanistisch-materialistischen Weltbildes und Menschenbildes; 4. die Entwicklung von Staats- und Rechtsphilosophien, die sich vor allem auf die Theorie vom Gesellschaftsvertrag der im Naturzustand freien Individuen und auf eine säkularisierte Lehre vom Naturrecht gründeten. Genauso kennzeichnend wie die Themen und Inhalte ihrer Philosophie war die Art, wie viele Aufklärer des 18. Jh. ihre Gedanken publizierten. Von der Hoffnung auf Fortschritt aller Menschen und von der Einsicht in die Notwendigkeit der Pädagogik bestimmt, schrieben die meisten Aufklärer für ein breites Publikum. Ihre Medien waren u. a. die in großer Zahl entstehenden, populär abgefassten Zeitschriften, das Theater […] und Wörterbücher, vor allem die »Encyclopédie ou Dictionnaire raisonné des sciences, des arts et des métiers«, die in 35 Bänden zwischen 1751 und 1780 erschien. An diesem Werk wird die Gefahr sichtbar, die der Aufkärung des 18. Jh. drohte: unbeabsichtigt eine neue Form der Unmündigkeit heraufzuführen, nämlich den Glauben an die Autorität der Wissenschaften, durch den Menschen verleitet werden, vernünftige Autonomie gleichzusetzen mit Fülle an funktionalem Sachwissen.

Der Literatur-Brockhaus

Empfindsamkeit — 1995

Empfindsamkeit, literarische Strömung innerhalb der → Aufklärung (2. Hälfte des 18. Jh.); das Wort »empfindsam« gilt als Übersetzung des englischen Wortes »sentimental«, die G. E. Lessing dem Übersetzer (J. J. Ch. Bode) von L. Sternes Roman »A sentimental journey …« (1768, dt. 1768 unter dem Titel »Yoricks empfindsame Reise durch Frankreich und Italien«) vorgeschlagen haben soll; die Empfindsamkeit stellte eine bestimmte Phase in der Entwicklung des neuzeitlichen Individualismus dar; kennzeichnend war die Hinwendung zu einer enthusiastischen, »sentimentalen« Weltsicht zunächst im religiösen Bereich des → Pietismus, dann säkularisiert in allen Lebensbereichen. Zeittypisch waren Freundschaftszirkel (z.B. → Göttinger Hain, → Darmstädter Kreis). Das Naturgefühl mit idyllisch-heiteren wie elegisch-düsteren Stimmungen und Reflexionen war nicht naiv, sondern bewusst antirationalistisch reflektiert (sentimentalisch). […] Als Höhepunkt und zugleich Überwindung der empfindsamen Dichtung gilt Goethes Roman »Die Leiden des jungen Werthers« (1774).

elegisch **schwermütig, wehmütig**

Der Literatur-Brockhaus

Sturm und Drang — 1995

Sturm und Drang (auch Geniezeit oder Genieperiode), geistige Bewegung in Deutschland etwa von der Mitte der 60er- bis Ende der 80er-Jahre des 18. Jahrhunderts. Der Name Sturm und Drang wurde nach dem Titel des Schauspiels »Sturm und Drang« (1776, ursprünglicher Titel »Wirrwarr«

[…]) von F. M. Klinger auf die ganze Bewegung übertragen. Ihr Ausgangspunkt war eine jugendliche Revolte gegen bestimmte Einseitigkeiten der → Aufklärung, gegen die Vorherrschaft des Rationalismus und dessen Logikgläubigkeit, ihr verflachtes Menschenbild usw., aber auch gegen die »unnatürliche« Gesellschaftsordnung mit ihren Ständeschranken, erstarrten Konventionen und ihrer lebensfeindlichen Moral. Der Sturm und Drang ist jedoch nicht nur auf diese Opposition begrenzt. Während er im politischen Bereich völlig wirkungslos blieb, gab er dem geistigen Leben Impulse, die, wenn auch in jeweils anderer Akzentuierung, auf die Entwicklung der Romantik, auf G. Büchner, auf → Naturalismus und → Expressionismus bis hin zu B. Brecht nachwirkten.

Im Zentrum standen als Leitideen Selbsterfahrung und Befreiung des Individuums; gegenüber dem Verstand wurde der Wert der Sinnlichkeit und der Spontaneität, verbunden mit einer neuen Erfahrung und Wertung der Natur, betont: Natur war für den Sturm und Drang der Inbegriff alles Lebendigen und Schöpferischen, auch im Menschen selbst. Die höchste Steigerung des Individuellen wie des Naturhaften war das Genie, in dem sich die schöpferische Kraft einmalig und unmittelbar offenbart. Der Künstler trägt nicht nur, wie bereits G. E. Lessing in Abschwächung der normativen Poetik formulierte, alle Regeln in sich, sondern ist als Originalgenie schlechthin unvergleichlich. Als Prototypen des Genies galten Shakespeare, als Ideal der Epoche schwärmerisch verehrt, wie auch Homer, Pindar, Ossian (→ Macpherson, James), F. G. Klopstock und, aus den eigenen Reihen, der junge Goethe. Aus der Erfahrung des Individuellen entwickelte sich auch eine neue Geschichtsauffassung, in der die einzelnen Völker, Kulturen und Sprachen in ihrer Einzigartigkeit vom Ursprung her betrachtet wurden. In diesem Zusammenhang erhielten frühe Dichtung und Volksdichtung besonderes Gewicht.

Anregungen erfuhr der Sturm und Drang durch die Kulturkritik Jean-Jacques Rousseaus und das Genieverständnis E. Youngs (»Gedanken über die Originalwerke«, Essay, 1759, dt. 1861) sowie durch die pietistische und empfindsame Tradition, aber auch durch die Emanzipationsbestrebungen der Aufklärung.

Johann Caspar Lavater

Genie — 1775

Was ist Genie? Wer's nicht ist, kann nicht, und wer's ist, wird nicht antworten. Vielleicht kann's und darf's einigermaßen, wer dann und wann gleichsam in der Mitte schwebt, und dem's wenigstens bisweilen gegeben ist, in die Höhe über sich und in die Tiefe unter sich hinzublicken.

Was ist Genie? Was ist's nicht? Ist's bloß Gabe ausnehmender Deutlichkeit in seinen Vorstellungen und Begriffen? Ist's bloß anschauende Erkenntnis? Ist's bloß richtig sehen und urteilen, viel wirken, ordnen, geben, verbreiten? Ist's bloß ungewöhnliche Leichtigkeit zu lernen, zu sehen, zu vergleichen? Ist's bloß Talent?

Genie ist Genius.

Wer bemerkt, wahrnimmt, schaut, empfindet, denkt, spricht, handelt, bildet, dichtet, singt, schafft, vergleicht, sondert, vereinigt, folgert, ahndet, gibt, nimmt, als wenn's ihm ein Genius, ein unsichtbares Wesen höherer Art diktiert oder angegeben hätte, der hat Genie, als wenn er selbst ein Wesen höherer Art wäre, ist Genie.

Einen reichen oder weisen Freund haben, der uns in jeder Verlegenheit rät, in jeder Not hilft – und selbst reich sein und andern in jeder Not helfen, selbst weise, andern in jeder Verlegenheit raten zu können, siehe da den Unterschied zwischen Genie-sein und Genie-haben.

Wo Wirkung, Kraft, Tat, Gedanke, Empfindung ist, die von Menschen nicht gelernt und nicht gelehrt werden kann, da ist Genie! Genie, das allererkennbarste und unbeschreiblichste Ding, fühlbar, wo es ist, und unaussprechlich wie die Liebe!

[…] Oder nenn es, beschreib es, wie du willst! Nenn's Fruchtbarkeit des Geistes, Unerschöpflichkeit, Quellgeist! Nenn's Kraft ohne ihresgleichen, Urkraft, kraftvolle Liebe! Nenn's Elastizität der Seele oder der Sinne und des Nervensystems, die leicht Eindrücke annimmt und mit einem schnell ingerierten Zusatze lebendiger Individualität zurückschnellt! Nenn's unentlehnte, natürliche, innerliche Energie der Seele! Nenn's Schöpfungskraft; nenn's Menge in- und extensiver Seelenkräfte, Sammlung, Konzentrierung aller Naturkräfte; nenn's lebendige Darstellungskunst; nenn's Meisterschaft über sich selbst; nenn's Herrschaft über die Gemüter; nenn's Wirksamkeit, die immer trifft, nie fehlt in all ihrem Wirken, Leiden, Lassen, Schweigen, Sprechen; nenn's Innigkeit, Herzlichkeit, mit Kraft sie fühlbar zu machen! Nenn's Zentralgeist, Zentralfeuer, dem nichts widersteht; nenn's lebendigen und lebendig machenden Geist, der sein Leben füllt und leicht und vollkräftig mitteilt; sich in alles hineinwirft mit Lebensfülle, mit Blitzeskraft! Nenn's Übermacht über alles, wo es hintritt, nenn's Ahndung des Unsichtbaren im Sichtbaren, des Zukünftigen im Gegenwärtigen! Nenn's tiefes erregtes Bedürfnis mit Ahndung innerer Kraft, die das Bedürfnis stillt und sättigt! Nenn's ungewöhnliche Wirksamkeit, durch ungewöhnliches Bedürfnis erregt und unterhalten. Nenn's ungewöhnliche Schnelligkeit des Geistes, entfernte Verhältnisse mit glücklicher Überspringung der Mittelverhältnisse zusammenzufassen, oder Ähnlichkeiten, die sich nicht herausfor-

ingerierten hineingemischten

schen lassen, im eilenden Vorbeiflug zu ergreifen! Nenn's »Vernunft im schnellsten Flammenstrome der Empfindung und Tätigkeit«! Nenn's Glaube, Liebe, Hoffnung, die sich nicht geben, nicht nachäffen lässt; oder nenn's schlechtweg nur Erfindungsgabe oder Instinkt! Nenn's und beschreib's, wie du willst und kannst; allemal bleibt das gewiss: das Ungelernte, Unentlehnte, Unlernbare, Unentlehnbare, innig Eigentümliche, Unnachahmliche, Göttliche ist Genie, das Inspirationsmäßige ist Genie, hieß bei allen Nationen, zu allen Zeiten Genie und wird's heißen, solange Menschen denken und empfinden und reden. Genie blitzt; Genie schafft; veranstaltet nicht; schafft! So wie es selbst nicht veranstaltet werden kann, sondern ist! Genie vereinigt, was niemand vereinigen, trennt, was niemand trennen kann; sieht und hört und fühlt und gibt und nimmt auf eine Weise, deren Unnachahmlichkeit jeder andere sogleich innerlich anerkennen muss. Unnachahmlich und über allen Schein von Nachahmlichkeit erhaben ist das Werk des reinen Genius. Unsterblich ist alles Werk des Genies, wie der Funke Gottes, aus dem es fließt.

Prometheus erwehrt sich des Adlers. Federzeichnung von Goethe, um 1810

M

Prometheus
→ Seite 240

Johann Wolfgang von Goethe

Prometheus

1774

Bedecke deinen Himmel, Zeus,
Mit Wolkendunst!
Und übe, Knaben gleich,
Der Diesteln köpft,
An Eichen dich und Bergeshöhn!
Musst mir meine Erde
Doch lassen stehn,
Und meine Hütte,
Die du nicht gebaut,
Und meinen Herd,
Um dessen Glut
Du mich beneidest.

Ich kenne nichts Ärmer's
Unter der Sonn' als euch Götter.
Ihr nähret kümmerlich
Von Opfersteuern
Und Gebetshauch
Eure Majestät
Und darbtet, wären
Nicht Kinder und Bettler
Hoffnungsvolle Toren.

Da ich ein Kind war,
Nicht wusst', wo aus, wo ein,
Kehrte mein verirrtes Aug'
Zur Sonne, als wenn drüber wär'
Ein Ohr, zu hören meine Klage,
Ein Herz wie meins,
Sich des Bedrängten zu erbarmen.

Wer half mir wider
Der Titanen Übermut?
Wer rettete vom Tode mich,
Von Sklaverei?
Hast du's nicht alles selbst vollendet,
Heilig glühend Herz?
Und glühtest, jung und gut,
Betrogen, Rettungsdank
Dem Schlafenden dadroben?

Titanen
→ Seite 240

Ich dich ehren? Wofür?
Hast du die Schmerzen gelindert
Je des Beladenen?
Hast du die Tränen gestillet
Je des Geängsteten?
Hat nicht mich zum Manne geschmiedet
Die allmächtige Zeit
Und das ewige Schicksal,
Meine Herrn und deine?

Wähntest du etwa,
Ich sollte das Leben hassen,
In Wüsten fliehn,
Weil nicht alle Knabenmorgen-
Blütenträume reiften?

Hier sitz' ich, forme Menschen
Nach meinem Bilde,
Ein Geschlecht, das mir gleich sei,
Zu leiden, weinen,
Genießen und zu freuen sich,
Und dein nicht zu achten,
Wie ich.

Johann Wolfgang von Goethe

Von Deutscher Baukunst 1772

Die folgenden Auszüge stammen aus einem Aufsatz, den Goethe 1771 in Straßburg begann und der 1772 zunächst als einzelne Schrift anonym erschien. 1773 wurde dieser Text in die von Johann Gottfried Herder zusammengestellte Aufsatzsammlung »Von Deutscher Art und Kunst« aufgenommen.

Gegenstand der Abhandlung sind die Bauweise des Straßburger Münsters und die Persönlichkeit und das Genie Erwin Steinbachs (um 1244–1318), den Goethe noch für den alleinigen Baumeister des Münsters hielt.

Als ich das erstemal nach dem Münster gieng, hatt ich den Kopf voll allgemeiner Erkenntniß guten Geschmacks. Auf Hörensagen ehrt ich die Harmonie der Massen, die Reinheit der Formen, war ein abgesagter Feind der verworrnen Willkürlichkeiten gothischer Verzierungen. Unter die Rubrick Gothisch, gleich dem Artikel eines Wörterbuchs, häufte ich alle synonimische Mißverständnisse, die mir von unbestimmtem, ungeordnetem, unnatürlichem, zusammengestoppeltem, aufgeflicktem, überladenem, jemals durch den Kopf gezogen waren. Nicht gescheider als ein Volk, das die ganze fremde Welt barbarisch nennt, hies alles gothisch, was nicht in mein System paßte, von dem gedrechselten, bunten, Puppen- und Bilderwerk an, womit unsre bürgerliche Edelleute ihre Häuser schmücken, bis zu den ernsten Resten der älteren deutschen Baukunst, über die ich, auf Anlaß einiger abenteuerlichen Schnörkel, in den allgemeinen Gesang stimmte: »Ganz von Zierrath erdrückt!« und so graute mirs im Gehen vorm Anblick eines mißgeformten krausborstigen Ungeheuers.

Mit welcher unerwarteten Empfindung überraschte mich der Anblick, als ich davor trat. Ein, ganzer, großer Eindruck

M

Das Straßburger Münster. Kupferstich von Harrewyn, um 1750

schmecken hier: spüren, wahrnehmen

also genauso

geletzt erquickt

lispelt flüstert

Tageloch kleines Fenster, Dachluke

füllte meine Seele, den, weil er aus tausend harmonirenden Einzelnheiten bestand, ich wohl schmecken und genießen, keineswegs aber erkennen und erklären konnte. Sie sagen, daß es also mit den Freuden des Himmels sey, und wie oft bin ich zurückgekehrt, diese himmlisch-irrdische Freude zu genießen, den Riesengeist unsrer ältern Brüder, in ihren Werken zu umfassen. Wie oft bin ich zurückgekehrt, von allen Seiten, aus allen Entfernungen in jedem Lichte des Tags, zu schauen seine Würde und Herrlichkeit. Schwer ist's dem Menschengeist, wenn seines Bruders Werk so hoch erhaben ist, daß er nur beugen, und anbeten muß. Wie oft hat die Abenddämmerung mein durch forschendes Schauen ermattetes Aug, mit freundlicher Ruhe geletzt, wenn durch sie die unzähligen Theile, zu ganzen Massen schmolzen, und nun diese, einfach und groß, vor meiner Seele standen, und meine Kraft sich wonnevoll entfaltete, zugleich zu genießen und zu erkennen. Da offenbarte sich mir, in leisen Ahndungen, der Genius des großen Werkmeisters. Was staunst du, lispelt er mir entgegen. Alle diese Maßen waren nothwendig, und siehst du sie nicht an allen älteren Kirchen meiner Stadt. Nur ihre willkürliche Größen hab ich zum stimmenden Verhältniß erhoben. Wie über dem Haupteingang, der zwey kleinere zu'n Seiten beherrscht, sich der weite Kreis des Fensters öffnet, der dem Schiffe der Kirche antwortet und sonst nur Tageloch war, wie, hoch drüber der Glockenplatz die kleineren Fenster forderte! das all war nothwendig, und ich bildete es schön. Aber ach, wenn ich durch die düstern erhabnen Oeffnungen hier zur Seite schwebe, die leer und vergebens da zu stehn scheinen. In ihre kühne schlanke Gestalt hab ich die geheimnißvollen Kräfte verborgen, die jene beyden Thürme hoch in die Luft heben sollten, deren, ach, nur einer traurig da steht, ohne den fünfgethürmten Hauptschmuck, den ich ihm bestimmte, daß ihm und seinem königlichen Bruder die Provinzen umher huldigten. Und so schied er von mir, und ich versank in theilnehmende Traurigkeit. Bis die Vögel des Morgens, die in seinen tausend Oeffnungen wohnen, der Sonne entgegen jauchzten, und mich aus dem Schlummer weckten. Wie frisch leuchtet er im Morgendufftglanz mir entgegen, wie froh konnt ich ihm meine Arme entgegen strecken, schauen die großen, harmonischen Massen, zu unzählig kleinen Theilen belebt; wie in Werken der ewigen Natur, bis aufs geringste Zäserchen, alles Gestalt, und alles zweckend zum Ganzen wie das festgegründete ungeheure Gebäude sich leicht in die Luft hebt wie durchbrochen alles und doch für die Ewigkeit. Deinem Unterricht dank ich's, Genius, daß mirs nicht mehr schwindelt an deinen Tiefen, daß in meine Seele ein Tropfen sich senkt, der Wonneruh des Geistes, der auf solch eine Schöpfung herabschauen, und gottgleich sprechen kann, es ist gut!

Zäserchen Pflanzenfaser

es ist gut vgl. 1. Mose 1,31

[…]

Die Kunst ist lange bildend, eh sie schön ist, und doch, so wahre, große Kunst, ja, oft wahrer und größer, als die Schöne selbst. Denn in dem Menschen ist eine bildende Natur, die gleich sich thätig beweist, wann seine Existenz gesichert ist. Sobald er nichts zu sorgen und zu fürchten hat, greift der Halbgott, wirksam in seiner Ruhe, umher nach Stoff ihm seinen Geist einzuhauchen. Und so modelt der Wilde mit abenteuerlichen Zügen, gräßlichen Gestalten, hohen Farben, seine Cocos, seine Federn, und seinen Körper. Und laßt diese Bildnerey aus den willkürlichsten Formen bestehn, sie wird ohne Gestaltsverhältniß zusammenstimmen, denn Eine Empfindung schuf sie zum karackteristischen Ganzen.

hohen Farben leuchtenden Farben
Cocos geflochtene Matten

Diese karackteristische Kunst, ist nun die einzige wahre. Wenn sie aus inniger, einiger, eigner, selbstständiger Empfindung um sich wirkt, unbekümmert, ja unwissend alles Fremden, da mag sie aus rauher Wildheit, oder aus gebildeter Empfindsamkeit geboren werden, sie ist ganz und lebendig. Da seht ihr bey Nationen und einzelnen Menschen dann unzählige Grade. Jemehr sich die Seele erhebt zu dem Gefühl der Verhältnisse, die allein schön und von Ewigkeit sind, deren Hauptakkorde man beweisen, deren Geheimnisse man nur fühlen kann, in denen sich allein das Leben des gottgleichen Genius in seeligen Melodien herumwälzt; jemehr diese Schönheit in das Wesen eines Geistes eindringt, daß sie mit ihm entstanden zu seyn scheint, daß ihm nichts genugthut als sie, daß er nichts aus sich wirkt als sie, desto glücklicher ist der Künstler, desto herrlicher ist er, desto tiefgebeugter stehen wir da und beten an den Gesalbten Gottes.

den Gesalbten Gottes → Seite 240

Und von der Stufe, auf welche Erwin gestiegen ist, wird ihn keiner herabstossen. Hier steht sein Werk, tretet hin, und erkennt das tiefste Gefühl von Wahrheit und Schönheit der Verhältnisse, würkend aus starker, rauher, deutscher Seele, auf dem eingeschränkten düstern Pfaffenschauplatz des medii aevi.

medii aevi lat. »Mittelalter«

Johann Wolfgang von Goethe

Zum Shäkespears Tag 1771

Goethe schrieb anlässlich einer Feier zu Ehren des englischen Dichters William Shakespeare am 14. 10. 1771 in Straßburg eine Rede, aus der nachfolgend Auszüge abgedruckt sind.

Mir kommt vor, das sey die edelste von unsern Empfindungen, die Hoffnung, auch dann zu bleiben, wenn das Schicksaal uns zur allgemeinen Nonexistenz zurückgeführt zu haben scheint. Dieses Leben, meine Herren, ist für unsre Seele viel zu kurz, Zeuge, dass ieder Mensch, der geringste wie der höchste, der unfähigste wie der würdigste, eher alles müd wird, als zu leben; und dass keiner sein Ziel erreicht, wornach er so sehnlich ausging – denn wenn es einem auf seinem Gange auch noch so lang glückt, fällt er doch endlich, und offt im Angesicht des gehofften Zwecks, in eine Grube, die ihm, Gott weis wer, gegraben hat, und wird für nichts gerechnet.

Für nichts gerechnet! Ich! Der ich mir alles binn, da ich alles nur durch mich kenne! So ruft ieder, der sich fühlt, und macht grosse Schritte durch dieses Leben, eine Bereitung für den unendlichen Weeg drüben. Freylich ieder nach seinem Maas. Macht der eine mit dem stärcksten Wandrertrab sich auf, so hat der andre siebenmeilen Stiefel an, überschreitet ihn, und zwey Schritte des letzten, bezeichnen die Tagreise des ersten. Dem sey wie ihm wolle, dieser embsige Wandrer bleibt unser Freund und unser Geselle, wenn wir die gigantischen Schritte ienes, anstaunen und ehren, seinen Fustapfen folgen, seine Schritte mit den unsrigen abmessen.

überschreitet **überholt**

embsige **eifrige, bemühte**

Auf die Reise, meine Herren! die Betrachtung so eines einzigen Tapfs, macht unsre Seele feuriger und grösser, als das Angaffen eines tausendfüsigen königlichen Einzugs.

Tapfs **Fußabdruckes**

Wir ehren heute das Andencken des grössten Wandrers, und thun uns dadurch selbst eine Ehre an. Von Verdiensten die wir zu schätzen wissen, haben wir den Keim in uns.

Erwarten Sie nicht, das ich viel und ordentlich schreibe, Ruhe der Seele ist kein Festtagskleid; und noch zur Zeit habe ich wenig über Schäckespearen gedacht; geahndet, empfunden wenns hoch kam, ist das höchste wohin ich's habe bringen können. Die erste Seite die ich in ihm las, machte mich auf Zeitlebens ihm eigen, und wie ich mit dem ersten Stücke fertig war, stund ich wie ein blindgebohrner, dem eine Wunderhand das Gesicht in einem Augenblicke schenckt. Ich erkannte, ich fühlte auf's lebhaffteste meine Existenz um eine

Gesicht **das Vermögen zu sehen**

Unendlichkeit erweitert, alles war mir neu, unbekannt, und das ungewohnte Licht machte mir Augenschmerzen. Nach und nach lernt ich sehen, und, danck sey meinem erkenntlichen Genius, ich fühle noch immer lebhafft was ich gewonnen habe.

erkenntlichen erkennenden

Ich zweifelte keinen Augenblick dem regelmäsigen Theater zu entsagen. Es schien mir die Einheit des Orts so kerkermäsig ängstlich, die Einheiten der Handlung und der Zeit lästige Fesseln unsrer Einbildungskrafft. Ich sprang in die freye Lufft, und fühlte erst dass ich Hände und Füsse hatte. Und ietzo da ich sahe wieviel Unrecht mir die Herrn der Regeln in ihrem Loch angethan haben, wie viel freye Seelen noch drinne sich krümmen, so wäre mir mein Herz geborsten wenn ich ihnen nicht Fehde angekündigt hätte, und nicht täglich suchte ihre Türne zusammen zu schlagen. […]

Türne Türme

Schäckespears Theater ist ein schöner Raritäten Kasten, in dem die Geschichte der Welt vor unsern Augen an dem unsichtbaaren Faden der Zeit vorbeywallt. Seine Plane sind nach dem gemeinen Styl zu reden, keine Plane, aber seine Stücke drehen sich alle um den geheimen Punckt, den noch kein Philosoph gesehen und bestimmt hat: in dem das Eigenthümliche unsres Ich's, die prätendirte Freyheit unsres Wollens, mit dem nothwendigen Gang des Ganzen zusammenstösst. Unser verdorbner Geschmack aber, umnebelt dergestalt unsere Augen, dass wir fast eine neue Schöpfung nötig haben, uns aus dieser Finsternis zu entwickeln. […]

Raritäten Kasten → Seite 238

prätendirte beanspruchte, verlangte

Und ich rufe Natur! Natur! nichts so Natur als Schäkespears Menschen.

Da hab ich sie alle überm Hals.

Lasst mir Lufft dass ich reden kann!

überm Hals gegen mich

Er wetteiferte mit dem Prometheus, bildete ihm Zug vor Zug seine Menschen nach, nur in *Colossalischer Grösse*; darinn liegts dass wir unsre Brüder verkennen; und dann belebte er sie alle mit dem Hauch *seines* Geistes, *er* redet aus allen, und man erkennt ihre Verwandtschafft.

Und was will sich unser Jahrhundert unter stehen von Natur zu urteilen. Wo sollten wir sie her kennen, die wir von Jugend auf, alles geschnürt und geziert an uns fühlen und an andern sehen. Ich schäme mich offt vor Schäkespearen, denn es kommt manchmal vor, dass ich beym ersten Blick dencke, das hätt ich anders gemacht! Hinten drein erkenn ich dass ich ein armer Sünder binn, dass aus Schäkespearen die Natur weissagt, und dass meine Menschen Seifenblasen sind von Romanengrillen aufgetrieben.

Romanengrillen **durch Romanlektüre verursachte seltsame Ideen**

Und nun zum Schluss, ob ich gleich noch nicht angefangen habe.

Das was edle Philosophen von der Welt gesagt haben, gilt auch von Schäkespearen, das was wir bös nennen, ist nur die andre Seite vom Guten, die so nothwendig zu seiner Existenz, und in das Ganze gehört, als Zona torrida brennen, und Lapland einfrieren muss, dass es einen gemäsigten Himmelsstrich gebe.

Zona torrida **heiße Zone**

Er führt uns durch die ganze Welt, aber wir verzärtelte unerfahrne Menschen schreien bey ieder fremden Heuschrecke die uns begegnet: Herr, er will uns fressen.

Herr, er will uns fressen **vgl. das Buch Tobias 6,2 f.**

Auf, meine Herren! trompeten Sie mir alle edle Seelen, aus dem Elysium, des sogenanndten guten Geschmacks, wo sie schlaftruncken, in langweiliger Dämmerung halb sind, halb nicht sind, Leidenschafften im Herzen und kein Marck in den Knochen haben, und weil sie nicht müde genug zu ruhen, und doch zu faul sind um tähtig zu seyn, ihr Schatten Leben zwischen Myrten und Lorbeergebüschen verschlendern und vergähnen.

Elysium **antikes Paradies**

Myrten und Lorbeergebüschen **typische Elemente der Rokokokunst und -literatur**

Arbeitsanregungen

1. Informieren Sie sich arbeitsteilig in Gruppen über die Epochen Aufklärung, Empfindsamkeit und Sturm und Drang. Nehmen Sie dann aus der Sicht »Ihrer« Epoche in einer Diskussion Stellung zu Goethes »Werther«.

2. Wählen Sie eine Person aus der Geschichte der Literatur oder Ihrer Erfahrungswelt, die Sie als Genie bezeichnen würden. Porträtieren Sie sie in Anlehnung an die Begriffe Lavaters (S. 181–183) oder mit eigenen Worten.

3. Erläutern Sie, weshalb das Gedicht »Prometheus« (S. 184 f.) häufig als prototypisch für die Epoche des Sturm und Drang bezeichnet wurde. Welche Charaktermerkmale und Haltungen zeichnen Prometheus aus? Welche epochenspezifischen Züge kommen in der sprachlichen und poetischen Gestaltung der Hymne zum Ausdruck?

4. Das »Prometheus«-Gedicht ist ein Monolog aus Goethes unvollendetem Stück »Prometheus«. Wie würden Sie diesen Text inszenieren? Skizzieren Sie ein Bühnenbild und formulieren Sie Regieanweisungen.

5. Arbeiten Sie aus Goethes Aufsatz »Von Deutscher Baukunst« Epochenmerkmale des Sturm und Drang heraus: Welche Vorstellungen von Kunst und Künstler werden in dem Text entfaltet?

6. Analysieren Sie in vergleichender Weise, wie in Klopstocks »Die Frühlingsfeier« (S. 156–158) und Goethes »Prometheus« (S. 184 f.) Naturerfahrung und religiöses Gefühl miteinander verbunden werden.

Werner Faulstich

Briefkultur im 18. Jahrhundert 2002

Die Entwicklung des Mediums Brief im 18. Jahrhundert wird von einer Trias bestimmt, die sich aus dem deutschen »Informationsbrief« und dem lateinischen »Gelehrtenbrief« des 17. Jahrhunderts […] ausdifferenzierte: erstens dem »öffentlichen Brief« oder »offenen Brief«, d. h. dem Leserbrief; zweitens dem standardisierten »Geschäftsbrief«; und drittens, im Zusammenhang mit einigen herausragenden Briefromanen und Briefstellern der Zeit, dem »Privatbrief«. Im Kern wird das »klassische Jahrhundert des Briefs« (Steinhausen 1891/1968) durch den »privaten Freundschaftsbrief« gekennzeichnet. Allerdings bedeutete auch die erhebliche Erweiterung des Verkehrs- und Postwesens im 18. Jahrhundert eine Steigerung der gesellschaftlichen Bedeutung des Gesamtsystems Brief als Kommunikationsmedium. […]

Briefsteller Anleitung zum Verfassen von Briefen

Der Brief als Medium privater Kommunikation – das hieß vor allem: Der Brief war ein Medium emotionaler Kommunikation – deshalb auch seine Bedeutung für den Freundschaftskult der Zeit, der unter dem Stichwort der Empfindsamkeit in die Geschichte einging. »Das achtzehnte Jahrhundert war das goldene Zeitalter der Freundschaft und damit war es das goldene Zeitalter des Briefes. […] Die Freundschaftssucht musste notwendig eine Briefsucht hervorbringen.« (Steinhausen 1889/1964)

[…] Goethe schrieb in Sturm-und-Drang-Manier an seine Schwester, wobei überschwänglich und überspannt die seelische Regung selbst zur Ausdrucksform wurde […]: »Ha! Ha! Ha! – Schwesterchen, Du bist erznärrisch! – Aber – Ha! Ha! ich kann für Lachen nicht mehr. Ha! Ha!«

exklamatorisch ausrufend

Ausrufezeichen transportierten exklamatorisch die Vehemenz emotionaler Erregtheit, Gedankenstriche suggerierten Atemlosigkeit und Innehalten und boten in der Rezeption Anreiz für Projektionen und eigene Assoziationen.

Bereits Ende des 17. Jahrhunderts waren im Pietismus das Tagebuch und der briefliche Austausch gleich empfindender Seelen eingeführt worden [...]. Es ging dabei um Bekenntnisse, Bußwilligkeit, Tröstungen und Erbauungen – glaubensmäßige Erleuchtung war das oberste Ziel. Im Zeitalter der Aufklärung wurde der briefliche Austausch, bei den Pietisten noch ein »Seelenbesuch«, säkularisiert zum »Medium von Individualisierung und Interpersonalität«; der Brief erschien nun »als kausales Element in einer Umbruchphase sozialer Kommunikation« (Wegmann 1988). Neu waren die Intensität des zwischenmenschlichen Bezugs, die emotionale Eindringlichkeit des Dialogs, die Innigkeit und gegenseitige Anteilnahme, die scheinbare Vertraulichkeit auch in einer profanen, trivial-alltäglichen Welt.

Bis zum ausgehenden 18. Jahrhundert entstand, parallel zu einer neuen Auffassung von Liebe selbst [...] auch der individuelle Liebesbrief zwischen Männern und Frauen [...].

Johann Wolfgang von Goethe

Dichtung und Wahrheit — 1812/13

[...] jeder Umut ist eine Geburt, ein Zögling der Einsamkeit; wer sich ihm ergibt, flieht allen Widerspruch, und was widerspricht ihm mehr als jede heitere Gesellschaft? Der Lebensgenuss anderer ist ihm ein peinlicher Vorwurf, und so wird er durch das, was ihn aus sich selbst herauslocken sollte, in sein Innerstes zurückgewiesen. Mag er sich allenfalls darüber äu-

peinlicher hier: schmerzlicher

ßern, so wird es durch Briefe geschehn; denn einem schriftlichen Erguss, er sei fröhlich oder verdrießlich, setzt sich doch niemand unmittelbar entgegen; eine mit Gegengründen verfasste Antwort aber gibt dem Einsamen Gelegenheit, sich in seinen Grillen zu befestigen, einen Anlass, sich noch mehr zu verstocken. Jene in diesem Sinne geschriebenen Wertherischen Briefe haben nun wohl deshalb einen so mannigfaltigen Reiz, weil ihr verschiedener Inhalt erst in solchen ideellen Dialogen mit mehreren Individuen durchgesprochen worden, sie sodann aber, in der Komposition selbst, nur an *einen* Freund und Teilnehmer gerichtet erschienen.

ideellen vorgestellten

Jochen Vogt

Briefroman — 1998

Das 18. Jahrhundert hatte den Brief als Mittel nicht nur der pragmatischen Kommunikation, sondern auch der Erkundung und Aufzeichnung, der Mitteilung und des Austauschs von Gedanken und Empfindungen subjektiver, ja intimer Natur entdeckt. Neben die beliebten »empfindsamen Briefwechsel« trat sehr bald eine fiktionale Variante, eben der Briefroman, der von England aus den Kontinent eroberte und als wirksames Medium zur Verbreitung und Verfeinerung spezifisch bürgerlicher Normen, Denkweisen und Empfindungen diente. Erzähltheoretisch ist wichtig, dass im Briefroman der Blickwinkel des Ich als Hauptfigur zumeist vorherrscht, jedoch mit der Sicht des Ich als Augenzeugen abwechseln oder sich verbinden kann. Weiterhin lässt sich der Briefroman *monoperspektivisch* – als Brieffolge eines oder einer Schreibenden – oder *multiperspektivisch*, als Briefwechsel mehrerer Schreiber(innen), ausgestalten. Schließlich ist die zeitliche Retrospektive (und damit die Spannung von erzählendem und erlebendem Ich) für diesen Romantyp nicht strukturell bedeutsam (wenn auch nicht ausgeschlossen). In den fiktiven Briefen wechselt, wie in echten, vor allem der Bericht über kurz zuvor Geschehenes, das der Erinnerung noch sehr präsent ist, mit dem unmittelbaren Ausdruck augenblicklicher Befindlichkeit und natürlich mit Erörterungen zeitloser (»besprechender«) Art. […]

In der Niederschrift wechseln also Phasen kurzfristig rückblickender Erzählung mit dem Ausdruck des strikt gegenwärtig Empfundenen ab; in diesen Gefühlsdeskriptionen ist die Zeitdifferenz von Erleben und Erzählen völlig aufgehoben in einer momentanen Ich-Identität. Der damit verbundene Effekt der Unmittelbarkeit steigert die Identifikationsbereitschaft der Lesenden und hat zweifellos zum literarhistorischen Erfolg nicht nur des »Werther«, sondern des Briefromans schlechthin beigetragen.

Kehrseite solch unmittelbarer Wirkung der Briefe, die man ja als schriftliche Form direkter Rede verstehen kann, ist eine gewisse Schwierigkeit, den Lesern den situativen Kontext zu verdeutlichen, der für das Verständnis der Briefäußerungen nötig ist. Da eine Instanz nach Art des auktorialen Erzählers zunächst fehlt, kann dieses Problem nur durch implizite Information in den Briefen selbst gelöst werden. […] In aller Regel werden diese impliziten Informationen aber ergänzt durch Angaben, die nicht aus den Federn der Briefpartner geflossen sind. Schon der Titel gehört dazu: In unserem Fall bewertet er nicht nur Werthers Schicksal, sondern identifiziert ihn erst einmal als »Verfasser« der folgenden Aufzeichnungen. […] wie im »Werther« und vielen weiteren Texten aber schützt die Autorinstanz, die sich im Titel, in Vor- und Nachbemerkungen, Fußnoten zu den Briefen, eingefügten Kommentaren usw. vernehmen lässst, die Rolle eines vorgeblichen Sammlers, Bearbeiters und Herausgebers von Briefen vor. Wir dürfen uns also einen – meist sehr zurückhaltenden – Kollegen des fiktiven Erzählers vorstellen, der diesmal nicht aus vorgeblicher Allwissenheit, sondern aus (ebenso fiktiven) Dokumenten schöpft. Diese *Herausgeber-* oder auch *Archivfiktion* ist ein beliebter Kunstgriff in vielen Briefromanen und strukturell verwandten Texten.

Thomas Siepmann

Zur Sprache des »Werther« 2002

Schon der erste Brief enthält eine ganze Reihe typischer Merkmale. Er beginnt mit der Reihung mehrerer Ausrufe. Der dritte Satz ist unvollständig, man bezeichnet dies als Ellipse. Auffällig ist das Vorherrschen parataktisch aneinandergereihter Hauptsätze, nur selten unterbrochen von etwas komplizierteren Satzgefügen. In den Zeilen 24 f. [S. 9] und 2 f. [S. 10] findet sich eine Reihung anaphorisch verbundener, d. h. jeweils mit demselben Wort beginnender Fragesätze, die wiederum mit einer Ellipse enden. Am Ende des ersten Absatzes steht ein etwas umfangreicheres Satzgefüge, das ebenfalls einige Anaphern enthält. Unterbrochen werden die Sätze durch Ausrufe, leidenschaftliche Wendungen an den Empfänger der Briefe (»bester Freund«, »mein Bester«) und in Parenthesen eingeschobene Ausrufe und Beteuerungen (»Gott weiß, warum sie so gemacht sind!«).

Parenthesen Gedankenstriche, Klammern oder Kommas

Ein wichtiges rhetorisches Mittel in Werthers Briefen sind die zahlreichen Aposiopesen, d. h. Redeabbrüche. Der Gedankengang wird abrupt und gefühlsbetont abgebrochen. Gerade durch das Verschweigen bekommt der Gedanke, den der Leser des Briefes ergänzen muss, ein besonderes Gewicht.

[…] Im Brief vom 16. Juli erzählt Werther von seiner Erregtheit angesichts der körperlichen Nähe Lottes. Er wagt es nicht, den Gedanken, dass es zu einer intimen Begegnung mit Lotte kommen könnte, auszusprechen. »Und Wilhelm! wenn ich mich jemals unterstehe, diesen Himmel, dieses Vertrauen –! Du verstehst mich.« […]

In Herders Überlegungen zur poetischen Sprache spielt die Inversion eine große Rolle. Gemeint ist damit die Freiheit der Wortstellung im Satzgefüge. […] In Werthers Briefen tauchen laufend Inversionen auf. Um seinen ganzen Zorn über Alberts Beschränktheit und Verständnislosigkeit in der Selbstmorddiskussion zum Ausdruck zu bringen, stellt Werther im folgenden Brief den Dativ, in diesem Fall den Namen Albert an den Anfang des Satzes, eine durchaus von der Konvention abweichende Wortstellung: »Alberten war das zu allgemein gesprochen.« An manchen Stellen wird die Inversion durch eine Geminatio, d. h. durch die Wiederholung des am Satzanfang stehenden Satzgliedes verstärkt: »Ich suchte Lottens Augen; ach, sie gingen von einem zum andern! Aber auf mich! mich! mich! der ganz allein auf sie resigniert dastand, fielen sie nicht!«

Eine der auffälligsten Stileigentümlichkeiten des Romans sind jene langen Konditionalsatzgefüge, von denen uns das erste schon im Brief vom 10. Mai begegnet. Schauen wir uns das in dem Brief vom 18. August (S. 57, Z. 20 – S. 58, Z. 8) einmal genauer an. Die Protasis des Konditionalsatzes, d. h. der Spannung schaffende Teil der Satzperiode, besteht aus asyndetisch, d. h. unverbunden gereihten, anaphorisch einsetzenden Nebensatzeinheiten. Diese sind wiederum in sich aus einer ganzen Reihe von untergeordneten Sätzen zusammengesetzt. Das dritte Wennsatz-Gefüge ist so umfangreich, dass der konditionale Charakter des Satzes fast verloren geht. Auf die Protasis folgt im Konditionalsatz die Apodosis, die die durch den Wennsatz erzeugte Spannung auflöst. In unserem Beispiel finden wir aber keine Auflösung der Spannung, sondern eine Exclamatio, einen Ausruf. Die Apodosis zerbricht grammatikalisch, weil der auf den Ausruf folgende Und-Satz nicht mehr in das Satzgefüge passt. Diese langen »Wertherperioden« sollen eine Gefühlsintensität zum Ausdruck bringen, die von einer konventionellen, sich ganz an den Regeln der Schulgrammatik orientierenden Sprache nicht mehr bewältigt werden kann. Zur Sprache der Leidenschaft gehören neben den zahlreichen Wiederholungen auch Variationen, Steigerungen und Häufungen des Ausdrucks [...].

Arbeitsanregungen

1. Legen Sie schriftlich dar, inwiefern das von Werner Faulstich beschriebene »Jahrhundert des Briefes« die Voraussetzungen schuf, einen Briefroman zu verfassen.

2. Arbeiten Sie anhand des Textes von Jochen Vogt (S. 197–199) strukturelle Merkmale und Funktionen des Briefromans heraus. Verdeutlichen Sie diese am »Werther«.

3. In Werthers Briefen kommen nicht nur sein Selbstempfinden und Aspekte seiner Lebensgeschichte, sondern auch seine Vorstellungen vom Empfänger der Briefe zum Ausdruck. Welches Bild erhält der Leser von Wilhelm?

4. Wie wird Werthers Geschichte erzählerisch vermittelt? Erläutern Sie die Kommunikationsstruktur des Romans anhand einer Grafik. Berücksichtigen Sie dabei folgende Elemente: Goethe, zeitgenössischer Leser, Herausgeber, Werther, Wilhelm. Welche Funktion hat nach Ihrer Auffassung der fiktive Herausgeber der Briefe?

5. »Ich bin vergnügt und glücklich, und so kein guter Historienschreiber.« So heißt es zu Beginn des Briefes vom 16. Juni. Erläutern Sie das Zitat. Untersuchen Sie, wie sich Werthers Schwierigkeiten, »in der Ordnung zu erzählen«, in seinem Brief widerspiegeln (Wortwahl, Syntax).

6. Vielleicht lässt sich das erste Jahrzehnt des 21. Jahrhunderts als »Jahrzehnt der SMS« bezeichnen. Könnte es einen SMS-Roman geben? Nehmen Sie entweder theoretisch zu dieser Frage Stellung oder schreiben Sie eine Passage aus Goethes »Werther« zu einem SMS-Text um.

Wirkung

Zeitgenössische Rezeption

Christian Friedrich Daniel Schubart

Rezension in der »Deutschen Chronik« — 1774

Da sitz ich mit zerflossnem Herzen, mit klopfender Brust, und mit Augen, aus welchen wollüstiger Schmerz tröpfelt, und sag dir, Leser, dass ich eben die »Leiden des jungen Werthers« von meinem lieben *Göthe* – gelesen? – Nein, verschlungen habe. Kritisieren soll ich? Könnt ichs, so hätte ich kein Herz. […] Soll ich einige schöne Stellen herausheben? Kann nicht: Das hieße mit dem Brennglas Schwamm anzünden und sagen: Schau, Mensch, das ist Sonnenfeuer! – Kauf's Buch und lies selbst! Nimm aber dein Herz mit! – Wollte lieber ewig arm sein, auf Stroh liegen, Wasser trinken und Wurzeln essen als einem solchen sentimentalischen Schriftsteller nicht nachempfinden können.

Johann Melchior Goeze

Rezension in den »Freywilligen Beyträgen zu den Hamburgischen Nachrichten aus dem Reiche der Gelehrsamkeit« — 1775

Zu den Schriften welche der Hr. Verf. als sichtbare Beyspiele der Ausbrüche des Verderbens unsrer Zeiten anführet, rechnen wir billig noch die *Leiden* (Narrheiten u. Tollheiten, solte

der Hr. Verf. der Verfasser der Rezension: Goeze

Desparation Verzweiflung

abzuwischen abzudrücken

Charteque wertloses, anspruchsloses Buch

Don Quixote → Seite 240

es heissen) *des jungen Werthers*, einen Roman, welcher keinen andern Zweck hat, als das schändliche von dem Selbstmorde eines jungen Witzlings, den eine närrische und verbotene Liebe, und eine daher entsprungene Desparation zu dem Entschlusse gebracht haben, sich die Pistole vor den Kopf zu setzen, abzuwischen und diese That als eine Handlung des Heroismus vorzuspiegeln, einen Roman, der von unsern jungen Leuten nicht gelesen, sondern verschlungen wird, und über dessen Verfasser noch viele Aeltern Ach und Weh schreyen werden, wenn sie nun ihre grauen Haare mit Herzeleid in die Grube bringen müssen, wenn er ihre Söhne verleitet, die Denkungsart des Werthers anzunehmen, in seine Fußstapfen zu treten, und wenn sie die unsinnigen Leidenschaften ihres Herzens nicht sättigen können, Hand an sich selbst zu legen. Und diese giftige Schlange ist von unsern Zeitungschreibern so häufig angepriesen worden. Im Grunde ist die ganze Charteque nichts anders, als ein modernisirter Don Quixote, nicht als Löwenritter, sondern als ein verliebter Narr, betrachtet. Allein Don Quixote ist noch viel vernünftiger als dieser. [...] Alles dieses wird mit einer, die Jugend hinreissenden Sprache, ohne die geringste Warnung oder Misbilligung erzählt: vielmehr schimmert die Zufriedenheit und Achtung des Verfasser für seinen Helden allenthalben durch. Natürlich kann die Jugend keine andre als diese Lehren daraus ziehen: folgt euren natürlichen Trieben. Verliebt euch, um das Leere eurer Seele auszufüllen. Gaukelt in der Welt herrum; will man euch zu ordentlichen Berufsgeschäften führen, so denket an das Pferd, das sich unter den Sattel bequemte, und zu schanden geritten wurde. Will es zuletzt nicht mehr gehen, wohlan ein Schuß Pulver ist hinlänglich aller eurer Noth ein Ende zu machen. Man wird eure Grosmuth bewundern, und den Schönen wird euer Name heilig seyn. Und was ist zuletzt das Ende von diesem Liede? Dieses: lasset uns essen und trinken und fröhlich seyn, wir können sterben wenn wir wollen. Ohngefähr sind wir geboren, und ohngefähr fahren wir wieder dahin, als wären wir nie gewesen.

Welcher Jüngling kann eine solche verfluchungswürdige Schrift lesen, ohne ein Pestgeschwür davon in seiner Seele zurück zu behalten, welches gewis zu seiner Zeit aufbrechen wird. Und keine Censur hindert den Druck solcher Lockspeisen des Satans? Die Verleger haben den Muth, ihren Namen auf dieselben zu setzen. Die Zeitungsposaunen geben den höchsten Thon zu ihrem Lobe an. Nur eins fehlt noch. Der Verfasser muß sich noch entschliessen, diese Geschichte in ein Trauerspiel zu verwandeln, es wird Romeo und Julie noch übertreffen; so wird der, der ein Mörder von Anfang ist, seine Absichten noch völliger erreichen. Ewiger Gott! was für Zeiten hast du uns erleben lassen!

Romeo und Julie **Tragödie von William Shakespeare**

Gotthold Ephraim Lessing

Brief an Johann Joachim Eschenburg — 1774

Haben Sie tausend Dank für das Vergnügen, welches Sie mir durch Mitteilung des goethischen Romans gemacht haben. Ich schicke ihn noch einen Tag früher zurück, damit auch andere dieses Vergnügen je eher je lieber genießen können.

Wenn aber so ein warmes Produkt nicht mehr Unheil als Gutes stiften soll: Meinen Sie nicht, dass es noch eine kleine kalte Schlussrede haben müsste? Ein paar Winke hinterher, wie Werther zu einem so abenteuerlichen Charakter gekommen; wie ein andrer Jüngling, dem die Natur eine ähnliche Anlage gegeben, sich dafür zu bewahren habe. Denn ein solcher dürfte die poetische Schönheit leicht für die moralische nehmen und glauben, dass der *gut* gewesen sein müsse, der

*J**s* Karl Wilhelm Jerusalem

zynisch kalt, spöttisch

unsere Teilnehmung so stark beschäftiget. Und das war er doch wahrlich nicht; ja, wenn unsers J**s Geist völlig in dieser Lage gewesen wäre, so müsste ich ihn fast – verachten. […] Also, lieber Goethe, noch ein Kapitelchen zum Schlusse; und je zynischer, je besser!

Johann Wolfgang von Goethe

Motto für die zweite Auflage der »Leiden des jungen Werthers« 1775

In die »Zweyte ächte Auflage« des »Werther« ließ Goethe folgende Verse einrücken (die ersten vier vor das erste Buch des »Werther«, die zweiten vier vor das zweite):

Jeder Jüngling sehnt sich, so zu lieben,
Jedes Mädchen, so geliebt zu sein.
Ach, der heiligste von unsern Trieben,
Warum quillt aus ihm die grimme Pein?

Du beweinst, du liebst ihn, liebe Seele,
Rettest sein Gedächtnis von der Schmach;
Sieh, dir winkt sein Geist aus seiner Höhle:
Sei ein Mann und folge mir nicht nach.

»Werther-Fieber«

Alle Welt musste damals im Wertherfrack gehen, in welchen sich auch der Herzog kleidete, und wer sich keinen schaffen konnte, dem ließ der Herzog einen machen. Oft stellte sich der Herzog mit Goethen stundenlang auf den Markt und knallte mit ihm um die Wette mit einer abscheulich-großen Parforce-Karbatsche.

Karl August Böttiger, 1797

Parforce-Karbatsche **kurze Peitsche an einem Holzstiel**

Werther-Lesung im Wald. Zeitgenössisches Aquarell von Heinrich Beck

Arbeitsanregungen

1. Wie erklären Sie sich die Begeisterung, die die Lektüre des Romans bei Schubart (S. 203) auslöst?

2. Welche Haltung nimmt Goeze in seiner Stellungnahme (S. 203–205) gegenüber dem Roman ein?

3. Vergleichen Sie die Rezensionen hinsichtlich ihres Inhaltes, ihrer Form und ihrer Wirkungsabsicht miteinander. Erstellen Sie dazu eine Tabelle, die die unterschiedlichen Rezeptionsweisen der Verfasser verdeutlicht.

4. Die Rezensenten und Kommentatoren bringen nicht nur ihre Meinung zum Roman zum Ausdruck, sondern charakterisieren sich auch selbst als Zeitzeugen. Informieren Sie sich über sie. Welcher geistesgeschichtlichen Position könnte man sie jeweils zuordnen?

5. Welche Rezension bzw. welcher Kommentar zum Roman hat Ihnen persönlich am besten gefallen? Begründen Sie Ihre Einschätzung zunächst in Stichworten schriftlich und anschließend ausführlich in einer Diskussionsrunde im Plenum.

6. Die Publikation von Goethes Roman löste das sogenannte »Werther-Fieber« aus. Was ist damit gemeint? Nehmen Sie als Vertreter der Aufklärung in einem offenen Brief oder Artikel Stellung zu diesem Phänomen.

7. Verfassen Sie eine eigene Rezension zu Goethes Roman »Die Leiden des jungen Werthers«.

Friedrich Nicolai

Freuden des jungen Werthers. Leiden und Freuden Werthers des Mannes

1775

Als Albert aus seinem Zimmer zurückkam, wo er mehr hin und hergegangen war und sich gesammelt, als seine Packete durchgesehen hatte, kam er wieder zu Lotten, und fragte lächelnd: »Und was wollte Werther? Sie wusten ja so gewiß, daß er vor Weihnachtsabends nicht wiederkommen würde!«

Nach Hin- und Wiederreden gestand Lotte, aufrichtig wie ein edles deutsches Mädchen, den ganzen Vorgang des gestrigen Abends. [...] Lotte weinte bitterlich.

Albert nahm sie bey der Hand, und sagte sehr ernsthaft: Beruhigen Sie sich, liebstes Kind. Sie lieben den Jungen, er ists werth daß Sie ihn lieben, Sie haben's ihm gesagt, mit dem Munde oder mit den Augen, 's ist einerley. –

Lotte fiel ihm schluchzend in die Rede, betheuerte, daß sie ihn nicht liebe, daß er vielmehr nach der letzten Scene ihren Haß verdiene, daß sie ihn verabscheue. – – [...]

Indem kam der Knabe, der Werthers Zettelchen brachte, worinn er Alberten um die Pistolen bat.

Albert las den Zettel. Murmelte vor sich: der Querkopf! gieng in sein Zimmer, ergriff die Pistolen, lud sie selbst, und gab sie dem Knaben: Da! bring sie, sagt' er, deinem Herrn. Sage ihm, er soll sich wohl damit in Acht nehmen, sie wären geladen. Und ich ließe ihm eine glückliche Reise wünschen.

Lotte staunte – Albert erklärte ihr nun weitläufig, er gebe nach reifer Ueberlegung alle Ansprüche an sie auf. Er wolle eine zärtliche wechselseitige Liebe nicht stöhren. Er wolle sie beide und sich selbst nicht unglücklich machen. Aber er wolle ihr Freund bleiben. [...]

Werther erhielt indessen die Pistolen, setzt' eine vor den Kopf, drückte loß, fiel zurück auf den Boden. Die Nachbarn liefen zu, und weil man noch Leben an ihm verspürte, ward er auf sein Bette gelegt.

Indessen wurden Werthers zwey letzte Briefe an Lotten, und der Brief an Alberten dem letztern gebracht, und zugleich erscholl die Nachricht von Werthers trauriger That. Albert ließ dieselbe vor Lotten verbergen, las die sämmtlichen Briefe und gieng ungesäumt nach Werthers Wohnung.

Er fand ihn auf dem Bette liegend, das Gesicht und das Kleid mit Blut bedeckt. Er hatte eine Art von Convulsionen gehabt, und nun lag er ruhig mit stillem Röcheln.

Convulsionen Krämpfen, Zuckungen

Die Umstehenden traten weg, und ließen beyde allein.

Werther hob die Hand ein wenig empor, und bot sie Alberten. Nun triumphire, sagt' er, ich bin nun aus deinem Wege!

Ich komme nicht zu triumphiren, sprach Albert ruhig, sondern dich zu betauern, und wenns möglich ist, dich zu trösten. Aber du bist rasch gewesen Werther –

Werther stieß, für einen so hartverwundeten beinahe mit zu heftiger Stimme, viel unzusammenhängendes garstiges Gewäsche aus, zum Lobe des süssen Gefühls der Freyheit diesen Kerker zu verlassen, wenn man will. […]

Albert: Armer Thor, der du alles so gering achtest, weil du so klein bist! Konnt'st nicht? 'war keine Hülfe da? Konnt' nicht ich, der ich dich liebe, weil ein braver Junge bist, dir Lotten abtreten. Faß 'n Muth, Werther! 'h will's noch itzt thun.

Werther richtete sich halb auf: Wie? Was? du könntest du wolltest! […]

Albert: Guter Werther, bist 'n Thor! Wenn doch kalte Abstraktion nicht klüger wäre, als versengte Einbildung. – Da laß dir 's Blut abwischen. Sah' ich nicht, daß du 'n Querkopf warst, und würd'st deinen bösen Willen haben wollen. Da lud ich dir die Pistolen mit 'ner Blase voll Blut, 's von 'em Huhn, das heute Abend mit Lotten verzehren solt.

Werther sprang auf: Seligkeit – Wonne – u.s.w. Er umarmte Alberten. Er wollte es noch kaum glauben, daß sein Freund so großmüthig gegen ihn handeln könne. [...]

Und so giengen sie zum Abendessen.

Karl Philipp Moritz

Anton Reiser — 1785

Zu diesem allen kam nun noch, dass gerade in diesem Jahre die Leiden des jungen Werthers erschienen waren, welche nun zum Teil in alle seine damaligen Ideen und Empfindungen von Einsamkeit, Naturgenuss, patriarchalischer Lebensart, dass das Leben ein Traum sei usw., eingriffen. –

Er bekam sie im Anfange des Sommers durch Philipp Reisern in die Hände, und von der Zeit an blieben sie seine beständige Lektüre und kamen nicht aus seiner Tasche. – Alle die Empfindungen, die er an dem trüben Nachmittage auf seinem einsamen Spaziergange gehabt hatte, und welche das Gedicht an Philipp Reisern veranlassten, wurden dadurch wieder lebhaft in seiner Seele. – Er fand hier seine Idee vom Nahen und Fernen wieder, die er in seinen Aufsatz über die Liebe zum Romanhaften bringen wollte – seine Betrachtungen über Leben und Dasein fand er hier fortgesetzt – ›Wer kann sagen, das ist, da alles mit Wetterschnelle vorbeiflieht?‹ – Das war eben der Gedanke, der ihm schon so lange seine eigne Existenz wie Täuschung, Traum und Blendwerk vorgemalt hatte. –

Was aber nun die eigentlichen Leiden Werthers anbetraf, so hatte er dafür keinen rechten Sinn. – Die Teilnehmung an den Leiden der Liebe kostete ihm einigen Zwang – er musste sich mit Gewalt in diese Situation zu versetzen suchen, wenn sie ihn rühren sollte – denn ein Mensch, der liebte und geliebt ward, schien ihm ein fremdes, ganz von ihm verschiedenes Wesen zu sein, weil es ihm unmöglich fiel, sich selbst jemals als einen Gegenstand der Liebe von einem Frauenzimmer zu denken. – Wenn Werther von seiner Liebe sprach, so war ihm nicht viel anders dabei, als wenn ihn Philipp Reiser von den allmählichen Fortschritten, die er in der Gunst seines Mädchens getan hatte, oft stundenlang unterhielt. –

Aber die allgemeinen Betrachtungen über Leben und Dasein, über das Gaukelspiel menschlicher Bestrebungen, über das zwecklose Gewühl auf Erden, die dem Papier lebendig eingehauchten echten Schilderungen einzelner Naturszenen und die Gedanken über Menschenschicksal und Menschenbestimmung waren es, welche vorzüglich Reisers Herz anzogen.

– Die Stelle, wo Werther das Leben mit einem Marionettenspiel vergleicht, wo die Puppen am Draht gezogen werden, und er selbst auf die Art mit spielt oder vielmehr mit gespielt wird, seinen Nachbar bei der hölzernen Hand ergreift und zurückschaudert – erweckte bei Reisern die Erinnerung an ein ähnliches Gefühl, das er oft gehabt hatte, wenn er jemanden die Hand gab. Durch die tägliche Gewohnheit vergisst man am Ende, dass man einen Körper hat, der ebenso wohl allen Gesetzen der Zerstörung in der Körperwelt unterworfen ist als ein Stück Holz, das wir zersägen oder zerschneiden, und dass er sich nach eben den Gesetzen wie jede andere von Menschen zusammengesetzte körperliche Maschine bewegt. – Diese Zerstörbarkeit und Körperlichkeit unsers Körpers wird uns nur bei gewissen Anlässen lebhaft – und macht, dass wir vor uns selbst erschrecken, indem wir plötzlich fühlen, dass wir etwas zu sein glaubten, was wir wirklich nicht sind und statt dessen etwas sind, was wir zu sein uns fürchten. – Indem man nun einem andern die Hand gibt und bloß den Körper sieht und berührt, indem man von dessen Gedanken keine Vorstellung hat, so wird dadurch die Idee der Körperlichkeit lebhafter, als sie es bei der Betrachtung unseres eignen Körpers wird, den wir nicht so von den Gedanken, womit wir ihn uns vorstellen, trennen können und ihn also über diese Gedanken vergessen.

Nichts aber fühlte Reiser lebhafter, als wenn Werther erzählt, dass sein kaltes freudenloses Dasein neben Lotten in grässlicher Kälte ihn anpackte. – Dies war gerade, was Reiser empfand, da er einmal auf der Straße sich selbst zu entfliehen wünschte und nicht konnte und auf einmal die ganze Last seines Daseins fühlte, mit der man einen und alle Tage aufstehen und sich niederlegen muss. – Der Gedanke wurde ihm damals ebenfalls unerträglich und führte ihn mit schnellen Schritten an den Fluss, wo er die unerträgliche Bürde dieses elenden Daseins abwerfen wollte – und wo seine Uhr auch noch nicht ausgelaufen war. –

Kurz, Reiser glaubte sich mit allen seinen Gedanken und Empfindungen bis auf den Punkt der Liebe im Werther wiederzufinden. – ›Lass das Büchlein deinen Freund sein, wenn du aus Geschick oder eigner Schuld keinen nähern finden kannst.‹ – An diese Worte dachte er, sooft er das Buch aus der Tasche zog – – er glaubte sie auf sich vorzüglich passend. – Denn bei ihm war es, wie er glaubte, teils Geschick, teils eigne Schuld, dass er so verlassen in der Welt war; und so wie mit diesem Buche konnte er sich doch auch selbst mit seinem Freunde nicht unterhalten. –

Fast alle Tage ging er nun bei heiterm Wetter mit seinem Werther in der Tasche den Spaziergang auf der Wiese längst dem Flusse, wo die einzelnen Bäume standen, nach dem kleinen Gebüsch hin, wo er sich wie zu Hause fand und sich unter ein grünes Gesträuch setzte, das über ihm eine Art von Laube bildete – weil er nun denselben Platz immer wieder besuchte, so wurde er ihm fast so lieb wie das Plätzchen am Bache – und er lebte auf die Weise bei heiterm Wetter mehr in der offenen Natur als zu Hause, indem er zuweilen fast den ganzen Tag so zubrachte, dass er unter dem grünen Gesträuch den Werther und nachher am Bache den Virgil oder Horaz las. –

Heinrich von Kleist

Der neuere (glücklichere) Werther — 1811

Prinzipal Geschäftsvorsteher

Kontor Kaufmannsbüro

Zu L…e in Frankreich war ein junger Kaufmannsdiener, Charles C…, der die Frau seines Prinzipals, eines reichen aber bejahrten Kaufmanns, namens D…, heimlich liebte. Tugendhaft und rechtschaffen, wie er die Frau kannte, machte er nicht den mindesten Versuch, ihre Gegenliebe zu erhalten: umso weniger, da er durch manche Bande der Dankbarkeit und Ehrfurcht an seinen Prinzipal geknüpft war. Die Frau, welche mit seinem Zustande, der seiner Gesundheit nachteilig zu werden drohte, Mitleiden hatte, forderte ihren Mann, unter mancherlei Vorwand auf, ihn aus dem Hause zu entfernen; der Mann schob eine Reise, zu welcher er ihn bestimmt hatte, von Tage zu Tage auf, und erklärte endlich ganz und gar, dass er ihn in seinem Kontor nicht entbehren könne. Einst machte Herr D…, mit seiner Frau, eine Reise zu einem Freunde, aufs Land; er ließ den jungen C…, um die Geschäfte der Handlung zu führen, im Hause zurück. Abends, da schon alles schläft, macht sich der junge Mann, von welchen Empfindungen getrieben, weiß ich nicht, auf, um noch einen Spaziergang durch den Garten zu machen. Er kömmt bei dem

Schlafzimmer der teuern Frau vorbei, er steht still, er legt die Hand an die Klinke, er öffnet das Zimmer: das Herz schwillt ihm bei dem Anblick des Bettes, in welchem sie zu ruhen pflegt, empor, und kurz, er begeht, nach manchen Kämpfen mit sich selbst, die Torheit, weil es doch niemand sieht, und zieht sich aus und legt sich hinein. Nachts, da er schon mehrere Stunden, sanft und ruhig, geschlafen, kommt, aus irgend einem besonderen Grunde, der, hier anzugeben, gleichgültig ist, das Ehepaar unerwartet nach Hause zurück; und da der alte Herr mit seiner Frau ins Schlafzimmer tritt, finden sie den jungen C…, der sich, von dem Geräusch, das sie verursachen, aufgeschreckt, halb im Bette, erhebt. Scham und Verwirrung, bei diesem Anblick, ergreifen ihn; und während das Ehepaar betroffen umkehrt, und wieder in das Nebenzimmer, aus dem sie gekommen waren, verschwindet, steht er auf, und zieht sich an; er schleicht, seines Lebens müde, in sein Zimmer, schreibt einen kurzen Brief, in welchem er den Vorfall erklärt, an die Frau, und schießt sich mit einem Pistol, das an der Wand hängt, in die Brust. Hier scheint die Geschichte seines Lebens aus; und gleichwohl (sonderbar genug) fängt sie hier erst allererst an. Denn statt ihn, den Jüngling, auf den er gemünzt war, zu töten, zog der Schuss dem alten Herrn, der in dem Nebenzimmer befindlich war, den Schlagfluss zu: Herr D… verschied wenige Stunden darauf, ohne dass die Kunst aller Ärzte, die man herbeigerufen, imstande gewesen wäre, ihn zu retten. Fünf Tage nachher, da Herr D… schon längst begraben war, erwachte der junge C…, dem der Schuss, aber nicht lebensgefährlich, durch die Lunge gegangen war: und wer beschreibt wohl – wie soll ich sagen, seinen Schmerz oder seine Freude? als er erfuhr, was vorgefallen war, und sich in den Armen der lieben Frau befand, um derentwillen er sich den Tod hatte geben wollen! Nach Verlauf eines Jahres heiratete ihn die Frau; und beide lebten noch im Jahr

Schlagfluss **Schlaganfall**

1801, wo ihre Familie bereits, wie ein Bekannter erzählt, aus 13 Kindern bestand.

Johann Wolfgang von Goethe

An Werther — 1824

Das folgende Gedicht schrieb Goethe anlässlich einer Jubiläumsausgabe des »Werther«, die der Verleger Weygand 50 Jahre nach der ersten Veröffentlichung herausgab.

Schatten Gestalt eines Verstorbenen
Matten Wiesen

Noch einmal wagst du, vielbeweinter Schatten,
Hervor dich an das Tageslicht,
Begegnest mir auf neu beblümten Matten,
Und meinen Anblick scheust du nicht.
Es ist, als ob du lebtest in der Frühe,
Wo uns der Tau auf Einem Feld erquickt,
Und nach des Tages unwillkommner Mühe
Der Scheidesonne letzter Strahl entzückt;
Zum Bleiben ich, zum Scheiden du erkoren,
Gingst du voran – und hast nicht viel verloren.

Des Menschen Leben scheint ein herrlich Los:
Der Tag wie lieblich, so die Nacht wie groß!
Und wir, gepflanzt in Paradieses Wonne,
Genießen kaum der hocherlauchten Sonne,
Da kämpft sogleich verworrene Bestrebung
Bald mit uns selbst und bald mit der Umgebung;
Keins wird vom andern wünschenswert ergänzt,
Von außen düsterts, wenn es innen glänzt,
Ein glänzend Äußres deckt mein trüber Blick,
Da steht es nah – und man verkennt das Glück.

Nun glauben wirs zu kennen! Mit Gewalt
Ergreift uns Liebreiz weiblicher Gestalt:
Der Jüngling, froh wie in der Kindheit Flor,
Im Frühling tritt als Frühling selbst hervor,
Entzückt, erstaunt, wer dies ihm angetan?
Er schaut umher, die Welt gehört ihm an.
Ins Weite zieht ihn unbefangne Hast,
Nichts engt ihn ein, nicht Mauer, nicht Palast;
Wie Vögelschar an Wäldergipfeln streift,
So schwebt auch er, der um die Liebste schweift,
Er sucht vom Äther, den er gern verlässt,
Den treuen Blick, und dieser hält ihn fest.

Flor **Blüte**

Äther **Himmel**

Doch erst zu früh und dann zu spät gewarnt,
Fühlt er den Flug gehemmt, fühlt sich umgarnt,
Das Wiedersehn ist froh, das Scheiden schwer,
Das Wieder-Wiedersehn beglückt noch mehr,
Und Jahre sind im Augenblick ersetzt;
Doch tückisch harrt das Lebewohl zuletzt.

Du lächelst, Freund, gefühlvoll, wie sich ziemt:
Ein grässlich Scheiden machte dich berühmt;
Wir feierten dein kläglich Missgeschick,
Du ließest uns zu Wohl und Weh zurück;
Dann zog uns wieder ungewisse Bahn
Der Leidenschaften labyrinthisch an;
Und wir, verschlungen wiederholter Not,
Dem Scheiden endlich – Scheiden ist der Tod!
Wie klingt es rührend, wenn der Dichter singt,
Den Tod zu meiden, den das Scheiden bringt!
Verstrickt in solche Qualen, halbverschuldet,
Geb ihm ein Gott zu sagen, was er duldet.

Ulrich Plenzdorf

Die neuen Leiden des jungen W. —— 1972

Im Landestheater Halle wurde am 18. Mai 1972 das Theaterstück »Die neuen Leiden des jungen W.« von Ulrich Plenzdorf uraufgeführt. Das Stück war in der ehemaligen DDR wie auch in der damaligen BRD ein großer Erfolg. Viele Jugendliche in Ost und West fanden sich und ihr Lebensgefühl in dieser ungewöhnlichen Werther-Bearbeitung wieder. Erzählt wird die Geschichte von Edgar Wibeau, einem Jugendlichen in der ehemaligen DDR, der aus den engen Grenzen seines bisherigen Lebens ausbricht, seine Lehre abbricht und seine alleinerziehende Mutter verlässt, um in einer Laubenkolonie in Berlin Unterschlupf zu finden – und damit einen neuen Grad an Freiheit und Selbstbestimmung jenseits gesellschaftlicher Rollenmuster. Eine zufällig gefundene Reclam-Ausgabe von Goethes »Werther« bringt ihn in Kontakt mit einem zunächst völlig verstaubt wirkenden Literaturklassiker, der den jugendlichen Aussteiger aber gleichwohl immer mehr in seinen Bann zieht. Zitate aus seiner »Werther-Pistole« werden zur Waffe gegenüber einer in Regeln erstarrten Umwelt, die dem Nonkonformisten mit Unverständnis begegnet. Er stirbt bei dem Versuch, aus Schrottteilen ein neuartiges Farbspritzgerät zu entwickeln. Was von ihm bleibt, sind Kassettenaufnahmen, die er an seinen Freund Willi geschickt und in denen er sein Liebesabenteuer mit Charlotte verarbeitet hat. Nachfolgend finden Sie einen Auszug aus dem Werk.

Leute, das konnte wirklich kein Schwein lesen. Beim besten Willen nicht. Fünf Minuten später hatte ich den Vogel wieder in der Hand. Entweder ich wollte bis früh lesen oder nicht. Das war meine Art. Drei Stunden später hatte ich es hinter mir.

Ich war fast gar nicht sauer! Der Kerl in dem Buch, dieser Werther, wie er hieß, macht am Schluss Selbstmord. Gibt einfach den Löffel ab. Schießt sich ein Loch in seine olle Birne, weil er die Frau nicht kriegen kann, die er haben will, und tut sich ungeheuer leid dabei. Wenn er nicht völlig verblödet war, musste er doch sehen, dass sie nur darauf wartete, dass er was *machte*, diese Charlotte. Ich meine, wenn ich mit einer Frau allein im Zimmer bin und wenn ich weiß, vor einer halben Stunde oder so kommt keiner da rein, Leute, dann versuch ich doch *alles*. Kann sein, ich handle mir ein paar Schellen ein, na und? Immer noch besser als eine verpasste Gelegenheit. Außerdem gibt es höchstens in zwei von zehn Fällen Schellen. Das ist Tatsache. Und dieser Werther war … zigmal mit ihr allein. Schon in diesem Park. Und was macht er? Er sieht ruhig zu, wie sie heiratet. Und dann murkst er sich ab. Dem war nicht zu helfen.

Schellen Ohrfeigen

Wirklich leid tat mir bloß die Frau. Jetzt saß sie mit ihrem Mann da, diesem Kissenpuper. Wenigstens daran hätte Werther denken müssen. Und dann: Nehmen wir mal an, an die Frau wäre wirklich kein Rankommen gewesen. Das war noch lange kein Grund, sich zu durchlöchern. Er hatte doch ein Pferd! Da wär ich doch wie nichts in die Wälder. Davon gab's doch damals noch genug. Und Kumpels hätte er eins zu tausend massenweise gefunden. Zum Beispiel Thomas Müntzer oder wen. Das war nichts Reelles. Reiner Mist. Außerdem dieser Stil. Das wimmelte nur so von Herz und Seele und Glück und Tränen. Ich kann mir nicht vorstellen, dass welche so geredet haben sollen, auch nicht vor drei Jahrhunderten. Der ganze Apparat bestand aus lauter Briefen, von diesem unmöglichen Werther an seinen Kumpel zu Hause. Das sollte wahrscheinlich ungeheuer originell wirken oder unausgedacht. Der das geschrieben hat, soll sich mal meinen Salinger durchlesen. *Das* ist echt, Leute!

Thomas Müntzer → Seite 240

Salinger → Seite 240

Arbeitsanregungen

1. Vergleichen Sie den Ausschnitt aus Friedrich Nicolais »Freuden des jungen Werthers« (S. 209–211) mit den entsprechenden Textpassagen in Goethes Roman. Mit welchen sprachlichen und erzählerischen Mitteln arbeitet Nicolai? Welche Absicht verfolgt er mit seinem Text? Halten Sie seine Parodie für gelungen?

2. Karl Philipp Moritz schreibt in seinem Roman »Anton Reiser« über die Werther-Lektüre seines Titelhelden (S. 211–214). Was fasziniert diesen an dem Roman? Wie geht er mit der Lektüre um? Kann man hier von einem »Werther-Fieber« des Protagonisten sprechen?

3. Bei dem Text »Der neuere (glücklichere) Werther« von Heinrich von Kleist (S. 214–216) handelt es sich um eine Anekdote. Informieren Sie sich im Internet oder in Lexika über Thematik, Struktur und sprachliche Gestaltung dieser Textsorte. Was ist anekdotisch an Kleists Text?

4. Welche Motive und thematischen Momente hat Kleist von Goethe in seinem Text übernommen? Halten Sie seinen Text für eine Parodie auf den »Werther«?

5. Arbeiten Sie auf der Grundlage des abgedruckten Auszuges (S. 218 f.) die inhaltlichen und stilistischen Besonderheiten von Ulrich Plenzdorfs Stück »Die neuen Leiden des jungen W.« heraus. Überprüfen Sie Ihre Einschätzung anschließend anhand der Lektüre des gesamten Stückes oder im Vergleich mit der filmischen Verarbeitung dieser Passage auf der beiliegenden DVD.

Mediale Gestaltung

Christoph Fersthoff

Ein Kampf mit den Urgewalten der Liebe

1999

1999 führte der Schauspieler André Eisermann zusammen mit dem Pianisten Jakob Vinje, der die Musik komponierte, in zahlreichen deutschen Städten eine Lesung aus den »Leiden des jungen Werther« auf. Die Lesung war mit »Goethe – Werther – Eisermann. Spoken Word Performance« betitelt und ist inzwischen auch auf CD erschienen. Die nachfolgende Rezension bezieht sich auf eine Aufführung in Hamburg.

»Spoken Word Performance«: André Eisermanns grandiose »Leiden des jungen Werther« »Lotte!« Ein letztes Flehen. Die Angebetete möge ihn noch einmal erhören. Erscheinen und ihn noch von seinem Entschluss abhalten. »Lotte?« War da nicht etwas? Ein Rascheln? Ging vielleicht eine Tür? Die großen blauen Augen starren verzweifelt in die Dunkelheit, der irre Blick verliert sich im Nichts entschwundener Bilder. Nein, keine Lotte, keine Hoffnung. Verglommen der letzte Lebensfunke. »Lebe wohl ...« Langsam verlischt das eisig-nachtblaue Licht und mit ihm Werthers schweißgebadetes Antlitz. Der Tod einer unbedingten Liebe.

Einige unendlich lang scheinende Augenblicke vergehen, dann löst sich die Anspannung und die atemlose Stille in der Hamburger Fabrik verwandelt sich in jubelnde Begeisterung. Der Scheinwerfer-Spot geht wieder an – doch der Stuhl vor dem schmiedeeisernen Tisch mit der von Tränen und Schweiß benetzten Plexiglasplatte ist leer. Nur das über 200 Jahre alte Buch liegt aufgeschlagen da und darüber kündet das übergroße Roman-Titelblatt vom eben Erlebten: »Die Leiden des jungen Werther«.

Der hat sich erst einmal für ein paar Sekunden in den Schutz der Dunkelheit im Bühnenhintergrund zurückgezogen. Zu sehr hat er gelitten, als dass er nun sofort ins Licht des Applauses treten könnte.

Hat sich gequält mit einer hoffnungslosen Liebe zu der verheirateten Frau, sich in eine unglückliche, am Ende krankhafte Empfindsamkeit gesteigert und in konvulsivischen Zuckungen gewunden unter dieser glühenden, alles versengenden Leidenschaft. Aus Goethes monologischem Brief-Roman gelesen haben viele in diesem Jubeljahr – doch André Eisermann hat nicht rezitiert: Er war Werther.

André Eisermann während einer »Werther«-Lesung 2008

M

Nicht umsonst nennt der 31-jährige Wahl-Hamburger seinen »Goethe – Werther – Eisermann«-Abend »Spoken Word Performance«. Denn der Schauspieler liest nicht, er dramatisiert und gibt sich hin. Mit Leib und Seele. Die Gefühle lodern aus ihm in lauteren Flammen, er lässt sich von den »wühlenden Fluten im Mondlichte« überwältigen, skandiert mit den Händen und kämpft und wogt in einem Meer wilder, erhabener Gefühle: »Lotte, sagte ich, indem ich ihr die Hand reichte und mir die Augen voll Tränen wurden, wir werden uns wieder sehn! Hier und dort wieder sehn!« Und dann greift Jakob Vinje so dramatisch in die Tasten des Flügels, dass auch der kühlste unter den 2000 Besuchern von diesem Rausch erfasst wird. »Unglücklicher. Bist du nicht ein Tor?«

Versinken. Einfach versinken in dieser wahnsinnigen Theatralik, in den gewaltigen Sätzen dieser schwärmerischen Sprache. Im Pathos dieses Eisermannschen Werthers baden, sich den mal in ihrer Schlichtheit berührenden mal melodramatisch-aufwühlenden Eigenkompositionen Vinjes hingeben und spüren, wie das Herz die Brust zu zerreißen droht. »Da überfiel mich ein Schauer und wieder ein Sehnen! Ach! Ach!« Der kleine Mann zittert am ganzen Körper, eine dunkelblonde Haarsträhne hängt ihm ins Gesicht. Wie von Sinnen stammelt er, vergräbt verzweifelt das asketische Riemenschneider-Antlitz in den Händen. Und taumelt dahin in den Urgewalten der Liebe.

Riemenschneider-Antlitz
→ Seite 240

Der Aufschrei eines Verzweifelten: Wieder einmal ist André Eisermann eine grandiose, aufrüttelnde Darstellung eines Grenzgängers gelungen. Doch mindestens ebenso bedeutsam ist sein Verdienst, im Goethe-Jahr ein Stück scheinbar trockener Literatur, mit dem sich ganze Schüler-Generationen plagten, für das Leben zurückgewonnen zu haben.

Hans E. Hölscher

Das Herz ist das Schicksal! Über den Werther-Film des Regisseurs Karl-Heinz Stroux 1949

1949 wurden »Die Leiden des jungen Werthers« zum ersten Mal in Deutschland verfilmt. Regie führte Karl-Heinz Stroux. Das Drehbuch schrieben Karl-Heinz Stroux und Hermann Gressieker, und es wirkten bedeutende Schauspieler der damaligen Zeit wie Paul Dahlke und Paul Klinger mit. Der unten stehende Text gibt in Auszügen die Bedingungen der Entstehung und die Antworten des Regisseurs auf Fragen wieder, die der Journalist Hans E. Hölscher ihm gestellt hat.

Bavaria Filmgesellschaft in München

Noch immer zwingt Strombeschränkung die Ateliers von Geiselgasteig zur Nachtarbeit. Sobald am Abend die letzte Sperrfrist abgelaufen ist, beginnt im Gelände der Bavaria die Autoanfahrt der Stars, die Straßenbahnen bringen das Heer der Statisten heran, die Scheinwerfer flammen auf, die Kameraleute machen sich zum Schuss bereit, und nicht: Augen zu! wie für das übrige München, sondern: Klappe auf! heißt das Kommando, mit dem die fleißige Zunft der Filmleute die Nacht empfängt.

Auch Karl-Heinz Stroux, den Regisseur des einzigen Goethe-Films, den Deutschland im zweihundertsten Gedenkjahr der Goethe-Geburt den filmischen Huldigungen der Franzosen, Engländer und Amerikaner für Goethe hinzufügt, finde ich in später Nachtstunde noch über den surrenden Schneidetisch gebeugt. Er versucht, gemeinsam mit seinem Schnittmeister, die starke Dynamik seiner Regiearbeit bis in den Rhythmus des Schnittes hinein noch bestimmend zur Geltung zu bringen. […] Stroux […] kommt vom Theater her. Er ist ein elementar-mimischer Regisseur und in keiner Hinsicht den Techniker-Regisseuren des Films vergleichbar, die eines Tages hinter der Kamera hervorgekommen sind und diese Herkunft nie mehr vergessen machen können. Noch nicht vierzig Jahre alt, hat Stroux dennoch schon eine fast zwanzigjährige Bühnenlaufbahn hinter sich. Er war vom ersten Tage an ein Schüler Piscators, des wohl besessensten aller deutschen Regisseure, dem das Theater mehr als nur Spiel und Zeitvertreib, dem es Verpflichtung, Dienst und Glaube war. Und diese Herkunft aus dem Geist der Unbedingtheit, des Dienstes am Wort und zielwissender Deutung der Zeit ist noch heute das Merkmal seiner Regiearbeit. […]

M

Piscator **Erwin Piscator (1893–1966), einflussreicher deutscher Theaterregisseur**

»Ist denn aber Film nicht mehr nur noch bloße Unterhaltung?« »Ja, wir verwenden ihn so. Aber wir wissen, dass er mehr sein kann, viel mehr. Ich hoffe das eines Tages beweisen zu können. Denn der Film ist als Ausdruckskunstwerk noch in keiner Weise so erforscht, erprobt und festgelegt wie das Theater. Er ist noch immer eine junge Kunst, noch immer unbekanntes Land in weiten Strecken, das seiner Pioniere harrt. Und dieses Unerforschte, diese noch unbekannten Möglichkeiten der Komposition, der Dichtung im Bild – das alles reizt mich zur Filmarbeit. Das Theater ist mir in seinen formalen Grenzen bekannt – sosehr mich natürlich eine neue große Dichtung auch immer wieder zu ihm zurückführen würde –, der Film aber scheint mir von seinen Mitteln, von Form, Technik und Inhalt her in all seinen Geheimnissen noch immer unerschöpflich zu sein. Darum diene ich ihm jetzt mit der gleichen Leidenschaft und Freude, mit der ich bisher dem Theater gehörte.«

Hier wird Stroux durch einen Anruf unterbrochen, der ihm einen Teil seines Werther-Films im Rohschnitt vorführungsbereit meldet. Gern nehme ich seine Einladung an, mir diese Streifen mit ihm anzusehen. Wenige Augenblicke später schon sehe ich in den großen dunklen Augen Heidemarie Hatheyers das Lächeln Lottes aufleuchten, mit dem sie

Werther empfängt, jenen Werther, der noch eben, unter ziehenden Wolken im Grase liegend, Goethes unsterbliche Sätze wie ein Gebet an das Leben vor sich hinsprach: »Wenn das liebe Tal um mich dampft … ich dann im hohen Grase liege … und fühle das Wehen des Alliebenden … wenn es dann um meine Augen dämmert … und die Welt um mich her und der Himmel ganz in meiner Seele ruhn – dann sehn' ich mich oft und denke: Ach, könntest du das wieder ausdrücken – aber ich gehe darüber zugrunde, ich erliege unter der Gewalt der Herrlichkeit dieser Erscheinungen.«

Mächtig, groß treffen diese Worte Goethes das Herz. Diese Sprache ist ein Strom von unermessbarer, mitreißender Gewalt, denn in diesem Film wird nicht ein Wort gesprochen, das nicht Bekenntnis des jungen Goethe selbst wäre. Von der Gewalt dieser Sprache wird auch der Werther Horst Caspars gehoben, getragen und erfüllt. Satz für Satz ist Aufschrei und

Szenenfoto aus dem Film »Begegnung mit Werther«, BRD 1948/49. Regie: Karl-Heinz Stroux

brüderlicher Anruf an die Liebe, das Leben, an Gott in der Natur – ein titanisch fühlendes Herz verströmt sich in herrlicher Verschwendung. Und so stürzen auch die Bilder im Katarakt dieser Sprache auf uns zu. Wie viele unsterbliche Sätze, die man zu kennen meint von Jugend auf, werden erst in diesem Augenblick, da sie Bild sind vor unseren Augen, beschwörend-jubelnder Klang sind im Ohr, zu Leben und Wahrheit selbst.

Katarakt **Wasserfall**

Je länger ich den Film sehe, desto mehr schwinden all meine Befürchtungen und Vorbehalte dahin. Mir scheint, dass der leidenschaftliche Atem des jungen Goethe in diesem ehrfürchtig gebildeten Filmwerk auf wunderbare Weise noch einmal erweckt und zum Erlebnis wurde. Und noch eine andere Erkenntnis leuchtet blitzartig auf: Immer wieder wird den Deutschen vorgeworfen, dass sie an den geistigen Kämpfen der westlichen Völker um die Freiheit des Einzelnen im 18. Jahrhundert außer mit den kühl-distanzierenden Bemühungen einiger großer Philosophen nicht teilgenommen hätten. Vor dem unmittelbaren Anruf der Goetheschen Sprache aber wird deutlich, dass Deutschland der Befreiung des europäischen Menschen zwar nicht durch politische Formeln und Postulate gedient hat, wohl aber hat es diesem Menschen durch Goethe die unendliche Landschaft seines Herzens geschenkt und ihn seines Gefühls mächtig gemacht.

Erika Mitöet

Rezension zu dem Film »Begegnung mit Werther« von Karl-Heinz Stroux

1949

Nun, zum Ausgang des Goethe-Jahres, ist der Film »Die Begegnung mit Werther« auch in Hamburg (Urania-Theater) zu sehen. Man hat den Ernst gerühmt und die hohe Absicht, die den Regisseur Karl-Heinz Stroux und die Nova-Filmgesellschaft bewegt haben, diesen Film zu schaffen. Man versprach sich viel und dies mit Recht. Aber allmählich stellte sich heraus, dass Stroux viel zu sehr in die Breite inszeniert hatte, wohl im Bestreben, das Werk des Dichters möglichst getreu zu spiegeln. Schließlich hatte man ein Unikum vor sich. Der Cutter konnte nicht helfen; soviel er auch herausschnitt aus dem Filmstreifen –: er konnte zwar die Aufführungsdauer kürzen, doch nicht das Spieltempo straffen. Was übrig blieb, dokumentiert einen kühnen, ja waghalsigen Versuch, der nicht gelang. Zwar ist Horst Caspar fast ein Ebenbild des Werther, wie er leibt und lebt, wie er liebt und leidet, wie er durch die Landschaft und zu Lotte stürmt und leidenschaftlich Verse stammelt. Es sind die Worte Goethes, aber dennoch ging der Film auf Kosten des Dichters. Schon die Lotte der Heidemarie Hatheyer war trotz ihres hellen Temperaments nur ein Schattenbild der Goetheschen Figur. Und obwohl die Bilder sehr getreu im Atmosphärischen die rührselig-romantische Zeit widerspiegeln, wird es offenbar, dass es nicht gelang – und wohl auch nicht gelingen konnte –, die geistige Substanz der Dichtung in die Bildsprache zu transponieren. Von dem ewiggültigen menschlichen Thema, das Goethe behandelte, ist kaum mehr ein Hauch übrig geblieben. So war es eine Begegnung mit Werther, die flüchtig blieb und – manchen Besucher fliehen machte.

transponieren übertragen

Paul Barz

Literaturverfilmung – »Werther« als Sport-Ass 2008

Das ZDF dreht momentan eine Neufassung des Goethe-Klassikers »Werther«. Ein Sendetermin steht noch nicht fest.

Ein Sport-Ass auf der Höhe seiner Laufbahn beschließt abzutreten. Endgültig. Die Pistole für den letzten Schuss liegt bereit. So sieht Uwe Janson, Regisseur und Autor, einen den berühmtesten und umstrittensten Helden der klassischen deutschen Literatur, Goethes Werther, der aus Liebesgram und allgemeiner Weltenttäuschung zur Waffe greift. Und dies »in einer Zeit, da Selbstmord so viel wie Mord galt und Selbstmörder zuweilen am Schweif eines Pferdes durchs Dorf gezerrt wurden.«

Allein daran, sagt Janson, erkenne man, was für ein subversives Buch dieser Briefroman des gerade einmal 25-jährigen Goethe für seine Zeit bedeutete. »Das vielleicht subversivste und gefährlichste der gesamten deutschen Literatur«, findet Wolfgang Bergmann, Redakteur beim ZDF-Theaterkanal. Für den hatte Janson schon mit großem Erfolg Brechts »Baal«, Wedekinds »Lulu« und zuletzt Ibsens »Peer Gynt« verfilmt. Jetzt folgt mit Unterstützung von Arte und einem Etat von einer knappen Million Euro die erste Theaterkanalverfilmung, die sich an einen Roman, nicht an ein Bühnenstück anlehnt.

subversiv umstürzlerisch

»Werther«, wie der verknappte Titel der 1774 erschienenen »Leiden des jungen Werthers« lautet, entsteht derzeit in Berlin und, möglichst mit dem sehnlich herbeigewünschten Schnee, in Thüringen. Dort soll in 770 Metern Höhe in einem Jagdhaus auf dem Kickelhahn gedreht werden, wo schon Goethe selbst wiederholt nächtigte.

Sonst ist Jansons Verfilmung ganz im Heute angesiedelt,

auch in der Besetzung. Janson, zugleich Autor des Drehbuchs: »Die größte Schwierigkeit machte eigentlich die Gestalt der Lotte, in der sich das Frauenbild einer sehr vergangenen Zeit ausdrückt. Wir haben deshalb bewusst eine so modern und selbstständig wirkende Schauspielerin wie Hannah Herzsprung gewählt.« Auch Werther-Darsteller Stefan Konarske ist ein sehr moderner, eher schlaksiger Goethe-Held ohne den Schmelz einer »klassischen« Jünglingsgestalt. Erstsendung wird voraussichtlich im Oktober bei Arte sein, und mit etwas Glück übernimmt das ZDF diesen »Werther«, wie schon Leander Haußmanns »Kabale und Liebe«-Verfilmung für den Theaterkanal, ins Hauptprogramm.

Janson will aber mit seiner eigenen frisch gegründeten »Sturm und Drang«-Produktionsgesellschaft unbedingt weitere Sturm-und-Drang-Werke verfilmen: »Diese Zeit in ihrer Umbruchstimmung ist uns sehr nahe.« Gedacht wird an Hölderlins »Hyperion« und, eventuell sogar als Kinofilm, Schillers »Räuber«. Die sollen aber nicht handzahm geglättet, sondern so schön wild, grausam und obszön wie das Schillersche Original werden. Janson mit einem Lachen und Seufzen zugleich: »Kein Film, in den Schulklassen pilgern werden. Wenn er so wird, wie ich ihn mir wünsche, wird er nicht unter 16 freigegeben.«

obszön **unanständig, schlüpfrig**

Arbeitsanregungen

M

1. Hören Sie sich die auf der DVD enthaltenen Lesungen von Goethes »Werther« im Vergleich an und bilden Sie sich selbst ein Urteil über die Besonderheit von André Eisermanns Interpretation. Diskutieren Sie Ihre Rezeptionseindrücke im Plenum. Beziehen Sie dabei auch die Rezension über die Eisermann-Lesung von Christoph Fersthoff (S. 221–223) mit ein.

2. Wählen Sie mit Mitschüler(inne)n eine Szene aus Goethes »Werther«, die Sie besonders angesprochen hat, und versuchen Sie eine szenische Darstellung. Diese können Sie per Video-Kamera festhalten und zu einem Werther-Film Ihrer Klasse bzw. Ihres Kurses weiterverarbeiten.

3. Vergleichen Sie schriftlich in einer Filmkritik die Darstellung des Werther-Stoffes in den Filmausschnitten auf der beiliegenden DVD mit der textlichen Vorlage der entsprechenden Stellen. Wie beurteilen Sie die filmischen Umsetzungen?

4. Informieren Sie sich über die im ZDF gezeigte Verfilmung des »Werther« (S. 229f.) und vergleichen Sie diese mit den auf der DVD in Ausschnitten enthaltenen Verfilmungen.

5. Gestalten Sie per Computer eine digitale Text-Bild-Ton-Film-Collage zu einer Szene aus Goethes »Werther«. Dabei können Sie die auf der DVD enthaltenen Audio- und Video-Dateien verarbeiten.

Textquellen

Barz, Paul: Literaturverfilmung – »Werther« als Sport-Ass. dpa-Meldung vom 5.2.2008. © 2008 dpa, Hamburg.
Bekes, Peter: Zum Mentalitätswandel in der Liebe. Aus: Deutschunterricht. Heft 3. Juni 2006. Braunschweig: Westermann. S. 4f.
Blessin, Stefan: Die Beurteilung des Selbstmords. Aus: St. B.: Johann Wolfgang Goethe: Die Leiden des jungen Werther. Frankfurt/M.: Diesterweg 1986. S. 48f.
Böttcher, Margot/*Liersch*, Werner/*Noëlle*, Annemarie: Der biografische Hintergrund. Aus: Goethe. Berliner Ausgabe. 3. Abteilung. Poetische Werke: Romane und Erzählungen. Bd. 9. Berlin/Weimar: Aufbau Verlag 1961. S. 624–626.
Böttiger, Karl August: »Alle Welt musste damals […].« Zit. nach: Unser Goethe. Ein Lesebuch. Hrsg. von Eckhard Henscheid und F. W. Bernstein. Frankfurt/M.: Zweitausendeins 1986. S. 171.
Eisler, Rudolf: Pantheismus, Panentheismus. Aus: R. E.: Wörterbuch der philosophischen Begriffe. Bd. 2. 2. Aufl. Berlin 1904. S. 70f., 67f.
Faulstich, Werner: Briefkultur im 18. Jahrhundert. Aus: W. F.: Die bürgerliche Mediengesellschaft (1700–1830). Göttingen: Vandenhoeck & Ruprecht 2002. S. 83ff.
Fersthoff, Christoph: Ein Kampf mit den Urgewalten der Liebe. Aus: Schleswig Flensburger. Ausgabe 19/1999.
Goethe, Johann Wolfgang von: [Über die Entstehung. Über den Selbstmord. Über die Briefform.] Aus meinem Leben. Dichtung und Wahrheit. Dritter Teil. Dreizehntes Buch. Aus: J. W. G.: Sämtliche Werke. dtv Gesamtausgabe. Bd. 24. München: Deutscher Taschenbuch Verlag 1962. S. 131–133. S. 124, 129, 134f. S. 123f.
Goethe, Johann Wolfgang von: Mir schlug das Herz. [Nach dem Erstdruck in der »Iris«, 1775. Späterer Titel: Willkomm und Abschied.] Aus: Der junge Goethe in seiner Zeit. Sämtliche Werke, Briefe, Tagebücher und Schriften bis 1775. Hrsg. von Karl Eibl, Fotis Jannidis und Marianne Willems. Bd. 2. Frankfurt/M./Leipzig: Insel 1998. S. 205f.
Goethe, Johann Wolfgang von: Maifest. [Nach dem Erstdruck in der »Iris«, 1775. Späterer Titel: Mailied.] Aus: Der junge Goethe in seiner Zeit. Sämtliche Werke, Briefe, Tagebücher und Schriften bis 1775. Hrsg. von Karl Eibl, Fotis Jannidis und Marianne Willems. Bd. 2. Frankfurt/M./Leipzig: Insel 1998. S. 200–202.
Goethe, Johann Wolfgang von: Ganymed. Aus: Der junge Goethe in seiner Zeit. Sämtliche Werke, Briefe, Tagebücher und Schriften bis 1775. Hrsg. von Karl Eibl, Fotis Jannidis und Marianne Willems. Bd. 2. Frankfurt/M./Leipzig: Insel 1998. S. 236.
Goethe, Johann Wolfgang von: An Karl Friedrich Zelter am 3.12.1812. Aus: Kurt Rothmann: Johann Wolfgang Goethe. Die Leiden des jungen Werther. Erläuterungen und Dokumente. Stuttgart: Reclam 1997. S. 114f.

Goethe, Johann Wolfgang von: Prometheus. Aus: J. W. G.: Gedichte. Hrsg. von Erich Trunz. München: C. H. Beck 1999. S. 44–46.

Goethe, Johann Wolfgang von: Von Deutscher Baukunst. Aus: Der junge Goethe in seiner Zeit. Sämtliche Werke, Briefe, Tagebücher und Schriften bis 1775. Hrsg. von Karl Eibl, Fotis Jannidis und Marianne Willems. Bd. 2. Frankfurt/M./Leipzig: Insel 1998. S. 370–373.

Goethe, Johann Wolfgang von: Zum Shäkespears Tag. Aus: Der junge Goethe in seiner Zeit. Sämtliche Werke, Briefe, Tagebücher und Schriften bis 1775. Hrsg. von Karl Eibl, Fotis Jannidis und Marianne Willems. Bd. 2. Frankfurt/M./Leipzig: Insel 1998. S. 361–365.

Goethe, Johann Wolfgang von: Mottoverse für die zweite Auflage der »Leiden des jungen Werthers«. Zit. nach: Kurt Rothmann: Johann Wolfgang Goethe. Die Leiden des jungen Werther. Erläuterungen und Dokumente. Stuttgart: Reclam 1997. S. 70.

Goethe, Johann Wolfgang von: An Werther. Aus: J. W. G.: Sämtliche Werke. dtv Gesamtausgabe. Bd. 2. München: Deutscher Taschenbuch Verlag 1961. S. 112f.

Goeze, Johann Melchior: Rezension. Aus: Freywillige Beyträge zu den Hamburgischen Nachrichten aus dem Reiche der Gelehrsamkeit. Zit. nach: Der junge Goethe in seiner Zeit. Sämtliche Werke, Briefe, Tagebücher und Schriften bis 1775. Hrsg. von Karl Eibl, Fotis Jannidis und Marianne Willems. CD-ROM. Frankfurt/M./Leipzig: Insel 1998.

Hein, Edgar: Die Metaphorik des Herzens. Aus: Johann Wolfgang Goethe: Die Leiden des jungen Werther. Interpretiert von Edgar Hein. 2. Aufl. München: Oldenbourg 1997. S. 69f.

Hölscher, Hans E.: Das Herz ist das Schicksal! Über den Werther-Film des Regisseurs Karl-Heinz Stroux. Aus: DIE ZEIT. Nr. 10 vom 10.3.1949.

Kestner, Johann Christian: Brief an August von Hennings, 1772. Aus: Goethe und Werther. Briefe Goethe's, meistens aus seiner Jugendzeit, mit erläuternden Documenten. Hrsg. von A[ugust] Kestner. Stuttgart/Tübingen 1854. S. 35–38.

Kestner, Johann Christian: Brief an Goethe am 2.11.1772. Aus: Goethe und Werther. Briefe Goethe's, meistens aus seiner Jugendzeit, mit erläuternden Documenten. Hrsg. von A[ugust] Kestner. Stuttgart/Tübingen 1854. S. 86–99.

Kleist, Heinrich von: Der neuere (glücklichere) Werther. Aus: H. v. K.: Sämtliche Werke und Briefe. Hrsg. von Helmut Sembdner. Bd. 2. 6. Aufl. München: Hanser 1977. S. 276f.

Klopstock, Friedrich Gottlieb: Die Frühlingsfeier. [Auszug.] Aus: Deutsche Lyrik vom Barock bis zur Gegenwart. Hrsg. von Gerhard Hay und Sibylle von Steinsdorff. 3. Aufl. München: Deutscher Taschenbuch Verlag 1986. S. 60–62.

Lavater, Johann Caspar: Genie. Aus: Die deutsche Literatur vom Mittelalter bis zum 20. Jahrhundert. Hrsg. von Hans-Egon Haas. Bd. V/1. München: Deutscher Taschenbuch Verlag 1988. S. 20f.

Lenz, Jakob Michael Reinhold: Briefe über die Moralität der Leiden des jungen Werthers. Aus: J. M. R. Lenz. Werke und Briefe in drei Bänden. Hrsg. von Sigrid Damm. Bd. 2. Frankfurt/M./Leipzig: Insel 1992. S. 673, 675, 682.

Lessing, Gotthold Ephraim: Brief an Johann Joachim Eschenburg vom 26.10.1774. Aus: G. E. L.: Werke. Hrsg. von G. Göpfert. Bd. 2. München: Hanser 1971. S. 789f.

Literatur-Brockhaus: Aufklärung. Empfindsamkeit. Sturm und Drang. Aus: Der Literatur-Brockhaus. Hrsg. von Werner Habicht, Wolf-Dieter Lange und der Brockhaus-Redaktion. Taschenbuchausgabe in 8 Bänden. Mannheim/Leipzig/Wien/Zürich: Bibliographisches Institut & F. A. Brockhaus AG 1995.

Lukács, Georg: Die Leiden des jungen Werther. Aus: G. L. Werke. Bd. 7. Neuwied/Berlin: Luchterhand 1964. S. 57ff.

Mitöet, Erika: Rezension zu dem Film »Begegnung mit Werther« von Karl-Heinz Stroux. Aus: DIE ZEIT. Nr. 50 vom 15.12.1949.

Moritz, Karl Philipp: Anton Reiser. Ein psychologischer Roman. Frankfurt/M.: Insel 1979. S. 252–254.

Nicolai, Friedrich: Freuden des jungen Werthers. Leiden und Freuden Werthers des Mannes. Berlin 1775. Zit. nach: Der junge Goethe in seiner Zeit. Sämtliche Werke, Briefe, Tagebücher und Schriften bis 1775. Hrsg. von Karl Eibl, Fotis Jannidis und Marianne Willems. CD-ROM. Frankfurt/M./Leipzig: Insel 1998.

Plenzdorf, Ulrich: Die neuen Leiden des jungen W. Frankfurt/M.: Suhrkamp 1973. S. 36f.

Scherpe, Klaus: Wie weit trägt das Wertherbeispiel? Aus: K. Sch.: Werther und Wertherwirkung. Zum Syndrom bürgerlicher Gesellschaftsordnung im 18. Jahrhundert. Bad Homburg: Gehlen 1970. S. 71, 88, 90.

Schubart, Christian Friedrich Daniel: Rezension. Aus: Deutsche Chronik vom 5.12.1774. Zit. nach: Kurt Rothmann: Johann Wolfgang Goethe. Die Leiden des jungen Werther. Erläuterungen und Dokumente. Stuttgart: Reclam 1997. S. 131.

Siepmann, Thomas: Zur Sprache des »Werther«. Aus: Th. S.: Johann Wolfgang von Goethe: Die Leiden des jungen Werther. 14. Aufl. Stuttgart: Klett 2002. S. 89–91.

Stephan, Arndt/*Stephan*, Inge: Leiden an der Gesellschaft. Aus: Werther und Werther-Rezeption – Ein Unterrichtsmodell zur Aufarbeitung bürgerlichen Selbstverständnisses. Aus: Projekt Deutschunterricht 9. Literatur der Klassik II – Lyrik/Epik/Ästhetik. Hrsg. von Bodo Lecke. Stuttgart: Metzler 1975. S. 149, 151f.

Tobler, Georg Christoph: Die Natur. Aus: Tiefurter Journal 1782. Zit. nach: Goethes Werke. Hamburger Ausgabe. Hrsg. von Erich Trunz. Bd. 13. Hamburg: Wegner 1951. S. 45–47.

Vogt, Jochen: Briefroman. Aus: J. V.: Aspekte erzählender Prosa. 8. Aufl. Opladen: Westdeutscher Verlag 1998. S. 76–78.

Zedlers Universal-Lexicon: Selbst-Mord. Aus: Grosses vollständiges Universal-Lexicon aller Wissenschafften und Künste. Bd. 36. Halle und Leipzig: Zedler 1743. Spalte 1595 f.

1774 und 1787 – die zwei Fassungen des Romans. Originalbeitrag.

Bildquellen

Seite 130: Goethe mit der Silhouette. Gemälde von Johann Ehrenfried Schumann, 1778, nach einem 1776 in Weimar entstandenen Bildnis von Georg Melchior Kraus. akg-images, Berlin.

Seite 131: Goethes Elternhaus am Großen Hirschgraben in Frankfurt am Main. Aquarell von Louis Thiénon, 1851. Goethe-Museum Düsseldorf. Anton-und-Katharina-Kippenberg-Stiftung.

Seite 132: Das sogenannte Jägerhaus in Volpertshausen. Lithografie von Carl Stuhl, um 1850. Aus: Astrid Seele: Frauen um Goethe. Reinbek bei Hamburg: Rowohlt 1997. S. 27.

Seite 133: Der Deutschordenshof in Wetzlar. Stahlstich nach einer Silberstiftzeichnung von Carl Stuhl, um 1850. Goethe-Museum Düsseldorf.

Seite 135: Goethe in der Campagna, 1787. Gemälde von J. H. W. Tischbein. Städelsches Kunstinstitut, Frankfurt/M. akg-images, Berlin.

Seite 138: Goethe, um 1773. Kupferstich nach einer Miniatur von Johann Daniel Bager. akg-images, Berlin.

Seite 141 o. li.: Charlotte Kestner, geb. Buff. Lithografie von Giere nach einem Pastell von Johann Heinrich Schröder, 1782. akg-images, Berlin.

Seite 141 o. re.: Johann Christian Kestner. Lithografie nach einem Ölgemälde von Julius Giere. Goethe-Museum Düsseldorf.

Seite 141 u.: Johann Wolfgang Goethe. Getuschte Silhouette, 1774. Goethe-Museum Düsseldorf. Anton-und-Katharina-Kippenberg-Stiftung.

Seite 154: Werther und Lotte. Kupferstich von Daniel Berger nach Nikolaus Daniel Chodowiecki, 1775. bpk, Berlin.

Seite 161: Corregio: Die Entführung des Ganymed (um 1531). akg-images, Berlin. Foto: Erich Lessing.

Seite 183: Prometheus erwehrt sich des Adlers. Federzeichnung von Goethe, um 1810. bpk, Berlin.

Seite 187: Das Straßburger Münster. Kupferstich von Harrewyn, um 1750. Goethe-Museum Düsseldorf. Anton-und-Katharina-Kippenberg-Stiftung.

Seite 207: Werther-Lesung im Wald. Zeitgenössisches Aquarell von Heinrich Beck. Goethe-Museum Düsseldorf.

Seite 222: André Eisermann während einer »Werther«-Lesung 2008. Aus: Pforzheimer Zeitung. Foto: Markus Bechtle.

Seite 226: Szenenfoto aus dem Film »Begegnung mit Werther«, BRD 1948/49. Regie: Karl-Heinz Stroux. © Das Deutsche Filminstitut – DIF, Wiesbaden.

Anmerkungen

S. 11

wissenschaftlichen Gärtner Ein Gärtner, der den Garten nach französischem Vorbild in klare geometrische Formen einteilt und mit exakt geschnittenen Bäumen anlegt. Werther zieht also die im 18. Jahrhundert aufkommende englische Gartenbaukunst mit ihrer scheinbar nicht bearbeiteten Natur und gewollten Unregelmäßigkeiten vor.

S. 12

Melusine Gestalt aus europäischen Sagen des Mittelalters, die halb Frau, halb Fisch war und einen Grafen heiratete. Als dieser ihre Fischgestalt entdeckte, verließ sie ihn. Nach deutscher Sage wurde sie mit ihren Schwestern an einen Brunnen gebannt.

S. 12

die patriarchalische Idee Die Idee, dass ehrwürdige männliche Oberhäupter ihre Familien und weitere ihnen Anbefohlene nach einer althergebrachten Ordnung führen und für sie sorgen.

S. 13

Homer Griechischer Dichter, der gegen Ende des 8. Jahrhunderts v. Chr. lebte und mit den Versepen »Ilias« und »Odyssee« die frühesten Werke der abendländischen Literatur schrieb.

S. 15

Batteux, Wood, de Piles, Winckelmann, Sulzer, Heyne Alle Genannten sind Kunsttheoretiker des 17. und 18. Jahrhunderts. Ihren ästhetischen Theorien zufolge sollten Kunstwerke nach bestimmten Regeln entstehen, die sich systematisch erfassen lassen und nach denen Kunstwerke beurteilt werden können.

S. 25

Miss Jenny Möglicherweise ist der Roman »Histoire de Miss Jenny Glanville« (1764) von Marie-Jeanne Riccoboni gemeint. Die vielgelesenen Romane der Zeit drehten sich oft um das Schicksal einer jungen Heldin, so z. B. Samuel Richardsons Werke »Pamela« (1740) und »Clarissa Harlowe« (1747).

S. 26

Landpriester von Wakefield Die idyllische Familiengeschichte »The Vikar of Wakefield« (1766) des englischen Schriftstellers Oliver Goldsmith.

S. 30

Klopstock! In der Ode »Die Frühlingsfeier« von Friedrich Gottlieb Klopstock (1724–1803) werden ein Gewitter und die Situation nach dem Gewitter sowie die Gefühle des Betrachters geschildert (vgl. S. 156–158). Klopstock genoss bei den jungen Schriftstellern des Sturm und Drang hohes Ansehen.

S. 33

Freier der Penelope Penelope ist die Frau des Odysseus in Homers »Odyssee«. Während der langen Abwesenheit ihres Mannes, der von allen außer Penelope für tot gehalten wird, finden sich etliche Heiratswillige bei ihr ein und verprassen Odysseus' Güter.

S. 33

dogmatische Drahtpuppe Jemand, der streng auf einer Lehrmeinung besteht (dogmatisch), diese Meinung aber unselbstständig und fremdbestimmt vertritt wie eine Marionette (Drahtpuppe).

S. 37

Lavatern Johann Caspar Lavater (1741–1801) war ein Schweizer Theologe, Philosoph und Schriftsteller. 1773 veröffentlichte er die in der Fußnote genannten »Predigten über das Buch Jonas«, von denen eine den Titel »Mittel gegen Unzufriedenheit und üble Laune« trägt.

S. 41

Ossian Ossian ist eine Gestalt aus der gälischen Mythologie. Ab 1761 veröffentlichte der schottische Dichter James Macpherson (1736–1796) als fingierte Übersetzung aus dem frühen Mittelalter die Gesänge des Barden Ossian, bei denen es sich jedoch in Wirklichkeit um seine eigene Dichtung handelte. 1768/69 war in Deutschland eine Übersetzung der vermeintlich originalen Gesänge Ossians erschienen, die bei den Autoren des Sturm und Drang auf große Resonanz stieß.

S. 43

des Propheten ewiges Ölkrüglein In der Bibelstelle 1. Könige 17,12–18 wird erzählt, wie der Prophet Elia dafür sorgt, dass einer armen Witwe, die ihn bewirtet, das Öl in ihrem Krug niemals mehr ausgeht.

S. 44

Zauberkraft der alten Musik Seit der Antike (Mythos des Orpheus) überlieferte Vorstellung, dass Musik eine magische Wirkung auf Lebewesen haben kann.

S. 44

Zauberlaterne Laterna magica, ein optischer Apparat, mit dem Bilder auf Glastafeln mithilfe einer Lampe auf eine Wand projiziert werden konnten.

S. 56

Prinzessin, die von Händen bedient wird Ein Märchen, in dem eine gefangen gehaltene Prinzessin ihr Essen von aus der Zimmerwand wachsenden Händen erhält. Es stammt aus den »Contes de Fées« von Marie Cathérine Jumelle des Berneville (um 1650–1705).

S. 60

wetsteinische Homer, ernestischen Verschiedene Ausgaben der Werke Homers: eine von J. H. Wetstein (1707) im kleinen Taschenbuchformat (Duodez) und eine von J. A. Ernesti (1759–64) im größeren Format (Oktav).

S. 62

das härne Gewand und der Stachelgürtel Ein raues Kleid und ein Gürtel zur Selbstkasteiung, die von Einsiedlern und Büßern getragen wurden.

S. 73

Raritätenkasten Guckkasten, in dem sich Sehenswürdigkeiten befinden; im 18. Jahrhundert eine Jahrmarktsattraktion.

S. 87

sich in die Untersuchung des Kanons meliert Den Kanon bilden die von der Kirche offiziell als echt anerkannten Bücher der Bibel. Welche dies seien, darüber entspann sich im 18. Jahrhundert durch eine neue historisch-kritische Herangehensweise eine Diskussion, an der sich die Pfarrersfrau anscheinend beteiligen möchte.

S. 87

moralisch-kritischen Reformation Das Loslösen der überhistorischen, allgemein-menschlichen Züge des Christentums von den zu untersuchenden historischen Bedingungen durch Theologen der Aufklärung wie Bahrdt, Basedow und Eberhard.

S. 87

Lavaters Schwärmereien Lavater gilt als Vertreter eines unhistorischen Gefühlschristentums.

S. 126

meine Leiche zu schützen Gemäß der christlichen Religion ist der Freitod eine Sünde, weshalb Selbstmörder zumeist kein christliches Begräbnis auf dem Friedhof erhielten.

S. 128

Emilia Galotti »Emilia Galotti« (1772) ist ein Trauerspiel von Gotthold Ephraim Lessing (1729–1781). Die Titelheldin des Stücks sieht in ihrer Tötung die einzige Möglichkeit, ihre Ehre zu retten.

S. 137

Rousseau Jean-Jacques Rousseau (1712–1778) war ein französisch-schweizerischer Philosoph, Pädagoge, Schriftsteller und Naturforscher. Seine Schriften bereiteten den Boden für die Grundsätze der Französischen Revolution und hatten großen Einfluss auf die Pädagogik und politische Theorie des 19. und 20. Jahrhunderts.

S. 160

Ganymed Ganymed ist ein schöner Jüngling aus der griechischen Mythologie. Zeus verliebt sich in Ganymed, lässt ihn von einem Adler entführen und macht ihn zum Mundschenk der Götter.

S. 166

Bourgeoisie Im Marxismus das Großbürgertum, das die Produktivmittel besitzt und somit die herrschende soziale Klasse der kapitalistischen Gesellschaft bildet.

S. 166

Produktivkräfte Im Marxismus die Gesamtheit aller natürlichen und künstlich-technischen Ressourcen, die einer Gesellschaft für die Produktion zur Verfügung stehen.

S. 173

Montesquieu Charles-Louis de Secondat, Baron de La Brède et de Montesquieu (1689–1755) war ein bedeutender französischer Schriftsteller und Staatstheoretiker. In seinem Werk »Vom Geist der Gesetze« (1748) entwarf er das Modell der Gewaltenteilung als Ordnungsprinzip eines modernen Verfassungsstaates.

S. 184

Prometheus Prometheus stahl dem Mythos zufolge den Göttern das Feuer und brachte es den Menschen. Für diese aufrührerische Tat wurde er von Zeus hart bestraft. Prometheus wird vielerorts auch als der Schöpfer der Menschen bezeichnet.

S. 185

Titanen Ältestes Göttergeschlecht in der griechischen Mythologie. Die riesenhaften Titanen wurden von Zeus gestürzt. Damit wurde ihre Herrschaft beendet.

S. 190

den Gesalbten Gottes Goethe vergleicht den Künstler mit Priestern und Herrschern, die im Alten Testament durch eine feierliche Salbung in ihr Amt eingeführt wurden. Das hebräische Wort »Messias« bedeutet »der Gesalbte«.

S. 204

Don Quixote Titelheld des Romans »Der sinnreiche Junker Don Quijote von der Mancha« (1605–1615) des spanischen Schriftstellers Miguel de Cervantes (1547–1616). Don Quichotte hat durch die Lektüre zahlreicher Rittergeschichten verlernt, Wirklichkeit und Fiktion zu unterscheiden. Als Typus steht Don Quichotte für einen lächerlichen Schwärmer, der voller Tatendrang ist, aber an der Realität scheitert.

S. 219

Thomas Müntzer Thomas Müntzer (1489–1525) war ein evangelischer Theologe und Revolutionär in der Zeit des Bauernkrieges. Müntzer wurde als früher Sozialrevolutionär in der DDR auf vielfache Weise geehrt.

S. 219

Salinger J. D. Salinger (geb. 1919) ist ein amerikanischer Schriftsteller. Das Werk, auf das Wibeau Bezug nimmt, ist Salingers weltberühmter Roman »Der Fänger im Roggen« (1951) über die Erlebnisse des 16-jährigen Holden Caulfield.

S. 223

Riemenschneider-Antlitz Tilman Riemenschneider (1460–1531) war einer der bedeutendsten Bildschnitzer der Spätgotik. Seine Figuren haben oft ausdrucksstarke Gesichter mit einem nach innen gekehrten Blick.